우리 역사 퀴즈 탐험

우리 역사 퀴즈 탐험

김수영 글 / 강효숙 그림

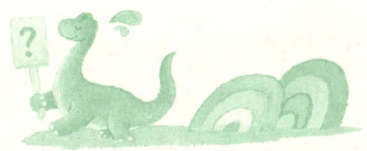

사□□계절

우리 역사를 알고 싶어 하는 여러분에게

　여러분은 혹시 일기를 쓰고 있나요?

　만약 여러분이 어렸을 적부터 지금까지 일기를 쓰고 있다면, 그 일기장이 바로 여러분의 역사를 기록한 글이 될 거예요. 일기장에는 슬펐던 일과 기뻤던 일, 누구랑 다퉜던 일, 장래의 꿈 등이 씌어 있겠지요?

　역사도 역시 한 민족의 일기라고 할 수 있어요. 우리 역사는 우리 민족이 어떻게 이 땅에 터를 잡고 생활했으며, 어떻게 나라를 지키고 발전시켰으며, 왜 어떤 때에는 패배하게 되었는지를 기록한 일기가 되겠지요.

　역사는 흘러간 이야기가 아니라 지금의 우리를 만든 원동력이기 때문에, 민족의 역사를 알아야 우리의 삶과 장래를 올바르게 가꾸어 나갈 수 있답니다. 그래서 역사를 공부할 때에는 역사적 사실을 제대로 아는 것뿐만 아니라, 역사를 어떤 눈으로 보느냐도 중요하지요. 역사를 공부해야 하는 이유가 여기에 있습니다.

　'고구려는 688년에 망했다.'는 사실만 기억한다면 역사를 공부하는 의미가 없겠지요.

　역사는 몇몇 영웅이나 왕조만의 이야기가 아니랍니다.

　을지문덕 같은 명장 뒤에는 나라를 구하겠다는 일반 병사들의 노력과 애국심이 있었습니다. 또한 고려가 몽고와 30년 동안이나 싸울 수 있었던 원동력도 바로 일반 병사와 농민들의 애국심이었습니다. 우리 민족의 훌륭한 문화 유산도 백성들의 힘과 땀없이는 이루어지지 못했을 거예요.

이 책은 우리 조상들의 삶의 기록이랍니다.

우리 역사를 크게 다섯 시대로 나누었어요. 즉, 선사 시대, 삼국 · 발해 시대, 고려 시대, 조선 시대, 일제 강점기이지요.

각 시대별로 중요한 사건이나 흥미로운 주제가 나오는 그림으로 된 퀴즈를 하나씩 풀어 가노라면 자연스럽게 우리 역사를 알 수 있답니다.

'신라에서는 왕이란 호칭을 쓰기 이전에 이사금이나 마립간이라는 호칭을 썼는데, 이사금이란 무슨 뜻일까?', '역대 임금 가운데 키가 가장 컸던 사람은 키가 얼마나 되었을까?', '3 · 1 운동 때 국민 학생들은 어떤 방법으로 운동에 참여했을까?' 등등 재미있는 그림 퀴즈를 풀어 보면, 우리 역사의 새로운 사실들을 생생하게 만날 수 있지요.

퀴즈 다음에는 '풀이마당'을 두어 문제에 대한 해설을 실었습니다. 우리 역사에서 반드시 알아야 할 인물이나 사건 등은 배경과 그 의미를 좀더 깊게 다루었습니다.

또한 각 시대별 문제에 앞서 시대를 요약한 내용을 덧붙여 역사의 줄기를 대략적으로 정리해 볼 수 있게 하였습니다.

여러분이 마지막 장을 덮을 즈음이면 두 가지 감정이 뒤섞여 있을지도 모릅니다. '우리 민족은 참 멋져!' 하는 마음과, '왜 그 때에는 그래야만 했을까?' 하는 안타깝고 속상한 생각 말이에요. 그러나 역사적으로 기뻤던 일이나 슬펐던 일, 자랑스러웠던 일이나 부끄러운 일 모두 다 올바로 알고 극복해야 할 우리 모두의 숙제가 아닐까요?

그래서 미래의 주인공인 여러분이 기쁨의 역사, 자랑스러운 역사를 만들어 갈 때, 이 책이 힘이 되주었으면 하는 바람 간절하답니다.

글을 마치면서 삽화를 재미있게 그려 주신 강효숙님과 책이 나오기까지 애써 주신 사계절 출판사 여러분께 고마움을 전합니다.

1995년 12월
글 쓴 이

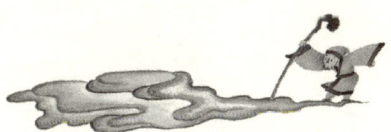

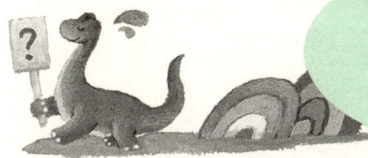

문명의 여명기
선사 시대

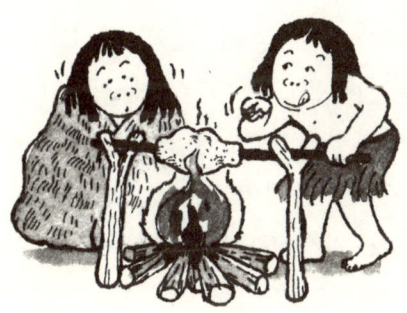

문명의 여명기
선사 시대

공룡은 6천만 년 동안 우리 땅에 살았습니다. 하지만, 기후의 변화에 적응하지 못했기 때문에 이 땅에서 사라졌지요. 인간은 추운 빙하기를 이겨 냈습니다. 그래서 공룡의 뒤를·이어 우리 땅의 주인이 되었답니다.

우리 조상이 이 땅의 주인으로 자리를 잡은 것은 불과 8천 년밖에 안 된답니다. 공룡과 비교하면 6500분의 1밖에 안 되는 짧은 세월이지요. 그러나 인간은 이전에 살던 이 땅의 주인들과는 달랐습니다. 그들은 기껏 자신들의 화석만을 남겼을 뿐이지만, 인간은 새로운 것들을 창조했기 때문입니다.

혹독한 자연 환경을 이겨 낸 인간은 빠른 속도로 문명을 발전시켰답니다. 도구는 문명의 발달을 대표합니다. 구석기 시대 사람들은 돌을 깨뜨려서 도구나 사냥 무기로 사용했습니다. 아무 무기도 없는 나약한 인간이 사나운 맹수들이 우글거리는 속에서 살아남으려 하다 보니 사냥 무기가 발달했습니다. 더구나 인간은 무리를 지어 동물들을 사냥했지요.

신석기 시대는 구석기 시대보다 한 단계 발전한 시대이지요. 인간은 좀더 정교한 도구와 사냥 무기를 만들었습니다. 당연히 사냥물의 양이 늘어났습니다. 또한 이 시대에는 채집 생활의 비중이 낮아졌습니다. 이 때부터 농사를 짓기 시작했기 때문입니다. 자연의 열매를 그대로 따 먹을 때보다 수확이 훨씬 많아진

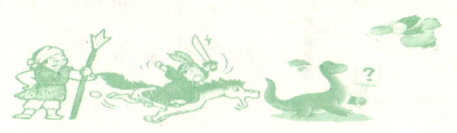

것은 말할 것도 없지요.

이 시대까지는 모두들 땀흘려 일해야 먹고 살 수 있었기 때문에 누가 누구를 지배하는 식의 불평등한 관계는 없었습니다. 모두들 평등했습니다. 다함께 일하고 똑같이 나누어 가졌지요.

기원전 천 년경부터 청동기 시대에 접어들면서 사정은 바뀝니다. 이전 시기에 비해 생산력이 놀라울 정도로 발전했던 것이지요. 청동기 시대의 유적인 여러 형태의 무덤에서 이미 '사람 위에 사람이 있는' 시대로 들어섰다는 것을 알 수 있지요. 또한 이 시대에는 부족 단위의 전쟁이 이전의 어떤 시대보다 많았습니다. 전쟁에서 진 부족은 이긴 부족의 노예가 되었습니다. 전쟁은 필요한 노예를 얻는 과정이었고, 다른 한편으로는 부족한 식량이나 물자를 조달하는 과정이었습니다.

전쟁은 부족을 하나로 묶는 역할도 했습니다. 고조선이나 부여는 이 과정에서 탄생했지요. 이 시대에 들어오면서 지배하는 자와 지배받는 자가 명확하게 구분됩니다. 순장제에서 이 사실을 쉽게 알 수 있습니다.

또한 사유 재산도 생겨났습니다. 이는 고조선의 8조 법금에 남의 재산을 도둑질한 자를 처벌한다는 내용이 담겨 있는 것으로 알 수 있답니다.

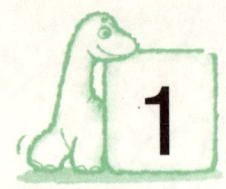

1 선사 시대에는 우리 땅에도 공룡이 많이 살았습니다.
우리 땅에 살았던 울트라 공룡은 어떻게 생겼을까요?

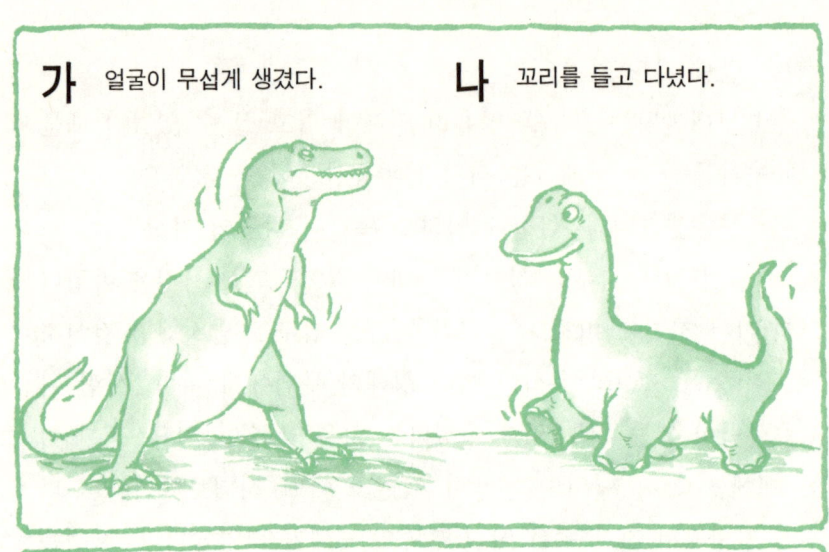

가 얼굴이 무섭게 생겼다.

나 꼬리를 들고 다녔다.

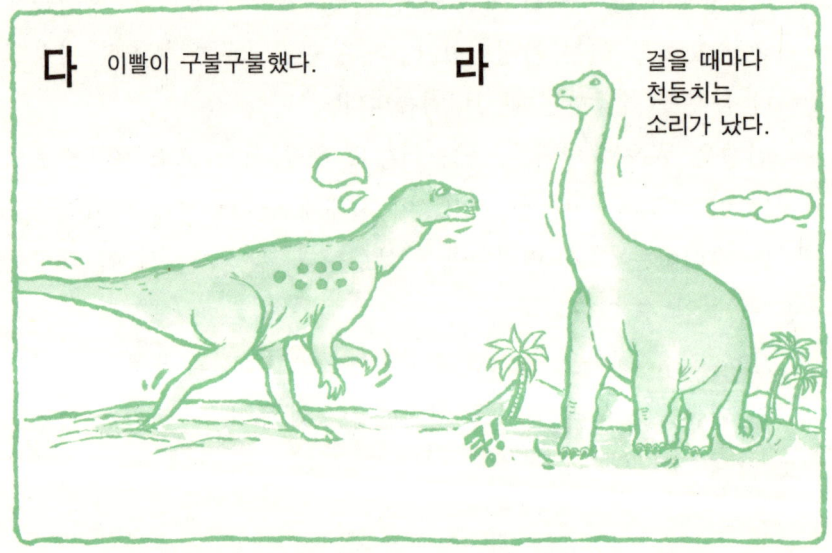

다 이빨이 구불구불했다.

라 걸을 때마다 천둥치는 소리가 났다.

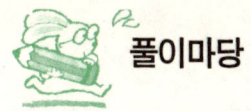
풀이마당

㉮는 티라노사우루스입니다. 티라노사우루스는 아주 무시무시한 공룡이지요. 지금까지 지구상에 살았던 동물 가운데 가장 무섭고 강한 동물로 알려져 있는데, 이름만 봐도 알 수 있답니다. 이름을 그대로 풀면 폭군도마뱀입니다. 얼마나 난폭했는지 알 수 있겠지요?

몸길이는 14미터였으며 몸무게는 6.4톤 가량 나갔습니다. 특히 티라노사우루스는 턱과 이빨이 무척 강했습니다. 초식 공룡들은 티라노사우루스가 근처에 나타나기만 해도 줄행랑을 치곤 했습니다. 그러나 폭군 공룡도 6천 5백만 년 전 지구상에서 자취를 감추고 말았습니다.

㉯는 힙실로포돈입니다. 힙실로포돈은 '높고 구불구불한 이빨'이라는 뜻이랍니다. 이 공룡들은 말 그대로 이빨이 길고 구불구불했습니다. 이 초식 공룡은 풀과 나뭇잎만을 먹었기 때문에 몸길이도 겨우 2미터밖에 되지 않았답니다. 그 대신 발이 빨라 육식 공룡으로부터 달아날 수 있었습니다.

㉰는 아파토사우루스입니다. 아파토사우루스는 지금부터 1억 4천만 년 전 중생대 쥐라기 때 지구상에 살았던 초식 공룡입니다. 아파토사우루스는 걸을 때마다 천둥이 치듯 땅이 울렸기 때문에 '천둥룡'이라고도 합니다. 몸길이가 25미터인 데다 몸무게가 자그마치 30톤이나 나갔으니 그럴 만도 했겠지요.

아파토사우루스는 유난히 목이 길고 꼬리도 긴 편이었습니다. 과학자들은 아파토사우루스의 이빨이 대개 앞쪽에만 촘촘히 나 있으며 매우 약한 걸로 봐서, 주로 연한 풀들을 먹었을 거라고 추측하고 있답니다.

㉯가 울트라룡입니다. 우리 나라 영남 해안에 가면 울트라룡의 커다란 발자국들을 많이 볼 수 있습니다. 그런데 사람들은 공룡 발자국이라고 믿지 않습니다. 영화에서 보거나 말로만 듣던 공룡이니 그럴 만도 하지요. 하지만, 이 곳은 1억 3천만 년 전에서 6천 5백만 년 전까지 공룡들이 집단적으로 살았던 곳으로 유명하답니다. 한 공룡 학자가 조사한 바에 따르면, 육식 공룡과 초식 공룡들이 이 곳에서 많이 살았습니다.

울트라룡은 당시에 살았던 초식 공룡 가운데 하나랍니다. 이 공룡은 목이 길고 꼬리가 짧았으며 꼬리를 들고 다녔습니다. 특히 이마 위에 코가 뚫려 있었답니다.

정답은 ㉯번입니다.

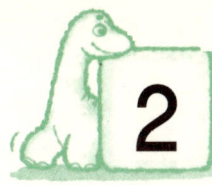

2 홍적세, 지금으로부터 **250** 만 년 전 우리 나라의 지형은 지금과 똑같았을까요? 아니면 어떤 모양을 하고 있었을까요?

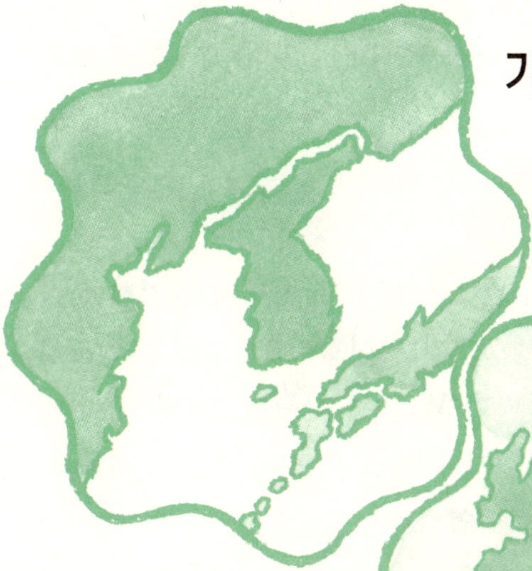

가 한반도와 중국, 일본이 바다로 나뉘어 있었다.

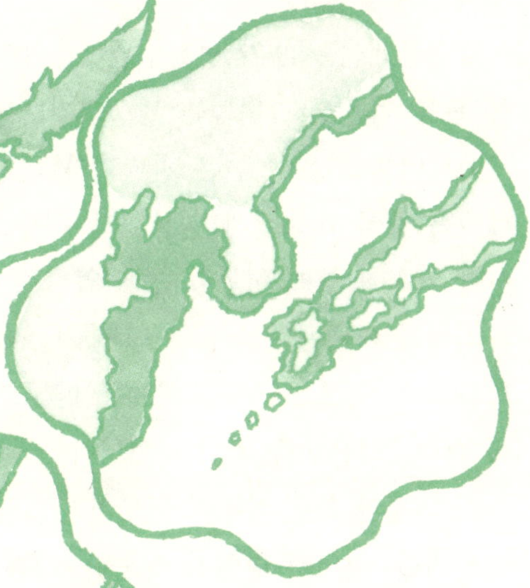

나 한반도와 일본만이 바다로 나뉘어 있었다.

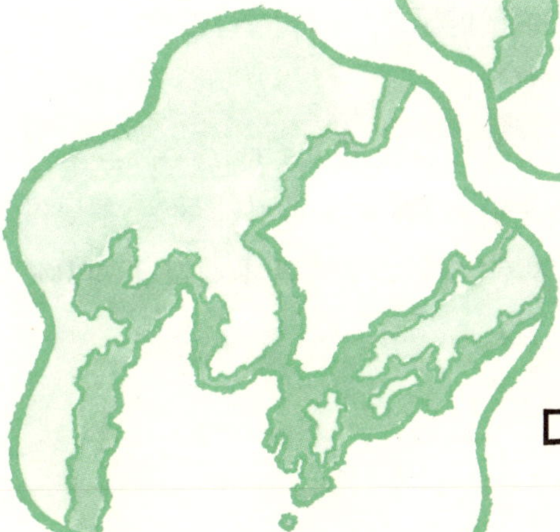

다 한반도와 중국, 일본이 모두 하나로 붙어 있었다.

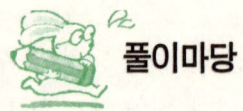

풀이마당

인간이 돌을 깨뜨려 무기를 만들고 동물을 사냥하던 시절, 한반도는 지금과는 다른 모양이었답니다.

생물 진화 단계로 분류할 때 홍적세에 해당하는 이 시기에 한반도와 중국, 일본은 모두 하나의 땅이었답니다. 즉, 물이 빠진 서해는 그대로 육지였고, 일본과도 띠 모양의 육지로 붙어 있었습니다.

왜 그랬을까요?

홍적세에는 기후가 변화무쌍했습니다. 네 차례에 걸쳐서 육지를 온통 얼음으로 뒤덮는 빙하기가 찾아왔지요. 그리고 빙하기 사이사이에 기온이 높은 간빙기가 네 번 찾아왔습니다. 빙하기 때에는 중국 대륙에서 일본까지 육지로 이어져 있었기 때문에, 사람이 훨씬 쉽게 이동할 수 있었지요.

간빙기 때에는 지금보다 훨씬 기온이 높았답니다. 바로 이 때 빙하가 녹아 오늘날처럼 서해를 만들고, 우리 나라와 일본 사이에 대한해협을 만들었던 것입니다.

이 과정이 하루 아침에 이루어진 것은 물론 아니지요. 오랜 세월을 두고 서서히 빙하가 녹으며, 서해쪽의 육지가 물로 뒤덮이고 그 뒤 또 한참의 세월이 흐른 뒤에 대한해협이 생겨났습니다.

정답은 ㉣번입니다.

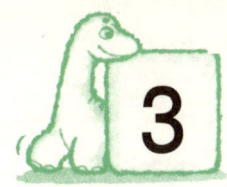

3 인간이 빙하기를 이겨 낼 수 있었던 이유 중 가장 근본적인 것은 어떤 것일까요?

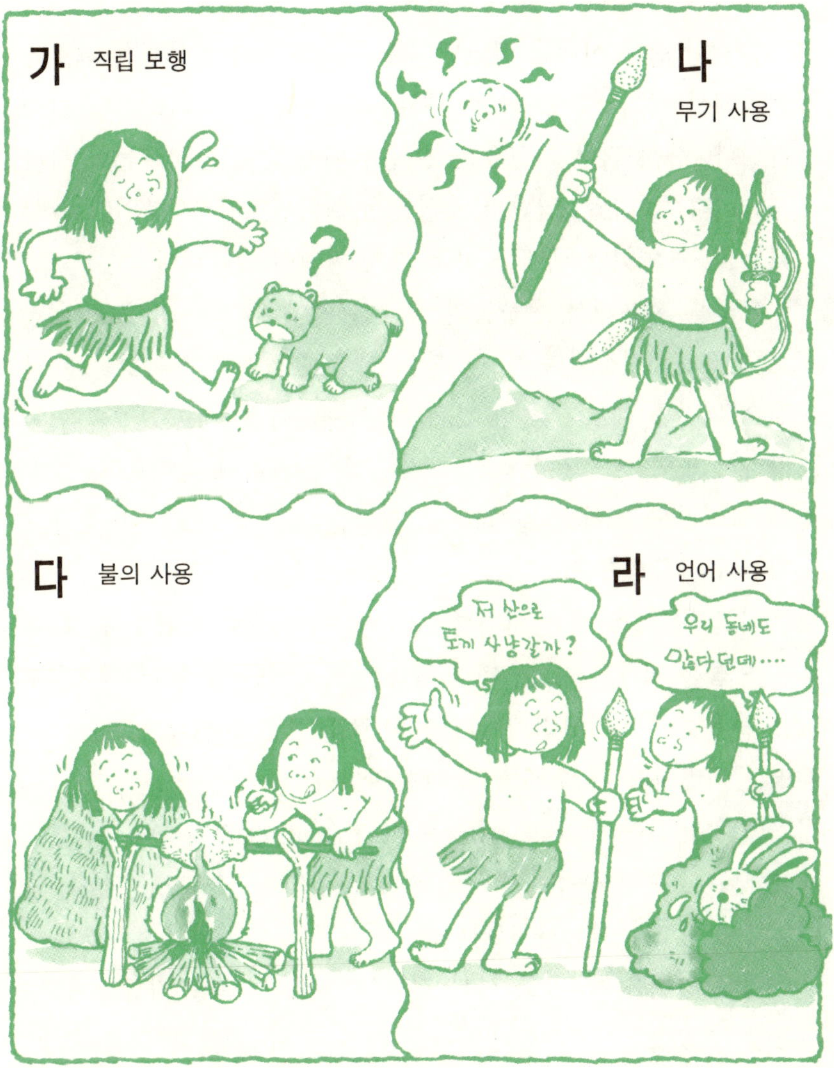

가 직립 보행

나 무기 사용

다 불의 사용

라 언어 사용

저 산으로 토끼 사냥갈까?

우리 동네도 많다던데····

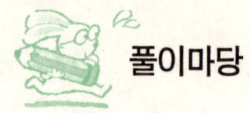

풀이마당

인간의 직접적인 조상은 지금부터 4만 년 전에 지구상에 나타났습니다. 오랜 세월 동안 진화를 거쳐 지금의 우리와 비슷한 모양을 한 사람이 탄생한 것이지요.

그러나 같은 시대를 살았던 수많은 동물들과 식물들은 때로는 진화해서 살아남기도 하고, 때로는 자취를 감춰 버리기도 하였습니다. 특히 지구를 뒤덮은 빙하기 때에 숱한 동식물들이 사라졌습니다. 하지만, 인간의 조상들은 살아남았답니다. 인간이 살아남을 수 있었던 데에는 여러 가지 원인이 있습니다.

도구를 사용해서 동물들의 공격을 막아 냈고, 사냥물도 예전보다 푸짐해졌습니다. 또한 불을 사용했기 때문에 사냥물을 날것으로 먹을 때보다 훨씬 많은 영양분을 섭취할 수 있었습니다. 따라서 몸이 더욱 튼튼해졌고 병도 쉽게 걸리지 않았으며, 걸렸다 하더라도 떨치고 일어날 수 있었습니다. 그리고 무엇보다도 지능이 발달했습니다.

여러분은 인간이 빙하기를 이겨 낼 수 있었던 이유로 불의 사용을 꼽을 거예요. 물론 불의 사용은 혁명적인 사건이었지요. 불을 사용하기 시작하면서 인간은 비로소 동물의 지배자, 자기 운명의 지배자가 될 수 있었기 때문입니다.

그러나 이런 것들은 모두 '손의 자유'가 있었기 때문에 가능했습니다. 손이 자유롭지 못하면 도구를 사용하는 것도, 불을 사용하는 것도 불가능한 일입니다.

결국 인간은 두 발로 서서 걷고(직립 보행) 손을 자유롭게 사용할 수 있었기 때문에 빙하기를 견뎌 낼 수 있었다고 할 수 있습니다.

언어도 인간에게 중요한 역할을 합니다.

인간은 동물 세계에서는 몸에 무기를 지니지 못한 나약한 존재였습니다. 인간은 홀로 사나운 동물과 싸우다가 숱하게 목숨을 잃었습니다. 그러나 번번히 당하던 인간들은 함께 힘을 합하면 큰 힘이 나온다는 걸 깨달았습니다. 그리고 무기를 만들어 사나운 동물들과 싸웠습니다. 이 과정에서 언어가 생겼습니다. 처음에는 비명이나 감탄사에 가까운 소리였을 것입니다. 하지만, 이윽고 감정이나 사물을 표현하는 언어로 발달했습니다. 언어의 출현 후 인간은 문화를 이룰 수 있었지요.

정답은 ㉮ 번입니다.

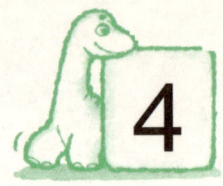

4 인간은 구석기 시대부터 도구를 만들어 사용하기 시작했습니다. 다음 중 구석기 시대의 유물이 아닌 것은 어떤 것일까요?

가 주먹도끼

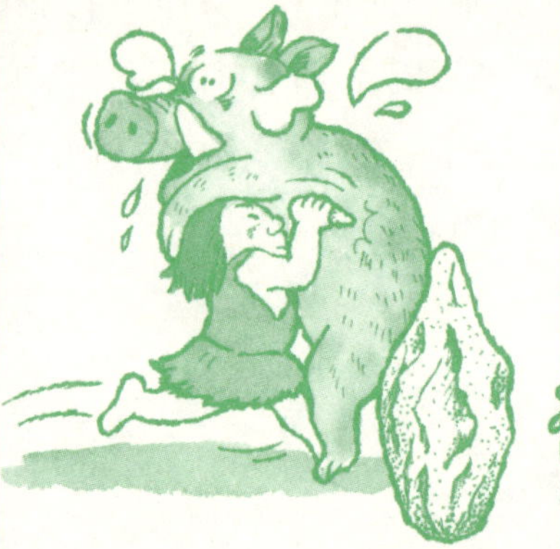

나 긁개

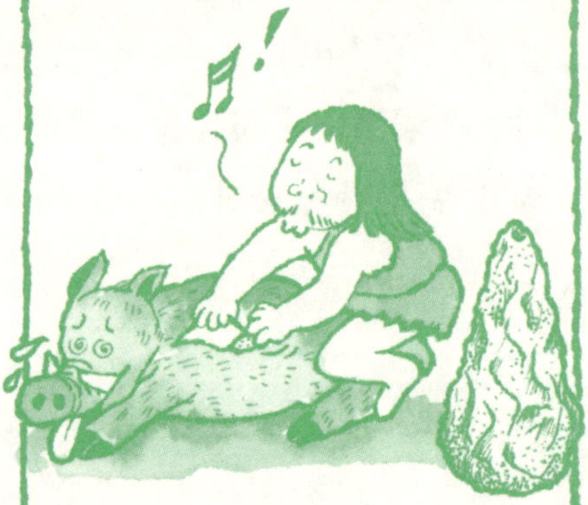

다 찌르개

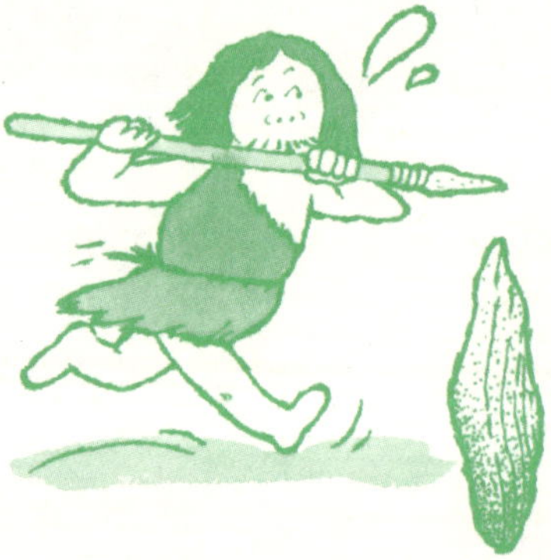

라 돌칼

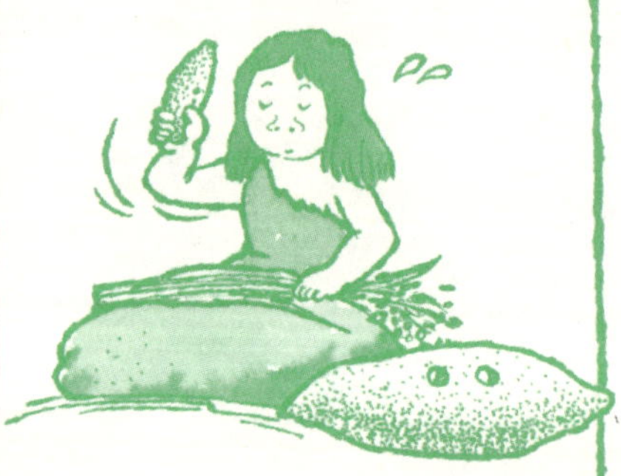

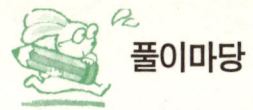

풀이마당

석기 시대란, 인간이 주로 돌을 도구로 사용하던 시대를 말합니다. 구석기 시대는 돌을 깨뜨려 사용하던 시기이며, 신석기 시대는 돌을 갈아 사용하던 시대입니다.

구석기인들은 흔히 동굴이나 하천 부근에서 살았습니다. 왜냐하면 사나운 동물로부터 안전하고, 물을 쉽게 구할 수 있었기 때문입니다. 따라서 이 시대의 유물들은 대개 동굴이나 하천가에서 많이 발견되지요.

대표적인 곳으로는 평양 상원의 검은모루 동굴, 충남 공주의 석장리, 경기도 연천의 전곡리 등을 들 수 있습니다. 이 유적지에서는 구석기인들이 도구나 무기로 사용했던 유물들이 발견되었습니다. 그런데 이 유물들은 쓰임새가 여러 가지랍니다.

주먹도끼는 주로 동물을 사냥할 때 사용했습니다. 멧돼지같이 인간이 상대할 만한 동물과 싸울 때 손에 쥐고 사용했던 것이지요. 때로는 나무를 찍어 낼 때 사용하기도 했습니다. 끝이 뾰족하고 날카로웠지요.

긁개는, 주먹도끼로 사냥한 동물의 가죽을 벗기거나 찍어서 날라 온 나무를 다듬는 데 사용했던 도구였습니다. 긁개는 가죽을 벗기기 편하게 옆이 날카로웠습니다.

찌르개는 주먹도끼보다 끝이 훨씬 날카로운 사냥 무기였습니다. 찌르개에 길고 가는 나무를 묶어 창처럼 사용하기도 했습니다. 주먹도끼와 긁개, 찌르개는 모두 구석기 시대의 유물입니다.

기후가 따뜻해지면서 동물과 식물의 분포도 바뀌어 갔습니다. 사람들의 생활도 마찬가지였습니다. 씨앗을 뿌려 농사를 지으면서 한 곳에 머물기 시작했습니다. 이 때부터 가축을 기르고 빗살무늬 토기를 만들고 곡식을 수확하기 시작했답니다. 이른바 신석기 시대이지요.

신석기 시대의 유물에는 농사와 관련된 것들이 많답니다. 당시 유적에서는 갈돌판, 바늘과 바늘통, 돌칼 등이 나왔습니다. 갈돌판은 곡식의 껍질을 벗기거나 낟알을 갈 때 사용했던 도구랍니다. 바늘과 바늘통은 당시에 어떻게 옷을 입었는지 알 수 있는 귀중한 유물이지요. 돌칼은 곡식을 거두어들일 때 줄기를 잘라 내는 데 사용했답니다.

정답은 ㉣ 번입니다.

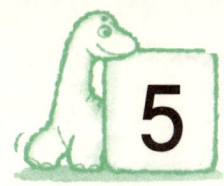

5 청동기 시대의 유물로는 무덤이 많이 남아 있습니다.
돌널 무덤은 어떻게 생겼을까요?

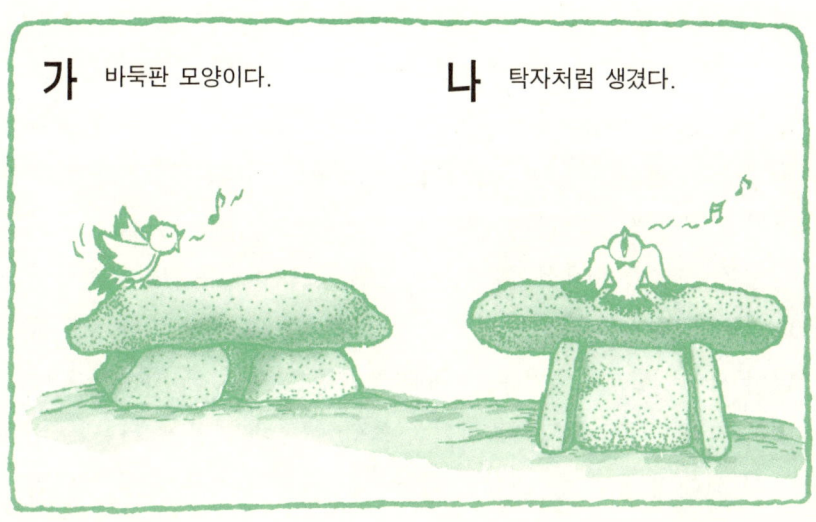

가 바둑판 모양이다.

나 탁자처럼 생겼다.

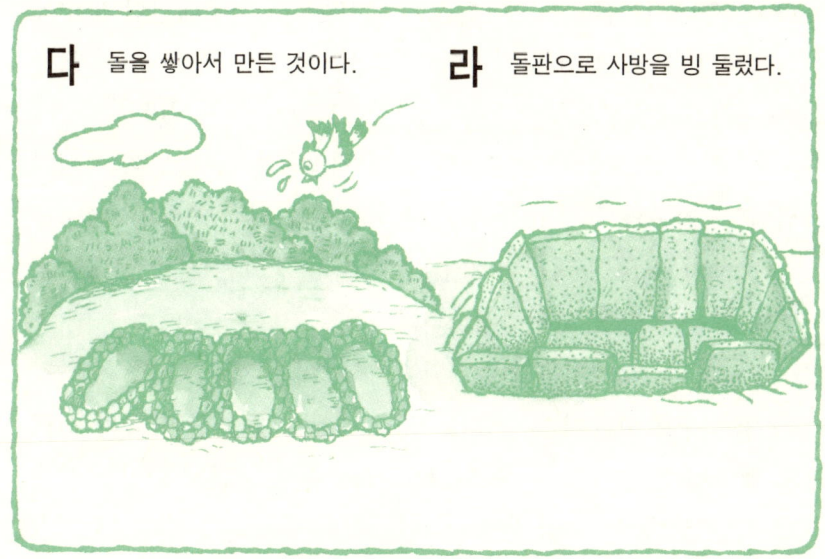

다 돌을 쌓아서 만든 것이다.

라 돌판으로 사방을 빙 둘렀다.

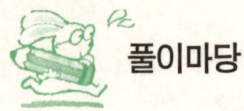

풀이마당

청동기 시대란, 구리에 주석이나 아연을 섞어 도구를 만들었던 시대를 말합니다. 대표적인 유물로는 청동 거울, 비파형 동검, 세형 동검, 도끼, 방울 등이 있습니다.

청동기가 만들어지면서 신석기 시대 후반부터 무너지고 있던 평등한 관계가 급속하게 무너지기 시작했습니다. 생산력이 놀라울 정도로 발전했기 때문입니다. 이 때부터 권력을 가진 자와 못 가진 자가 나오기 시작했습니다.

청동으로 만든 유물들은 당시 지배 계급이 사용했던 것이랍니다. 농사를 지을 때에는 대개 청동보다 나무나 돌로 만든 도구를 많이 사용했습니다. 청동은 주로 무기를 만드는 데 사용했으며, 특히 지배 계급의 무기나 장식품을 만드는 데 사용했습니다.

이 시대의 유물 중 첫째 손가락으로 꼽히는 것은 단연 무덤입니다. 청동기 시대의 무덤들은 우리 민족의 주무대였던 만주에서 한반도 남쪽 끝까지 사방에 널려 있습니다. 무덤은 생긴 모양에 따라 고인돌, 돌무지 무덤, 돌널 무덤으로 나뉩니다.

이 중 고인돌이 가장 많은데 북쪽 지방과 남쪽 지방이 차이가 납니다. 만주와 한반도 북쪽 지방의 고인돌은 탁자 모양이고, 남쪽 지방의 것은 바둑판 모양입니다. 따라서 ㉯는 북방식 고인돌이며 ㉮는 남방식 고인돌입니다.

고인돌의 크기도 똑같지 않았습니다. 어떤 것은 작고, 어떤 것은 엄청나게 컸습니다. 크기를 보면, 그 곳에 묻힌 사람의 권력이 얼마나 컸는지를 알 수 있지요. 지금까지 발견된 고인돌 가운데에는 덮개돌이 수십 톤에 이르는 것도 있답니다.

앞에서 말한 청동기 시대 유물들은 주로 고인돌에서 발견된 것입니다. 다른 나라의 고인돌에서는 사람의 뼈까지 발견되기도 했습니다. 그러나 우리 나라에서는 아직 발견되지 않았습니다.

여러 가지 유물들이 함께 묻혀 있는 것은 죽어서도 편안한 생활을 누리고 싶다는 당시 권력자의 마음을 표현한 것으로 보입니다.

돌무지 무덤이란, 산기슭을 평평하게 깎고 여러 개의 무덤 구덩이를 판 다음, 시신을 묻고 그 위를 돌로 쌓은 무덤을 가리킵니다. 이 무덤에는 여러 개의 구덩이가 있습니다.

역사학자들은 이 돌무지 무덤을 가족 무덤이라고 생각하고 있습니다. 죽어서도 함께 살고 싶었던 것이겠지요. 그림에서 ㉰가 돌무지 무덤이랍니다.

돌널 무덤은 ㉱입니다. 돌널 무덤은 만주와 한반도 여기저기에서 발견되었습니다. 직사각형의 돌판 여러 장으로 사방을 빙 두르고, 위는 덮개로 덮었지요. 물론 덮개 위는 흙으로 덮었습니다.

정답은 ㉱ 번입니다.

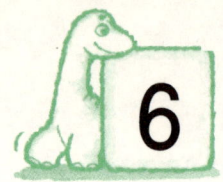

6 단군 신화에 호랑이는 사람으로 변하지 못했지만 곰은 사람으로 변했다는 이야기가 나옵니다. 곰이 사람으로 변했다는 것은 무슨 뜻일까요?

가 곰이 끈기가 있는 동물이다.

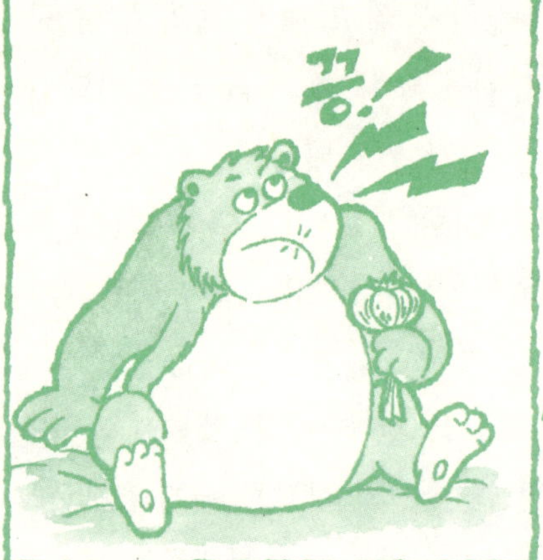

끙!

나 호랑이는 참을성이 없다.

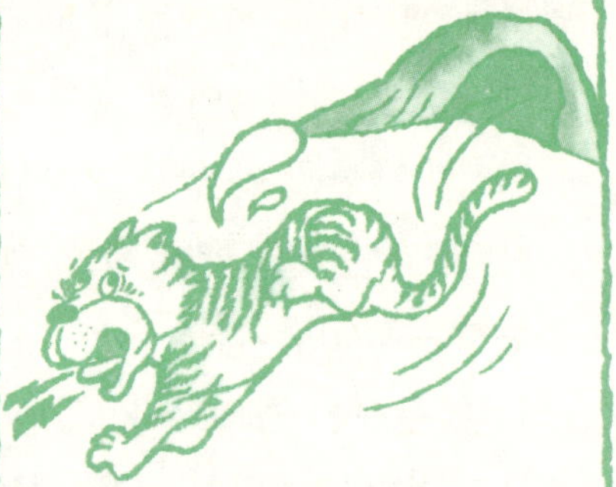

다 곰이 호랑이를 이겼다.

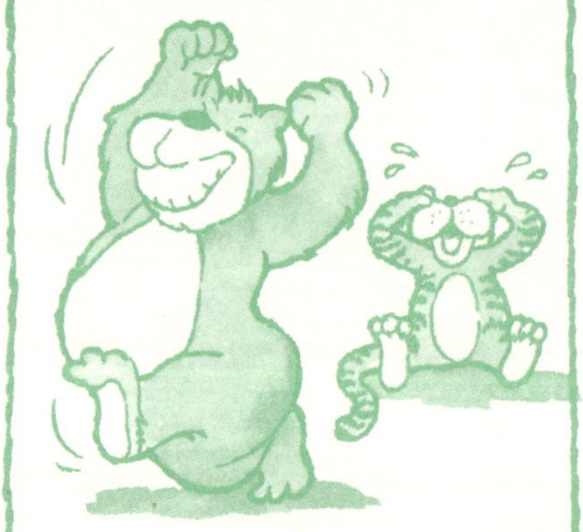

라

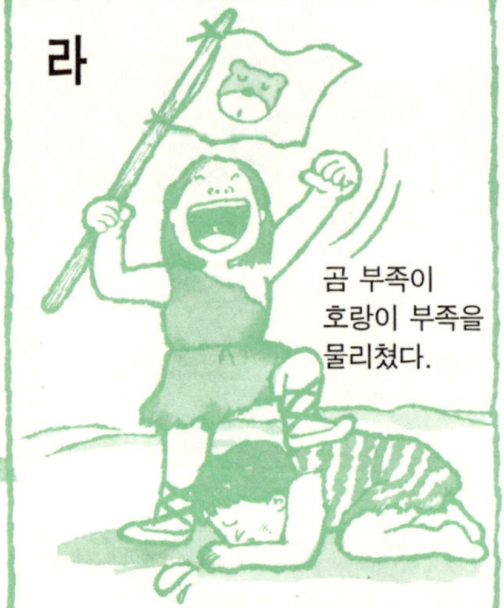

곰 부족이 호랑이 부족을 물리쳤다.

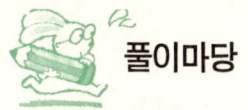
풀이마당

　'하느님의 아들인 환웅은 늘 땅 세계를 동경해 왔습니다. 그러다가 아버지의 허락을 받고 천부인 세 개와 바람, 비, 구름을 관장하는 신하 그리고 군사 3천 명을 거느리고 태백산 신단수로 내려와 땅 세계의 온갖 일들을 처리하였습니다. 그러던 어느 날, 곰과 호랑이가 나타나 사람이 되고 싶다고 간청합니다. 환웅은, 100일 동안 동굴 속에서 마늘과 쑥만을 먹고 지낸다면 소원을 들어 주겠다고 합니다.

　그런데 호랑이는 견디지 못하고 도중에 포기했으며, 곰은 약속한 날짜를 지켜 사람이 되었습니다. 그리고 환웅과 결혼하여 아이를 낳았습니다. 이 아이가 바로 단군 왕검입니다. 단군은 성장하여 평양성에 도읍을 정하고 나라 이름을 조선이라고 합니다.'

　신화는 어느 나라나 마찬가지이지만, 단군 신화도 환상적인 이야기로 가득합니다. 하지만, 신화를 꼼꼼히 들여다보면 당시의 사회 상황을 살펴볼 수 있답니다. 특히 단군 신화는 당시의 세력 관계를 보여 주고 있지요. 당시에는 여러 부족들이 서로 다투던 시기였습니다. 그리고 각 부족들은 저마다 숭배하는 대상이 달랐지요. 즉, 자연물에 큰 힘이 있다는 '토템 신앙'이 생겨났습니다. 어떤 부족은 큰 돌, 또 다른 부족은 큰 나무 그리고 어떤 부족들은 동물을 자신들의 수호신으로 믿었지요.

　결국 우리는 단군 신화에서, 어떤 부족인지는 모르지만 당시 환웅이 이끌었던 부족과 곰 부족이 연합하여 호랑이 부족을 몰아 냈다고 이해할 수 있답니다.

정답은 ④ 번입니다.

7 고조선 시대에는 8조 법금이란 법률로 나라를 다스
렸습니다. 도둑질한 자는 어떤 벌을 받았을까요?

가 사형을 당했다.

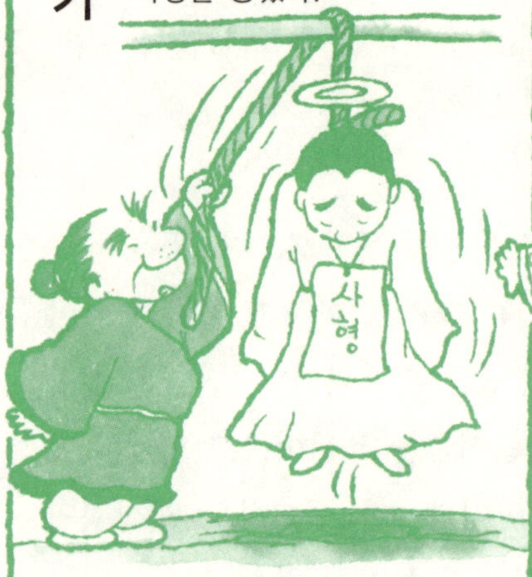

나 배상을 했다.

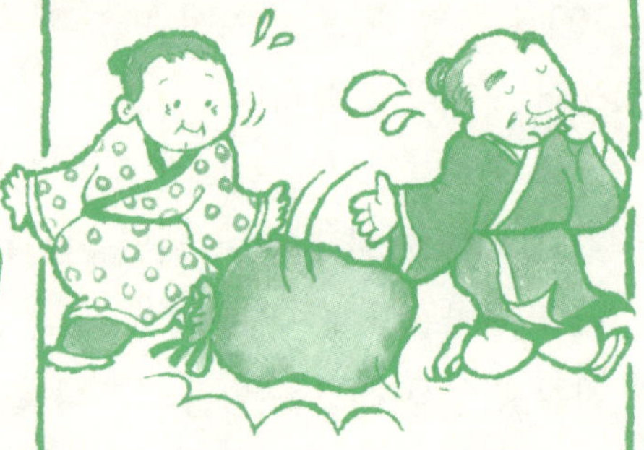

다 노예가 되었다.

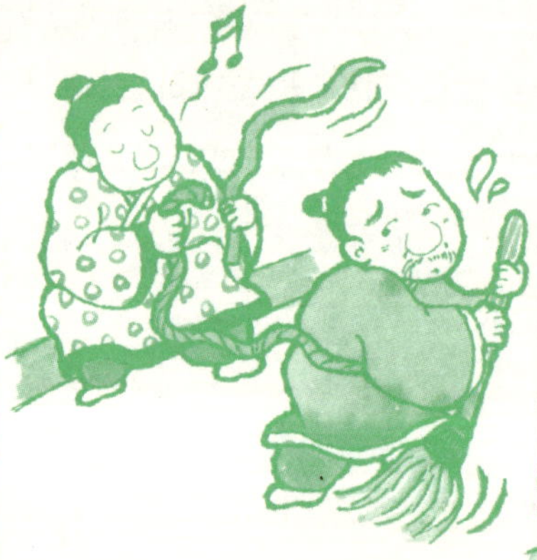

라 감옥에 갇혔다.

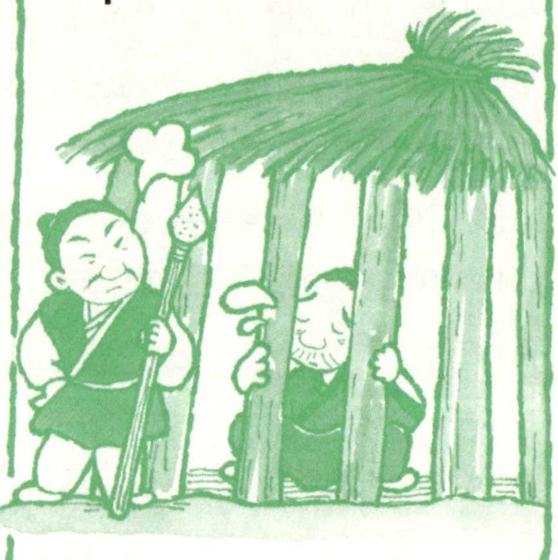

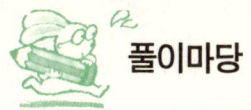
풀이마당

도구와 무기가 발달하자 먹을 것이 풍족해졌습니다. 그러나 여전히 부족했지요. 그래서 고대 국가들은 끊임없이 싸움을 했습니다. 싸움에서 승리하면 수많은 전리품을 챙길 수 있었으며, 포로를 노예로 부릴 수 있었기 때문이지요.

물질적으로 풍요로워지자, 부족 내의 질서를 어지럽히는 자들이 하나둘씩 나타나기 시작했습니다. 법률은 이런 질서를 바로잡기 위해 만들어졌지요.

고조선의 8조 법금은 모두 여덟 개의 조항으로 이루어져 있습니다. 하지만, 지금은 세 가지 조항만 전해 오고 있지요.

먼저 사람을 죽인 자는 사형에 처해졌습니다. 사람의 생명을 소중하게 여겼던 것이지요. 전쟁이 잦았던 고대 시대에 사람은 반드시 필요한 존재였고, 농사를 짓는 데에서도 없어서는 안 될 존재였기 때문입니다.

남에게 상처를 입힌 자는 곡식으로 보상해야 했습니다. 부상을 당하면 그만큼 일을 못 하게 되므로, 곡식으로 보상하도록 했던 것이지요.

도둑은 도둑질한 집의 노예가 되어야 했습니다. 당시에도 개인의 재산을 매우 중요시했다는 것을 알 수 있지요. 또한 도둑질을 얼마나 나쁜 범죄로 보았는지도 알 수 있습니다.

당시 고조선 처녀들은 도둑질한 자를 가장 싫어했습니다. 그래서 도둑과는 결혼은커녕 상대조차 하지 않으려고 했답니다.

만약 도둑질한 자가 노예가 되지 않으려면 배상을 해야 했습니다. 얼마를 배상해야 했는지 기록에 남아 있지는 않습니다. 다만 훔친 물건의 10배를 배상하도록 한 고구려 때의 경우로 보아 역시 그 정도가 아니었을까 추측할 따름이지요.

　중국의 오래 된 역사서를 보면, 고조선은 도둑이 없어 저녁에 도 문을 열어 놓고 지낼 정도로 아주 평화로운 곳이라고 씌어 있습니다. 하지만, 이런 법률이 만들어졌던 것을 보면 그래도 범죄 가 꽤 많았던 것 같습니다. 물론 지금과는 비교할 수 없겠지만요.

정답은 ❸ 번입니다.

만주와 한반도를 호령하던 시대

삼국 시대 · 발해 시대

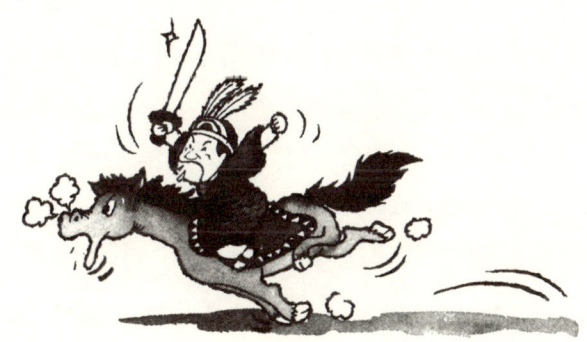

삼국 시대 · 발해 시대

고조선과 마찬가지로 고대 국가로 볼 수 있지만, 고조선보다는 한층 발전한 나라들이 만주와 한반도에서 세력을 다투던 시대입니다. 고구려는 만주를 주무대로 한반도 북쪽까지, 백제와 신라는 한반도 중부와 남부에서 각각 세력을 키워 나가던 시대입니다. 그리고 삼국을 통일한 신라와 고구려의 후예인 발해가 각각 한반도와 만주에서 세력을 키우던 시기이지요.

삼국은 각각 대외 세력과 연합하면서 서로를 견제했습니다. 세 나라 중 어느 국가도 완전한 우위를 확보하지 못했기 때문에, 끊임없이 전쟁을 치르며 균형을 이룰 수밖에 없었지요.

고구려는 대내적으로 백제, 신라와 끊임없이 전쟁을 하는 한편, 대외적으로는 중국 대륙의 여러 나라와 싸움을 하면서 동북아의 패자 자리를 지켰습니다. 고구려는 중국과 한반도를 잇는 길목에 있었기 때문에, 중국의 나라들과 싸움을 해야 했습니다. 전쟁 과정은 삼국 가운데 고구려를 가장 힘 있는 국가로 만드는 역할도 했지만, 한편으로는 어렵게 만드는 과정이기도 했습니다.

고구려는 수나라와 싸우면서 수나라의 대군을 전술의 우위로 물리치지요. 이러한 고구려의 전통은 그대로 고려, 조선으로 이어집니다.

백제는 고구려를 견제하면서 신라와 끊임없이 전쟁을 치릅니다. 신라를 견제하기 위해 일본과 좋은 관계를 맺기도 하지요. 이 과정에서 백제의 문화가 일본에 흘러들어가 일본이 고대 문

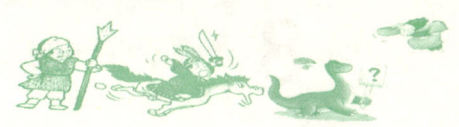

화를 꽃피우는 데 많은 영향을 끼쳤습니다.

삼국 가운데 가장 약했던 신라는 중국 대륙에서 동맹국을 찾았습니다. 초기에는 수나라였고 후기에는 당나라였습니다.

우리가 역사책을 보며 가슴 아프게 생각하는 신라의 삼국 통일은 이런 세력 관계 속에서 이루어진 것이랍니다.

삼국은 서로 망하지 않기 위해 이런저런 동맹을 맺었던 것이지요. 그 중 신라는 당나라와 동맹을 맺고 고구려, 백제를 치려했습니다. 그러나 당나라는 진정한 동맹국이기보다는 한 번도 이겨 보지 못한 고구려를 꺾어 만주의 패권을 차지하고 한반도까지 차지하려는 야심에서, 신라와 함께 백제와 고구려를 멸망시키는 데 힘을 쏟았습니다.

하지만, 당나라의 야심은 여지없이 무너지고 우리 민족은 다시 한반도와 만주의 주인으로서 세력을 떨칩니다. 만주에는 고구려의 후예인 발해가 나라를 세우고, 한반도는 신라가 삼국을 통일해서 통치를 해 나갔습니다.

흔히 우리 역사책에서는 통일 신라 시대라고만 부를 뿐, 발해의 존재를 무시하는 경향이 있습니다. 한술 더 떠서 중국 역사의 일부로 보는 사람들도 있습니다.

그러나 발해는 230여 년이나 지속되었던 우리 민족의 역사입니다. 앞으로 발해 역사가 햇빛을 볼 때, 우리는 온전한 역사를 가질 수 있을 것입니다.

8

주몽은 고구려의 시조입니다.
주몽이란 어떤 뜻일까요?

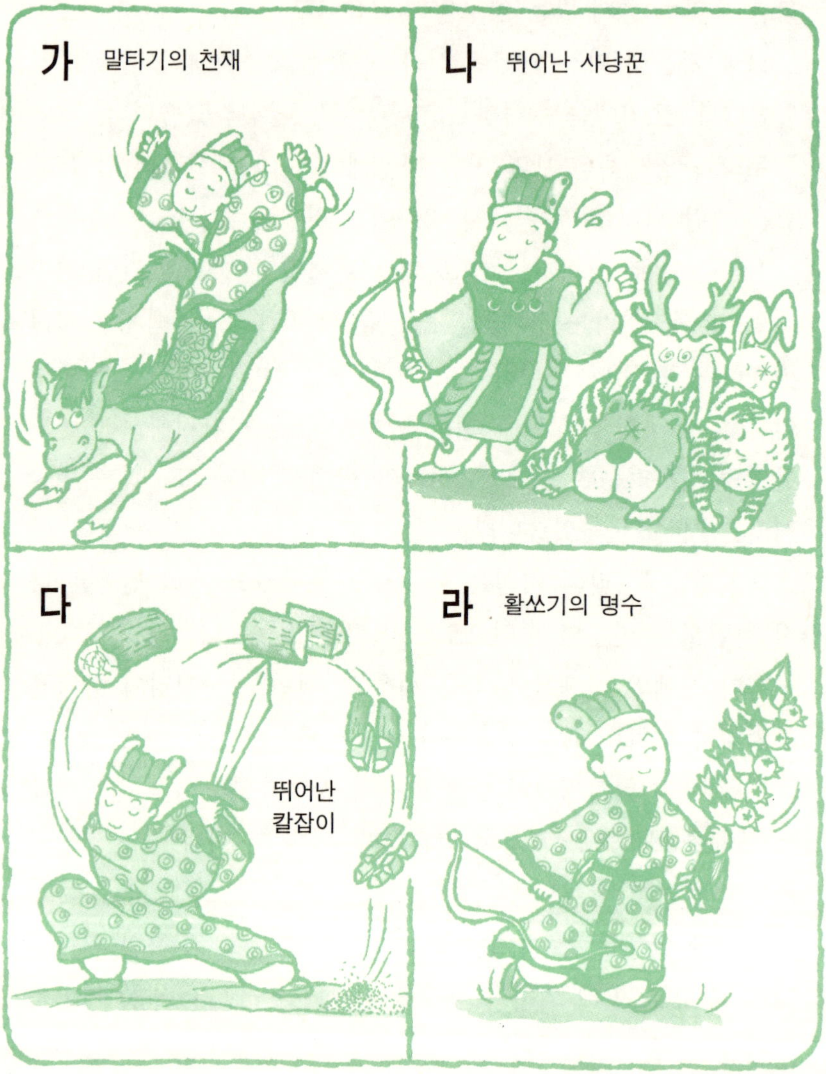

가 말타기의 천재

나 뛰어난 사냥꾼

다

뛰어난
칼잡이

라 활쏘기의 명수

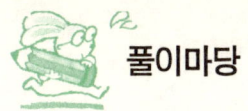

동서고금을 막론하고 나라를 세운 인물에게는 대개 신화나 설화가 따라다니지요. 고구려를 세운 주몽왕에게도 탄생에 얽힌 신비로운 이야기가 전해 온답니다.

하백은 물을 다스리는 신이었습니다. 그에게는 유화라는 딸이 있었는데, 그녀는 냇가에서 목욕하기를 좋아했습니다. 그러던 어느 날, 유화는 냇가에서 북부여의 왕인 해모수와 만나 사랑에 빠졌습니다. 그리고 결혼을 했습니다.

하백은 딸이 자신의 허락도 받지 않고 혼인한 사실을 알고 불같이 화를 내며 딸을 쫓아 버렸습니다. 쫓겨난 유화는 정처 없이 헤매다 우연히 동부여의 금와왕을 만나 새로운 삶을 시작하지요. 금와왕이 둘째 번 부인으로 맞아들였던 것입니다.

세월이 흘러 유화 부인이 아이를 낳았습니다. 그런데 이게 어찌 된 일입니까? 유화는 아이가 아니라 알을 낳았던 것입니다. 화가 난 금와왕은 이 알을 돼지우리에 넣었습니다. 그러니 돼지들은 알을 피해 가기만 했습니다. 그래서 이번에는 말, 개, 소 등이 지나다니는 길가에 버렸습니다. 동물들이 밟고 지나가게 했던 것이지요.

이 동물들이 어떻게 했을까요? 모두 역시 슬슬 피해 갔습니다. 그러자 왕은 도끼로 알을 부수라고 명령했습니다. 그런데도 알은 끄떡없었습니다.

하늘의 뜻임을 안 왕은 알을 다시 유화 부인에게 돌려 주었습니다. 며칠 뒤에 늠름하게 생긴 사내아이가 태어났습니다. 사내아이는 아주 똑똑한 아이로 자라났습니다. 뿐만 아니라 무술에도 남달리 뛰어난 재주를 보였습니다. 전하는 이야기로는 날아다니는 파리도 활로 맞힐 수 있었다고 합니다.

부여 사람들은 입을 모아 말했지요.

"역시 부여의 주몽이야. 부여에서 저 소년보다 뛰어난 사람 나와 보라고 그래."

주몽이란 부여에서 활쏘기의 명수라는 뜻으로 쓰인 말이랍니다. 이 소년이 훗날 압록강가에 고구려를 세운 주몽왕입니다. 동명성왕이라고도 부르지요.

정답은 ㉣번입니다.

9 고구려가 도읍지를 국내성으로 옮기는 데 결정적인 공헌을 했던 동물이 있습니다. 어떤 동물일까요?

가 닭

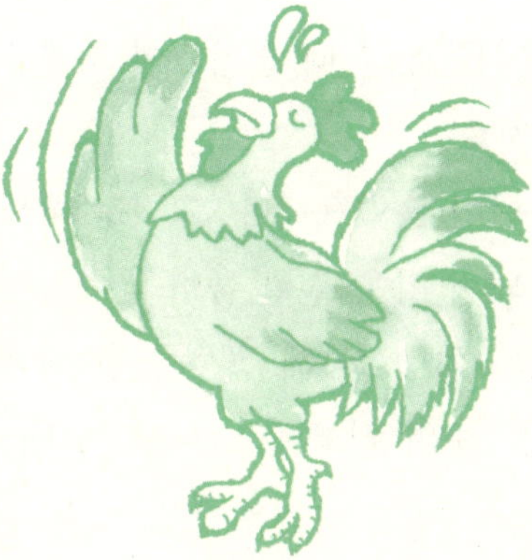

나 흰말

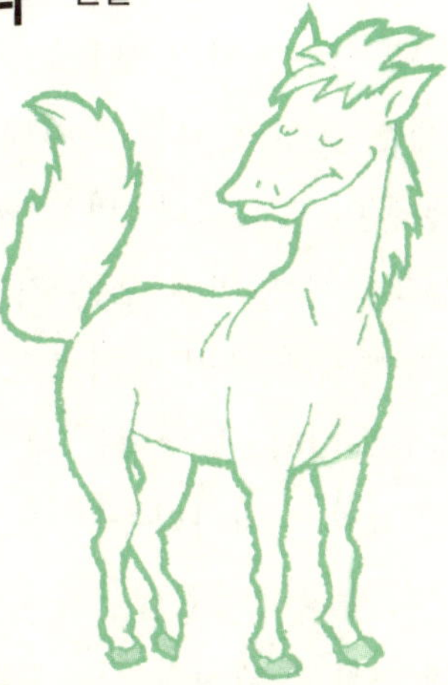

다 까마귀

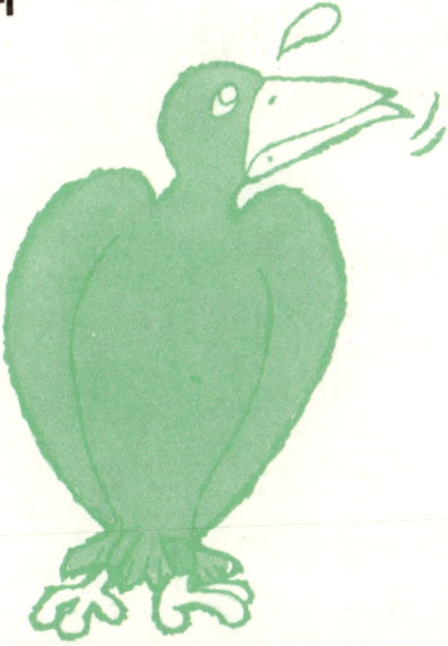

라 돼지

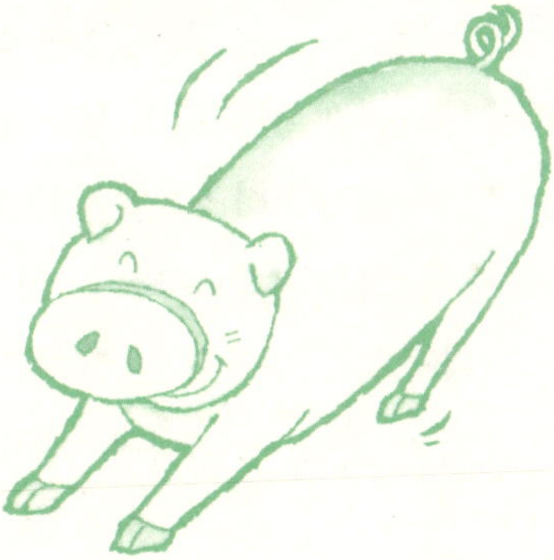

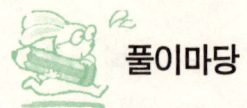

중국 길림성 집안현에는 지금도 국내성터가 남아 있습니다.

고구려의 첫 도읍지는 주몽이 부여에서 탈출하여 물고기와 자라의 도움으로 목숨을 건지고 세운 오녀산성이라고 알려져 있습니다. 이 산성은 중국 요녕성 환인현에 있지요.

국내성터는 서기 3년 고구려 제2대 왕인 유리왕이 도읍을 옮겨 세운 곳이랍니다. 그런데 도읍지를 옮길 때 결정적인 역할을 한 동물이 있습니다. 바로 돼지였지요.

유리왕이 왕위에 오른 지 20여 년이 흘렀습니다. 그러던 어느 날, 동맹제에 쓰려고 기르고 있던 돼지 가운데 한 놈이 감쪽같이 사라졌습니다. 동맹제는 부여의 영고처럼 한 해 농사를 잘 되게 해 주어서 감사하다는 뜻으로 춤을 추며 하늘에 제사를 지내는 고구려의 풍습이었습니다.

제사에 쓸 돼지가 사라지자 돼지치기는 눈앞이 캄캄했습니다.

"한 마리, 두 마리, 세 마리……."

세고 또 세어 보았지만 꼭 한 마리가 부족했습니다.

이 사실을 들은 유리왕은 노발대발했습니다. 벌벌 떨고 있는 돼지치기에게 불호령이 떨어졌지요.

"당장 찾아오너라. 찾지 못하면 살아남지 못할 것이다!"

"죽을 죄를 지었습니다. 찾지 못하면 살아서 돌아오지 않겠나이다."

유리왕 앞을 물러나온 돼지치기는 눈에 불을 켜고 돼지를 찾아 나섰습니다. 온 마을을 다 뒤졌지만 헛수고였습니다.

'이제 죽을 일만 남았구나. 그 소중한 돼지를 잃어버렸으니

나는 다 산 거나 마찬가지야.'

돼지치기는 탄식을 하며 비칠비칠 발길 닿는 대로 걸었습니다. 그런데 바로 그 때였어요.

"아니, 젊은 사람이 왜 세상을 다 산 사람처럼 걷고 있는가?"

고개를 드니 돼지치기 앞에 웬 노인이 서 있지 않겠어요? 뭐든 다 말해 보라는 노인의 표정에 이끌려 돼지치기는 사실대로 털어놓았습니다. 그러자 노인의 입에서 뜻밖의 말이 흘러 나왔습니다.

"그 돼지가 그 돼진가? 내 아까 보니까 돼지 한 마리가 저 쪽으로 정신 없이 가던걸."

돼지치기는 고맙다는 인사도 못하고, 노인이 가리키는 곳으로 정신 없이 뛰어갔습니다. 정말 그 곳에 우리에서 도망친 돼지가 있었습니다.

유리왕은 돼지를 찾아왔다는 소식을 듣고 매우 기뻤습니다. 그런데 이어서 나온 돼지치기의 이야기는 더 흥미로웠습니다.

"그런 멋진 곳이 있더란 말이냐? 내 눈으로 직접 보고 싶구나."

국내성터를 돌아본 유리왕은 흡족한 미소를 지었습니다.

'지금의 도읍지는 주변에 사나운 나라가 너무 많아. 이 곳은 땅도 기름지고 천연의 요새로 제격이군.'

결국 돼지 한 마리가 도읍을 옮기게 했던 것이지요. 그 돼지는 어떻게 됐냐고요? 공은 공이고 사는 사니까 동맹제의 제물로 오르지 않았을까요?

정답은 ㉣ 번입니다.

39

10 고구려의 모본왕은 아주 포악한 임금이었습니다.
또한 아주 나쁜 버릇이 있었습니다. 어떤 버릇이
었을까요?

가 신하를 베고 눕기를
좋아했다.

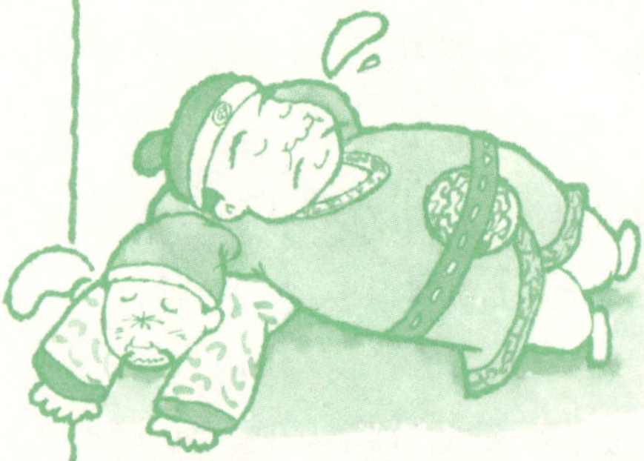

나 호랑이와 무사가 싸우는 것을
즐겼다.

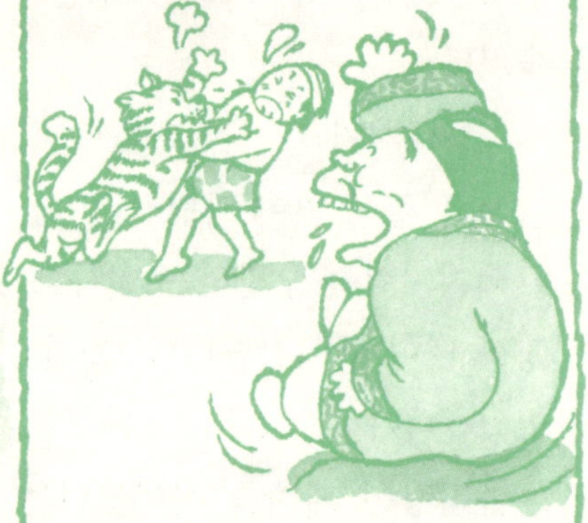

다 옷을 벗고 있기를 좋아했다.

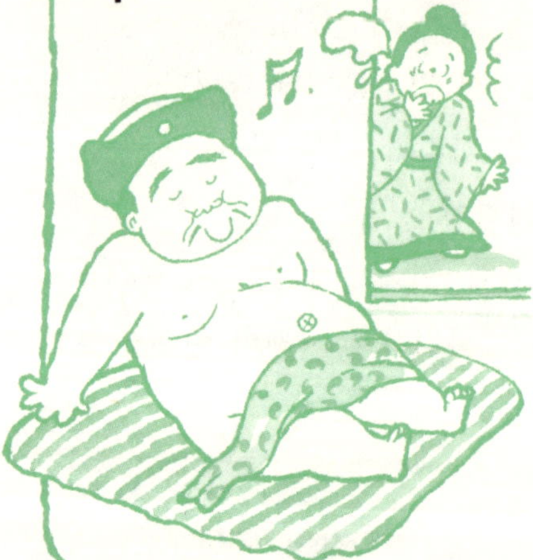

라 잔인한 놀이를 좋아했다.

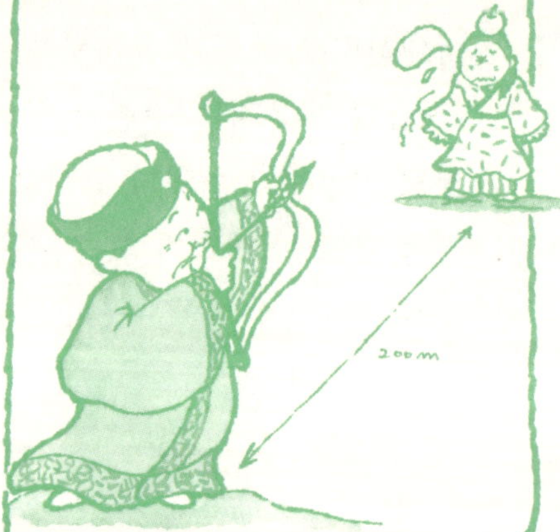

2 00 m

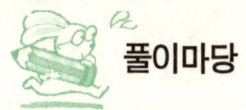

풀이마당

고구려의 왕 가운데 가장 인상적인 사람을 꼽으라면 단연 광개토 대왕을 꼽겠지요. 그런데 고구려 제5대 왕인 모본왕은 참으로 별난 사람이었습니다. 아니, 임금으로서 자격이 없는 사람이었습니다.

왜냐고요? 호랑이와 무사를 싸움시켰냐고요?

여러분도 고대 로마의 검투사 이야기를 알고 있을 거예요. 저 옛날 로마에는 검투사라는 노예들이 있었습니다. 감옥에 갇혀 있다가 둘 중 하나가 죽을 때까지 싸워야 했던 슬픈 운명을 지닌 노예들이었지요. 오로지 황제나 귀족의 지루함을 달래 주기 위해 죽어야 했던 것입니다. 이들은 때로 사자와 싸우다가 사자의 밥이 되기도 했습니다.

그러나 모본왕은 이런 놀이를 즐길 정도로 담력이 강한 사람은 아니었습니다. 그는 참 별나게도 신하를 베고 눕기를 좋아했습니다. 아이들이 엄마의 무릎을 베고 눕기를 좋아하듯 사람 베개를 즐겼던 것이지요. 심지어 사람을 방석처럼 깔고 앉기도 했답니다. 이 정도로 그만이었다면 그냥 웃어 넘길 수도 있을 것입니다.

그런데 모본왕은 한술 더 떴습니다. 만약 '신하 베개'나 '신하 방석'이 조금이라도 움직이면 난리가 났습니다.

어떻게 했냐고요? 신하를 단칼에 죽여 버렸답니다. 참으로 왕으로서 자격이 없는 사람이지요.

자신의 자리가 아니었기 때문에 그런 행동을 했는지도 모릅니다. 모본왕은 호동 왕자와 배다른 형제였습니다. 호동 왕자는 용

맹스럽고 지혜로운 왕자로서 백성들의 사랑을 한몸에 받고 있었
지요. 특히 호동 왕자가 낙랑을 정복한 뒤, 호동 왕자에 대한 왕
의 믿음은 절대적이었습니다. 그런데 호동 왕자의 계모, 즉 모본
왕의 어머니는 그런 호동을 좋아하지 않았습니다.

결국 호동 왕자를 모함하여 스스로 목숨을 끊게 만들었답니
다. 그러고 나서 왕위에 오른 이가 바로 모본왕이었으니, 정치는
물론이고 인품도 짐작할 수 있을 듯합니다.

정답은 ㉮ 번입니다.

11 고대 국가 가운데 가야라는 나라가 있었습니다. 금관가야 김수로왕의 탄생 설화와 관계 있는 것은 어떤 것일까요?

가 까마귀

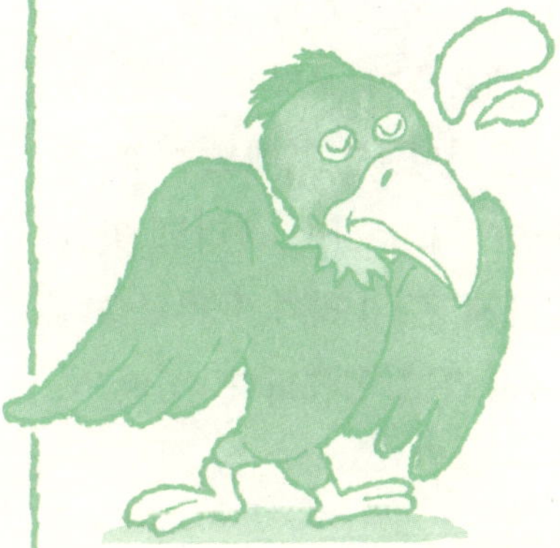

나 아홉 촌장

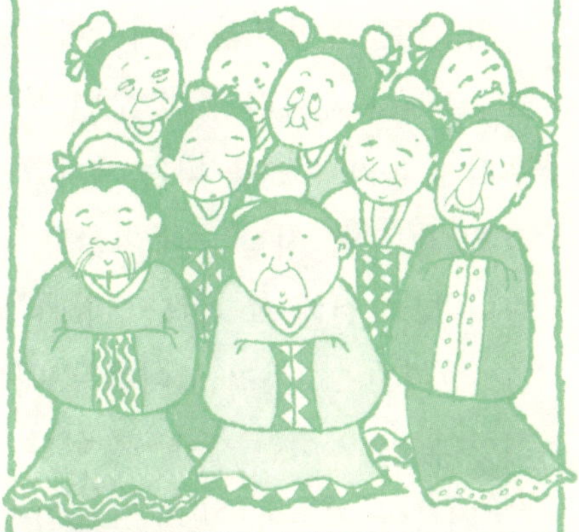

다 황금 알 네 개

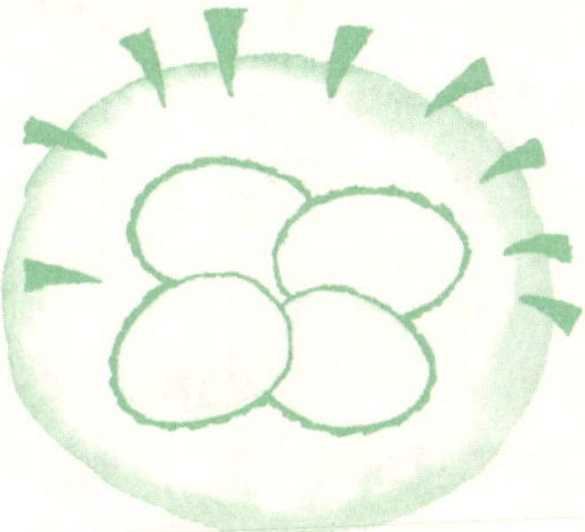

라 박달나무 상자

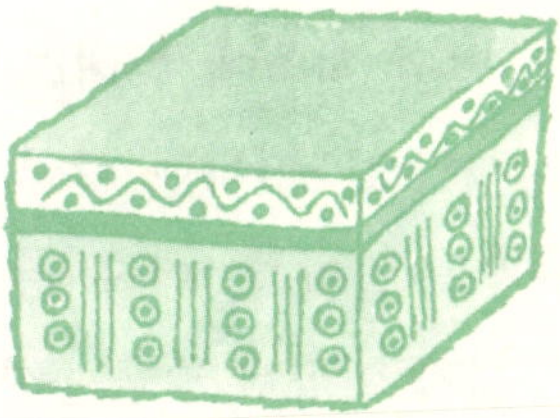

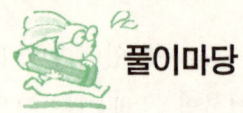

　가야 땅에 사람들이 작은 나라를 이루어 살기 시작한 것은 기원전 200년 무렵이었습니다. 그 중 구야국이라는 나라가 있었는데, 이 나라는 아홉 부족으로 이루어져 있었습니다. 그리고 각 부족마다 우두머리가 있었으며, 우두머리들이 모여서 나라의 크고 작은 일들을 결정했답니다.

　가장 큰 일이라면 농사 짓는 일과 다른 부족과의 전쟁이겠지요. 그래서 해마다 봄이 오면 부족의 대표들이 구지봉이라는 봉우리에 올라 풍년을 비는 제사를 지냈습니다. 그 해에도 아홉 촌장은 각 부족 사람들을 이끌고 구지봉에서 제사를 올리고 있었습니다. 그런데 그 때 난데없이 허공에서 큰 소리가 들려왔습니다. 그리고 그 소리는 어떤 노래를 부르라고 했습니다. 어떤 노래였냐고요? 이런 노래였습니다.

　"거북아 거북아, 머리를 내밀어라.

　안 내밀면 구워 먹어 버리지."

　아홉 촌장과 함께 있던 사람들은 잠깐 어리둥절했지만, 이내 정신을 차리고 노래를 부르기 시작했습니다. 덩실덩실 춤까지 추면서 말이지요. 그런데 잠시 뒤 신기한 일이 벌어졌습니다.

　아, 글쎄 하늘에서 내려온 빛줄기 끝에 반짝거리는 물체가 있지 않겠어요? 커다란 황금 상자였답니다.

　뚜껑을 열어 본 아홉 촌장은 다시 한 번 놀랐습니다. 황금 알 여섯 개가 이상한 빛을 뿜어 내고 있었기 때문이지요. 이제껏 한 번도 본 적이 없는 강한 빛이었어요.

　아홉 촌장은 그 빛에 기가 질려 저도 모르게 무릎을 꿇고 머리를 숙였습니다. 그 다음날, 황금빛 알 하나에서 늠름하게 생긴 사내아이가 태어났습니다. 아홉 촌장은 외쳤습니다.

"임금님이 나셨다!"

"하늘에서 우리에게 임금님을 보내셨다!"

이 아이가 바로 김수로왕이랍니다. 황금 알에서 태어났다하여 김씨 성을 갖게 되었지요. 왕은 지금의 김해에 도읍을 세웠습니다. 그래서 김해 김씨는 모두 이 김수로왕의 자손이랍니다.

나머지 다섯 알은 어떻게 됐냐고요? 이 알에서도 사내아이 다섯이 태어났습니다. 제일 큰형인 김수로왕이 이 다섯 동생에게도 땅을 나누어 주어 다스리게 한 건 물론이지요.

정답은 ④ 번입니다.

45

신라는 멸망할 때까지 세 가지 성을 가진 사람만이 왕이 되었습니다. 다음 중 아닌 것은 어떤 것일까요?

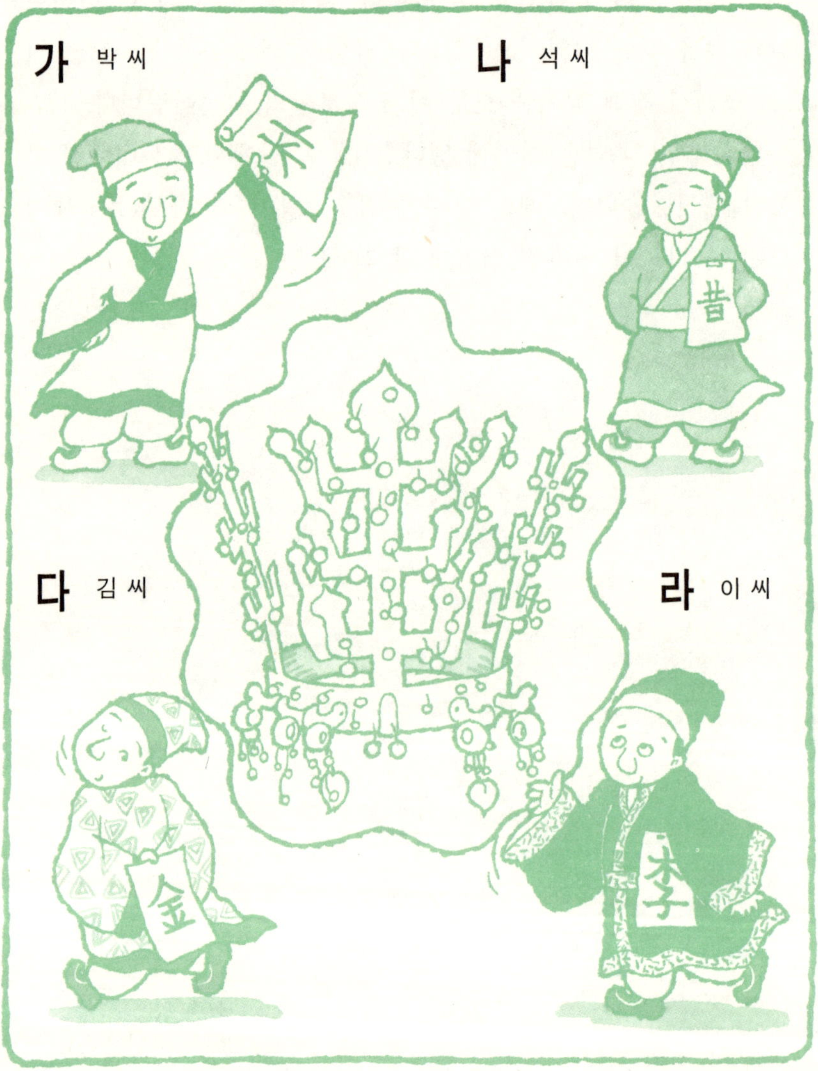

가 박 씨

나 석 씨

다 김 씨

라 이 씨

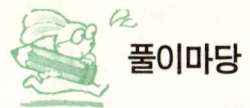

풀이마당

기원전 44년 로마가 세계 대제국을 건설하고 고대 민주 정치를 꽃피우려고 하던 무렵에, '주사위는 던져졌다.'는 유명한 말을 남겼던 카이사르가 암살당했습니다. 그 해에 한반도 남쪽에서도 이상한 일이 일어났습니다.

서라벌, 지금의 경주 부근에는 여섯 부족이 살고 있었습니다. 그런데 부족 사람들에게는 걱정거리가 하나 있었습니다. 자신들을 이끌 왕이 필요했던 것이지요. 그러던 어느 해 여섯 촌장의 눈앞에 이상한 광경이 펼쳐졌습니다. 하얀 말 한 마리가 커다란 알 앞에서 무릎을 꿇고 앉아 있는 것이었습니다.

사람들이 몰려오자, 하얀 말은 쏜살같이 하늘로 날아갔습니다. 촌장들은 알에서 태어난 사내아이를 정성스럽게 키웠습니다. 그리고 열세 살 되던 해에 그 아이를 왕으로 받들었습니다. 바로 이 아이가 신라 제1대 왕인 박혁거세랍니다. 박씨 성은 박 같은 알에서 태어났다 하여 붙여진 성이랍니다.

이 때부터 12대 동안 박씨가 왕위에 올랐습니다.

석씨의 시조는 석탈해라고 합니다. 석탈해에게도 탄생에 얽힌 재미있는 이야기가 있습니다.

남해왕 시절, 어느 어촌에 궤짝이 하나 흘러들어왔습니다. 마침 바다에서 고기를 잡던 한 노인이 이 궤짝을 발견했습니다. 궤짝 위에서는 까치 한 마리가 빙빙 맴을 돌고 있었습니다.

마침 외롭게 홀로 살던 노인은 궤짝에서 주운 아이를 정성껏 키웠습니다. 그리고 성을 석씨라고 붙여 주었습니다. 왜냐구요? 궤짝 위에서 날던 까치에서 힌트를 얻은 것이지요. 한자로 까치

작(鵲)자에서 새 조(鳥)자를 떼어 내면 석(昔)자가 되거든요.

김씨 성을 가진 사람이 왕위에 오른 것은 제13대 미추왕 때부터입니다. 당시 고구려와 백제는 이미 고대 국가로서 틀을 잡고 있었습니다. 신라는 미추왕 때 이르러서야 비로소 국대 국가로서의 틀을 마련하기 시작했습니다.

남해왕이니 유리왕이니 미추왕이니 하지만, 사실 왕이란 칭호는 23대 이후에나 쓰였답니다. 22대까지는 이름 뒤에 거서간 등 왕을 대신하는 호칭이 붙어 있었답니다.

정답은 ㉴ 번입니다.

13 고구려의 고분 벽화에는 여러 가지 신분의 사람이 나옵니다. 신분에 따라 의복도 달랐지만, 머리에 쓰는 머리쓰개도 달랐습니다. 무사들은 어떤 것을 썼을까요?

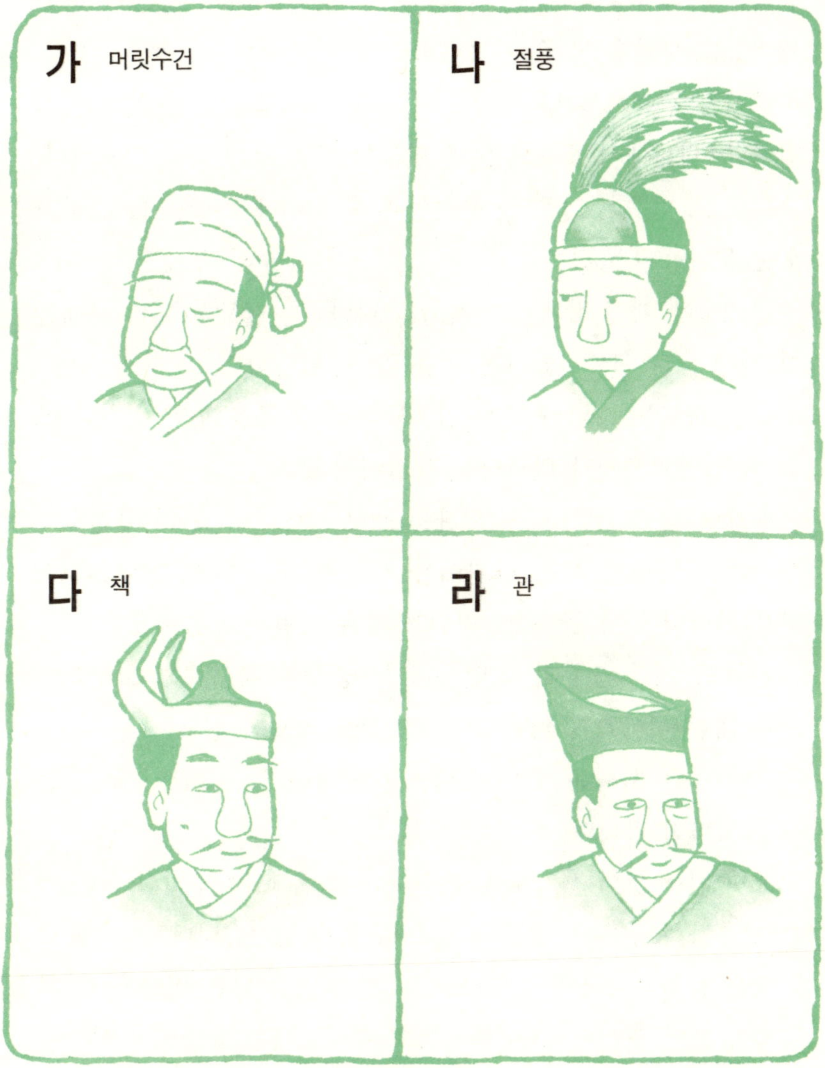

가 머릿수건

나 절풍

다 책

라 관

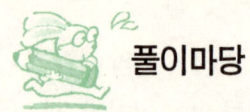

풀이마당

고구려 미천왕의 무덤으로 알려진 안악 3호 고분에는 수레를 탄 사람을 중심으로 말을 탄 무사와 창을 든 병사, 광대들이 행진하는 벽화가 그려져 있습니다. 이 그림을 자세히 보면 몇 가지 재미있는 사실을 알 수 있답니다.

하나는 신분에 따라 사람의 크기가 다르게 그려져 있다는 점입니다. 벽화에서는 수레를 탄 인물이 가장 크게 나와 있습니다. 그리고 그 다음이 말을 탄 무사들과 수레 뒤에서 말을 타고 따라오는 문관들이지요.

광대들은 제일 작게 그려져 있습니다. 이 때부터 벌써 광대들이 가장 낮은 신분이었다는 것을 알 수 있습니다.

다른 하나는 그림에 나온 인물들의 머리 쪽을 보면 저마다 쓰고 있는 머리쓰개가 다르다는 사실이지요.

수레에 타고 있는 인물은 관을 쓰고 있습니다. 관의 생김새는 우리가 사극에서 보는 문관이나 무관의 모자와 비슷하답니다. 관은 왕이니 귀족 등 주로 지위가 높은 사람들이 썼지요.

관에도 여러 종류가 있었습니다. 중국의 역사책에 고구려의 관에 대한 이야기가 나옵니다. 그 책에 따르면 임금은 흰 비단, 벼슬이 높은 사람은 푸른 비단, 그 아래는 붉은 비단으로 만든 관을 썼다고 합니다.

또한 입는 옷의 색깔도 달랐습니다. 왕은 오색 무늬의 옷을 입고 귀족들은 푸른색, 붉은색 순으로 옷을 입었습니다.

책은 문관들이 쓰던 머리쓰개이고, 절풍은 낮은 벼슬을 한 사람들이 쓰던 것이랍니다. 무용총의 수렵도에는 호랑이와 사슴을 사냥하는 무사들의 모습이 또렷하게 나와 있습니다. 바로 이 무사들이 쓰고 있는 게 절풍이랍니다.

대개 절풍에는 새깃을 두 개 꽂았는데, 신분에 따라 새깃의 수나 색깔이 달랐습니다. 금으로 된 깃을 꽂은 사람은 무사 가운데 지위가 높은 사람이었지요.

일반 백성들은 대개 머릿수건을 썼습니다. 활동하기에 편했기 때문이지요. 하지만, 귀족들도 사냥을 할 때에는 머릿수건을 사용하기도 했답니다.

정답은 ㉯번입니다.

고대 사회의 고조선과 부여 그리고 삼국 시대에는 순장 제도가 있었습니다. 순장제에 대한 설명 중 맞지 않은 것은 어떤 것일까요?

가 내세의 존재를 믿고 있었다.

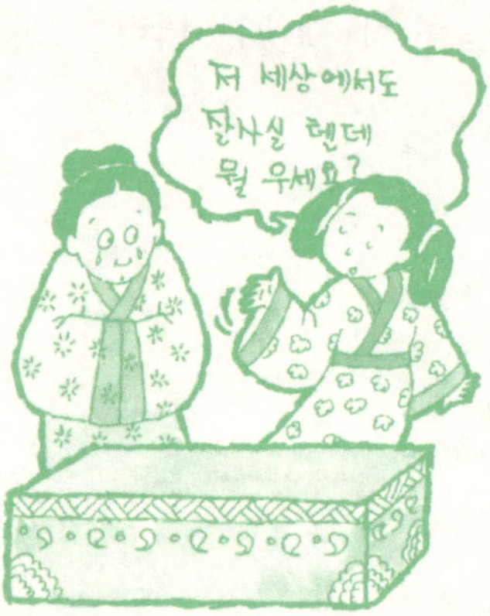

저 세상에서도 잘사실 텐데 뭘 우세요?

나 일반 백성들에게도 널리 행해졌다.

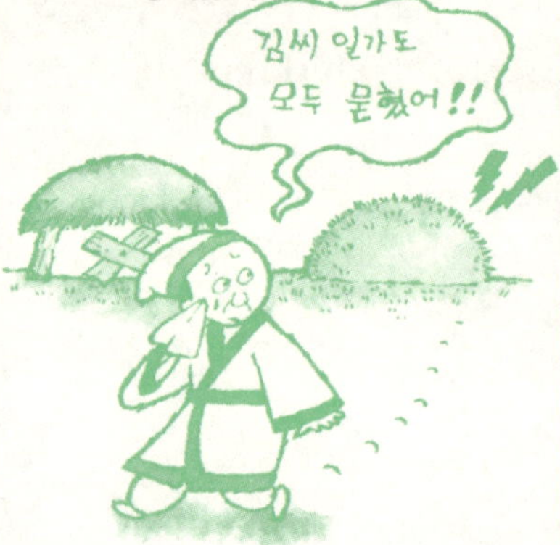

김씨 일가도 모두 묻혔어!!

다 산 사람들까지 함께 묻었다.

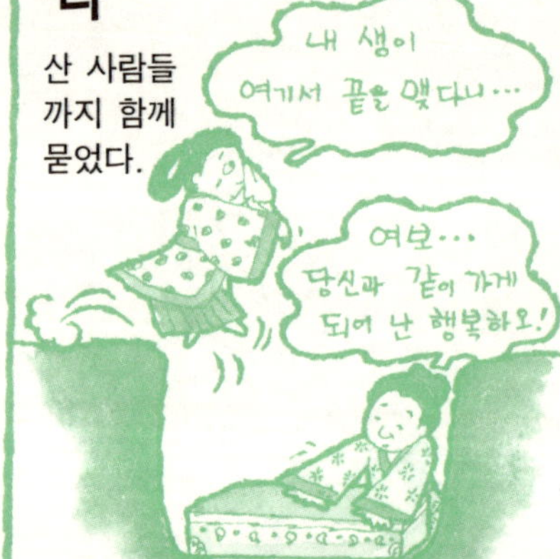

내 생이 여기서 끝을 앴다니...

여보... 당신과 같이 가게 되어 난 행복하오!

라 막강한 권력자가 있었음을 보여 준다.

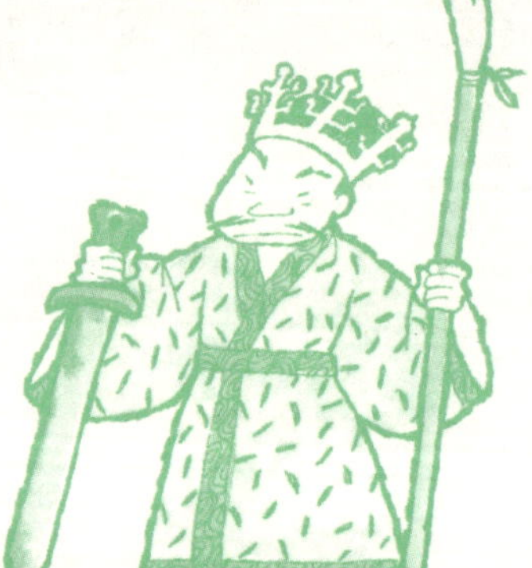

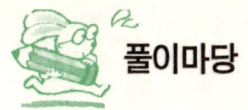

순장제란, 왕이나 지배 계층이 죽으면 그 사람이 쓰던 물건은 물론이고, 신하나 노예들까지 함께 묻었던 매장 풍습입니다.

우리 나라에서 순장제의 역사는 멀리 고조선까지 거슬러 올라갑니다. 고조선에서 순장제가 널리 행해졌다는 사실은 지금의 만주 곳곳에 남아 있는 무덤으로도 알 수 있답니다. 비파형 동검 등 청동기 시대의 유물은 물론이고, 많게는 100여 명의 사람들이 함께 묻혀 있는 무덤들도 발견되고 있습니다.

그런데 시신을 묻을 때 왜 이렇게 했을까요?

순장은 두 가지를 말해 주고 있습니다. 하나는 당시 사람들에게 내세의 관념이 있었다는 것이지요. 즉, 지금 살고 있는 현세와 죽은 뒤에 살아가는 내세가 존재한다고 믿었던 것입니다.

따라서 권력자는 죽어서도 살아서와 마찬가지로 살고 싶었습니다. 자신을 돌보아 줄 하인이 필요했지요. 그리고 당시 사람의 발 구실을 했던 말 같은 동물도 필요했습니다. 또한 호화로운 생활을 하려면 여러 가지 쓰던 물건이 있어야 했습니다. 더구나 적과 싸워야 할지도 모르니 무기도 필요했습니다.

또 다른 하나는 그만큼 권력이 강한 자가 역사상에 나타났다는 것이지요. 말을 못 하는 동물이라도 죽음을 두려워하는데, 하물며 사람이야 오죽했겠어요?

막강한 권력이 없었다면 한두 명도 아니고 적게는 10여 명에서 많게는 100여 명까지 신하나 노예들을 함께 묻는다는 것은 불가능했겠지요.

순장을 할 때에는 대개 신하나 노예들을 죽여서 묻는 것이 일반적이었지만, 죽은 사람을 따라 스스로 목숨을 끊은 사람이나 살아 있는 사람을 묻기도 했습니다.

삼국 가운데에는 고구려와 신라에 순장 제도가 있었습니다. 왕이나 왕족, 귀족 등 지배 계층이 죽으면 순장을 했습니다. 신라에서 순장이 언제부터 시작되었는지는 정확히 알 수 없으나, 기록에 따르면 제21대 소지왕 때까지 순장이 있었답니다.

왕이 죽으면 남녀 다섯 명씩 순장을 했다고 합니다.

순장제는 서기 502년에 폐지되었습니다. 지증왕 때이지요.

고구려에서도 왕이나 지배 계층이 죽으면 순장을 했습니다. 그러나 동천왕이 죽자, 같이 묻히고자 하는 신하가 워낙 많았기 때문에 이 때부터 순장제를 금지했다고 합니다.

정답은 ㉯번입니다.

15 신라에서는 왕이란 호칭을 쓰기 이전에 이사금이나 마립간이라는 호칭을 썼습니다. 이사금이란 무슨 뜻일까요?

가 귀가 크다.

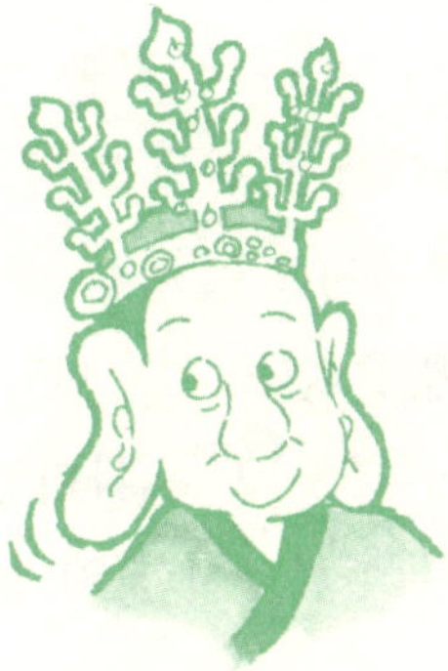

나 점이 많다.

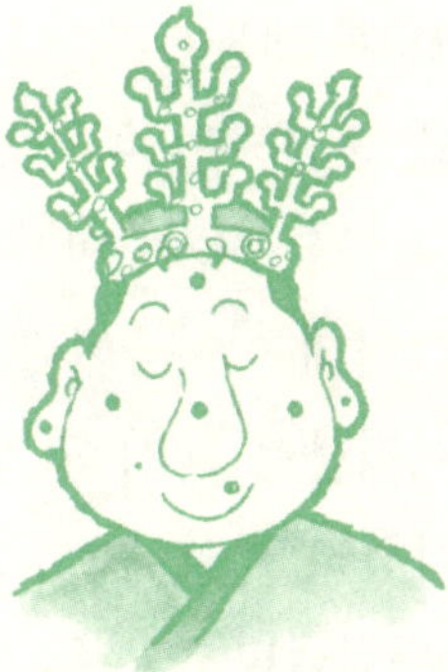

다 이가 많다.

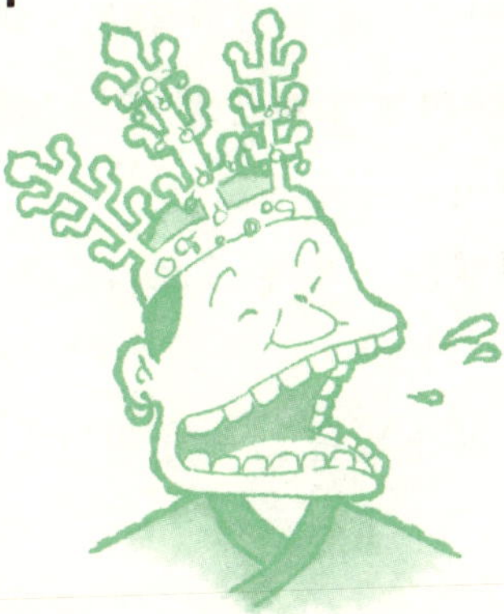

라 발이 크다.

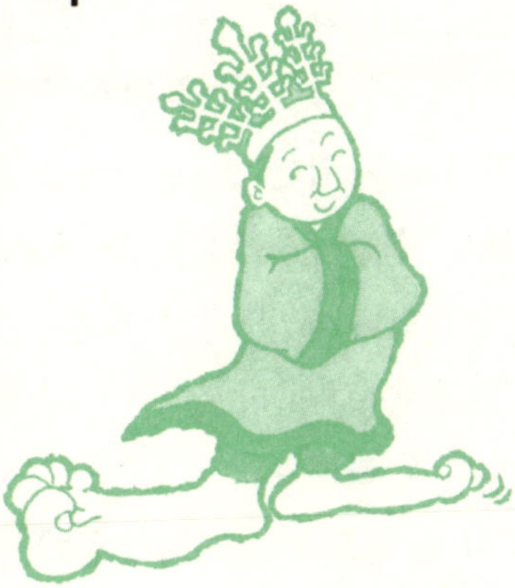

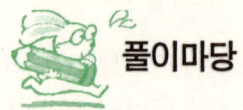

신라에서 왕이란 호칭을 쓰기 시작한 것은 제23대 법흥왕 때부터라고 알려져 있습니다. 이 때 가서야 비로소 왕권이 제자리를 찾았다는 이야기이지요. 이전에는 거서간이나 차차웅, 이사금 그리고 마립간이라는 호칭을 사용했습니다.

거서간은 박혁거세 때, 차차웅은 남해 때, 이사금은 유리부터 제18대 내물까지, 마립간은 눌지 때부터 제22대 지증 때까지 왕을 대신하는 호칭으로 쓰였습니다. 따라서 혁거세 거서간, 남해 차차웅, 유리 이사금이라고 불렀던 것이지요.

그런데 이사금이란 호칭은 재미있는 뜻을 담고 있답니다.

여러분은 혹시 귀가 큰 사람이나 발이 큰 사람을 가리킨다고 생각하지 않았나요? 하지만, 아니랍니다. 이사금이란 이가 많다는 뜻입니다.

여기에는 재미있는 이야기가 전해 내려온답니다.

신라 제2대 왕인 남해왕에게는 유리라는 아들이 있었습니다. 그런데 남해왕은 숨을 거두기 전에 석탈해에게 왕위를 부탁하고 숨을 거두었습니다. 석탈해의 인품을 아꼈기 때문일 수도 있고, 유리에게 왕위를 물려 주었을 때 일어날지도 모르는 반란을 걱정했을 수도 있습니다. 어쨌든 석탈해는 왕위에 오르기를 한사코 거절하다가 한 가지 제안을 했답니다.

"그럼 이렇게 합시다. 우리 둘 중 이가 많은 사람이 왕위에 오르기로 하지요."

"이가 많은 사람이라고요?"

"예, 예로부터 이는 하늘이 내려 주신 것이라고 했습니다. 그러니 이가 많은 사람이 왕위에 오르는 게 이치에 맞지 않을까요?"

"정 뜻이 그러하시다면 그렇게 하지요. 그런데 입을 벌리고 이를 셀 수도 없고 어떡한담?"

"떡으로 하면 간단합니다. 이가 많은 사람은 떡에 잇자국이 많이 나지 않겠습니까?"

결국 떡에는 유리의 잇자국이 더 많았습니다. 유리의 이가 많다는 것을 이미 알고 있던 석탈해가 지혜를 발휘했던 것이지요.

정답은 ④번입니다.

 **16** 경상도 땅에 슬픈 전설이 전해 오는 돌이 있었습니다. 망부석인데요, 망부석이란 이름은 무엇을 뜻하는 것일까요?

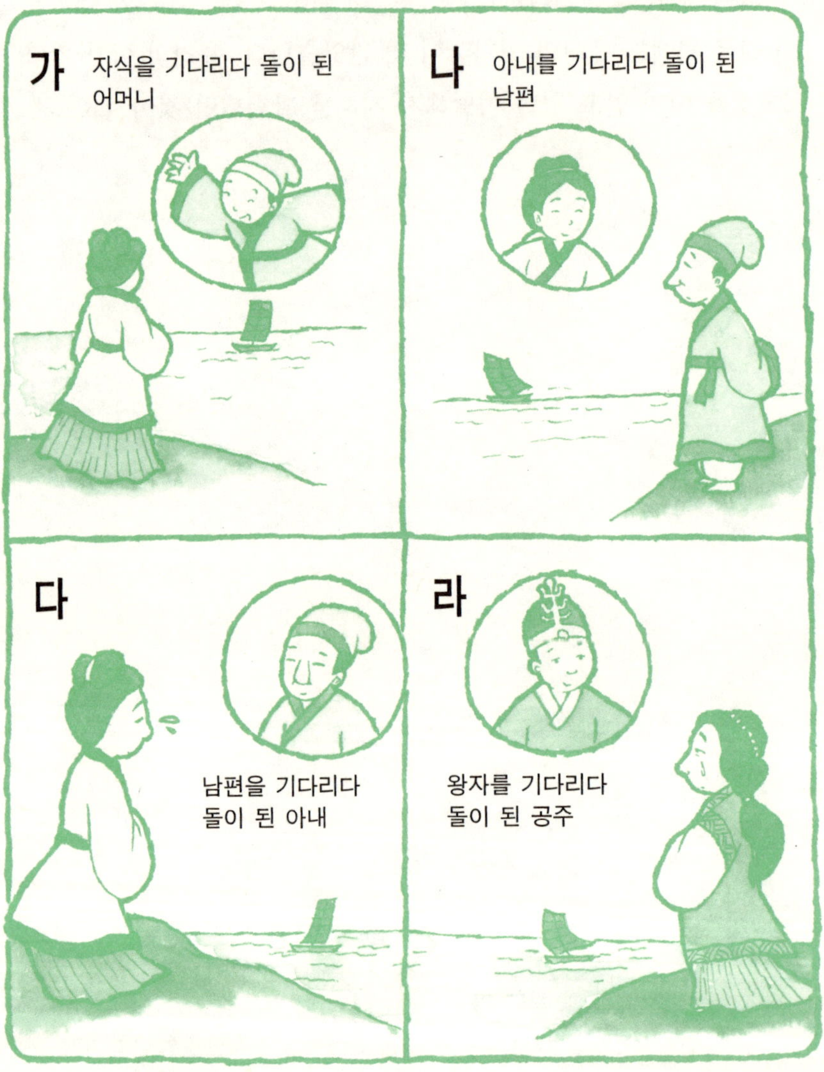

가 자식을 기다리다 돌이 된 어머니

나 아내를 기다리다 돌이 된 남편

다 남편을 기다리다 돌이 된 아내

라 왕자를 기다리다 돌이 된 공주

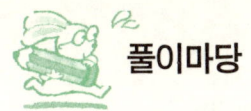

풀이마당

경상 남도에는 치술령 고개가 있습니다. 그리고 이 고개에는 망부석이란 바위가 있었답니다. 망망한 동해 바다를 굽어보며 누군가를 기다리고 있는 모습이었다지요?

망부석이란 말을 한자로 풀면, 바랄 망(望)에 지아비 부(夫), 돌 석(石)자이니, 말 그대로 남편을 기다리는 바위란 뜻입니다.

망부석에는 참으로 슬픈 이야기가 전해 내려온답니다.

417년 신라 눌지왕 때입니다. 당시에 박제상이란 사람이 있었는데, 그는 매우 지혜로웠답니다. 또한 공명정대하게 일을 처리했기 때문에 백성들 사이에서 칭송이 자자했답니다.

어느 날 왕이 박제상을 부른다는 전갈이 왔습니다. 부리나케 달려간 박제상에게 왕은 자신의 걱정거리를 털어놓았습니다.

"고구려와 왜에 볼모로 잡혀 가 있는 복호와 미사흔이 보고 싶구려. 그대가 지혜롭고 용기가 있다 하니 내 근심을 덜어 주시오."

볼모란, 함부로 전쟁을 일으키지 못하도록 잡아 놓는 인질이랍니다. 힘이 강한 나라는 공주를 상대 나라의 왕비로 보내지만, 힘이 약한 나라는 왕자를 상대 나라에 볼모로 보내곤 했답니다. 삼국 가운데 영토도 작고 힘도 약했던 신라 역시 고구려와 왜에 왕자를 볼모로 보냈던 것이지요.

왕의 말을 듣고 박제상은 잠시 동요했습니다. 고구려나 왜는 둘 다 신라와 싸우는 적국이었으니, 왕의 동생들을 구해 오려면 죽음을 각오해야 했기 때문이지요. 하지만, 이윽고

"마마, 신의 재주가 비록 보잘것없사오나 기필코 두 분을 모

셔오겠나이다."

하는 목소리가 어전을 쩌렁쩌렁하게 울렸습니다.

박제상은 변장을 하고 몰래 고구려로 들어가 복호를 데려오는
데 성공했습니다. 그러나 왕의 얼굴은 여전히 펴지지 않았습니
다. 왜에 남아 있는 동생 때문이었지요.

박제상은 돌아온 그 날, 그런 왕의 얼굴을 보고는 곧바로 왜로
갔습니다. 그리고 몇 달 뒤, 미사흔은 박제상의 도움으로 무사히
형 곁으로 돌아올 수 있었습니다. 그러나 박제상은 왜에 잡혀 돌
아오지 못했습니다.

"신라의 개, 돼지는 될지언정 왜의 신하는 되지 않겠다."

왜의 왕이 박제상을 아껴 이리저리 구슬리자, 박제상이 벼락
처럼 호통친 말이랍니다. 그는 타오르는 장작더미 속에서도 끝
내 자신의 신념을 포기하지 않았답니다.

하지만, 신라에 남아 있는 아내와 딸은 박제상이 죽은 사실을
알 리가 없었습니다. 모녀는 날마다 치술령 고개에 올라가 배를
기다렸습니다. 그렇게 몇 달이 흘렀습니다. 그러나 이미 죽은 사
람이 돌아올 리가 없었지요.

그러던 어느 날, 박제상의 아내는 어디론가 사라져 버리고, 대
신 언제나 그 아내가 서 있던 자리에 바위가 생겼습니다. 꼭 사
람의 모습을 하고 있었지요. 이후 사람들은 남편을 기다리다 돌
로 변했다 하여 바위 이름을 망부석이라고 지었답니다.

정답은 ㉣ 번입니다.

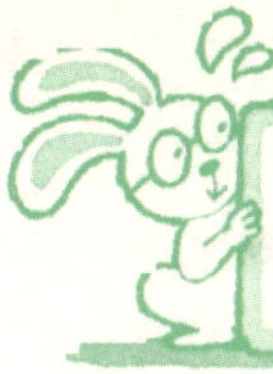

17 신라에는 화랑 제도가 있었습니다. 처음에 화랑의 우두머리는 누가 되었을까요?

가 왕

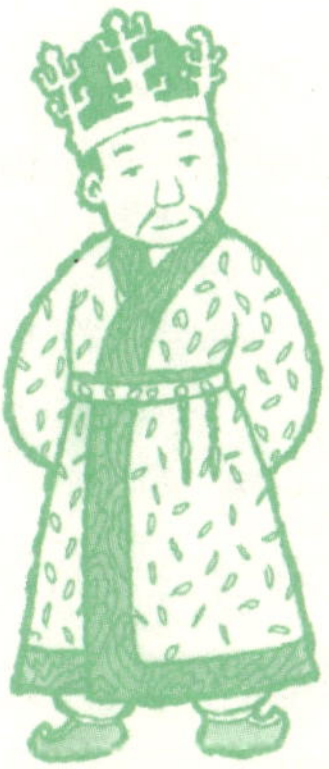

나 왕자

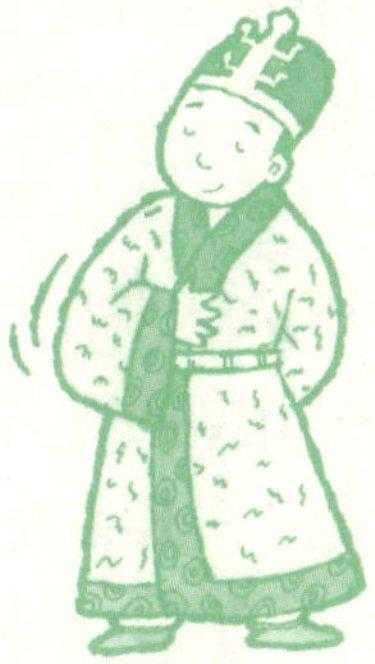

다 원화

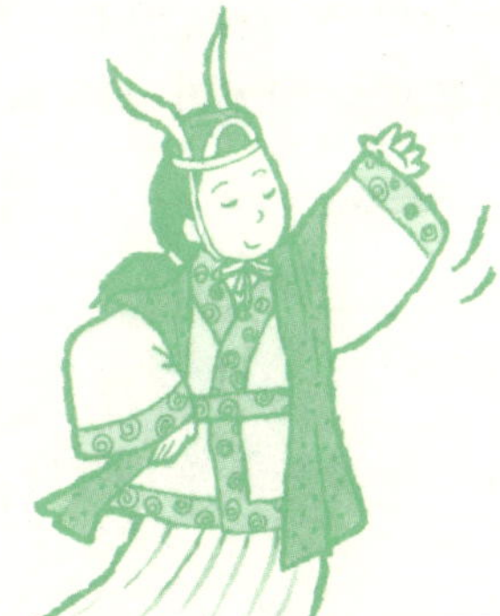

라 군대의 대장

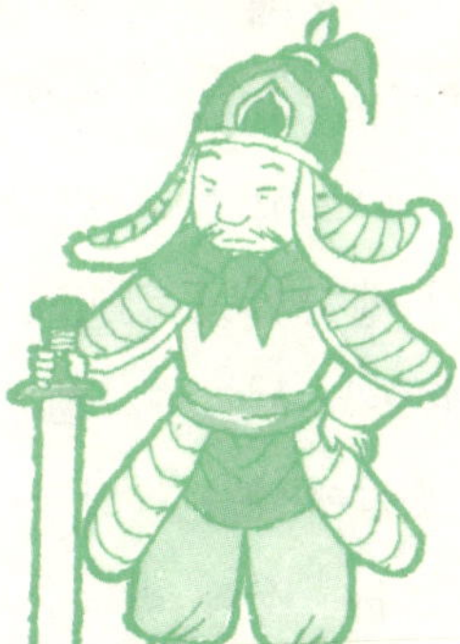

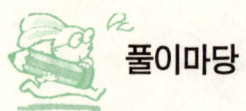

신라의 화랑 제도는 초기부터 있었던 제도가 아닙니다. 신라 제24대 왕인 진흥왕 때 비로소 모습을 나타냈습니다. 진흥왕 때라면 이미 나라의 기틀이 잡히고, 한창 국력이 뻗어 가던 때이지요.

나라의 힘은 어디서 나올까요? 그건 말할 것도 없이 사람에게서 나온답니다. 삼국이 대립하고 있던 당시로는 지혜로운 사람, 특히 용감한 젊은이들이 절대적으로 필요했지요. 고구려와 백제에 시달려 왔던 신라는 더욱 절실했답니다. 그래서 생각해 낸 것이 화랑 제도였습니다.

진흥왕은 귀족 자제 중에서 뛰어난 청년들을 모아 산천을 돌아다니며 몸과 마음을 닦도록 했습니다. 오늘날로 치면 사관 생도라고 할 수 있지요. 그리고 그 중 뛰어난 청년을 지도자로 삼았답니다. 그러나 처음부터 그렇지는 않았습니다.

처음에는 여자가 대장이었어요. 원화라고 불렀답니다. 원화는 양깃집 처녀 중에서 뽑았지요. 이렇게 뽑힌 아리따운 여성 둘이 각각 화랑의 무리를 이끌었습니다. 아무래도 여자가 이끌면 청년들이 잘 따르고 두 무리가 서로 경쟁하므로, 더욱 뛰어난 화랑이 되리라 생각했던 것이지요.

그러던 어느 날, 무리를 이끌던 원화 하나가 감쪽같이 사라졌습니다. 조정에서는 난리가 났지요. 사건을 조사한 끝에 다른 원화가 죽였다는 것이 밝혀졌습니다.

원래 죽음을 당한 원화는 미모도 미모려니와 통솔력도 뛰어나 인기를 독차지하고 있었고, 더구나 무슨 일이든 상대편보다 잘

했습니다. 그래서 언제나 비웃음을 당하던 다른 원화가 기어코 물에 빠뜨려 죽인 것이지요.

진상이 밝혀진 뒤, 원화 제도는 없어졌습니다. 예나 지금이나 어떤 문제가 생기면 제도를 없애는 게 손쉬운 방법이었나 봅니다.

살인을 저지른 원화는 어떻게 되었냐고요? 당시에는 사람을 죽인 자에게 가장 엄한 형벌을 내렸습니다. 어떻게 되었는지는 여러분의 상상에 맡기겠습니다.

정답은 ㉤ 번입니다.

18 수나라는 엄청난 군대뿐만 아니라, 여러 가지 무기와 다양한 전술로 고구려를 공격했습니다. 수나라의 공격 방법 중 지도 전법이란 어떤 것일까요?

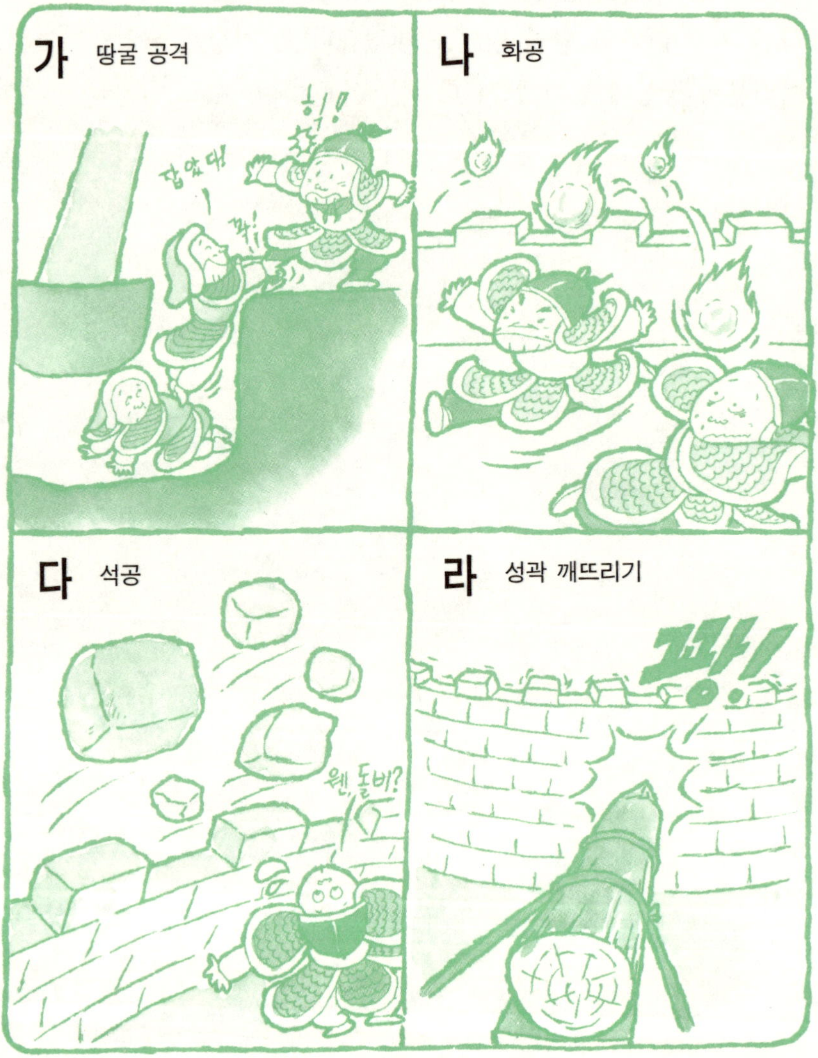

가 땅굴 공격

나 화공

다 석공

라 성곽 깨뜨리기

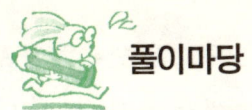

풀이마당

6-7세기경 중국을 통일한 수나라에게 가장 큰 골칫거리는 고구려였습니다. 수나라는 달래 보기도 하고 위협하기도 했지만, 고구려는 끝내 고개를 숙이지 않았답니다.

결국 수나라는 힘으로 고구려를 굴복시키기 위해 3차례에 걸쳐서 대군을 이끌고 고구려를 침략했습니다.

수나라는 엄청난 군대를 이끌고 만주를 거쳐 우리 땅으로 말을 몰았습니다. 수나라의 문제는 30만 대군을 이끌고 1차 침략을 했습니다.

문제의 뒤를 이은 양제는 한술 더 떠서 100만 대군을 이끌고 고구려를 굴복시키려고 했습니다.

수나라는 수적으로 우세한 것은 물론이고 다양한 방법으로 고구려를 공격했습니다.

성곽 깨뜨리기, 불 공격, 돌 공격, 땅굴 공격 등등 다양한 전술을 활용했습니다. 그 가운데 지도 전법이란 것이 있었습니다. 이것은 특공대를 적의 진영에 투입시키기 위해 땅굴을 파서 공격하는 것을 말합니다.

안시성 전투를 기리는 안시성 전투도를 보면, 수의 다양한 무기들이 나와 있습니다. 전투도 가운데 여러 사람이 좌우로 늘어서서 조작하고 있는 게 바로 성을 깨뜨리는 무기이지요.

전투도 왼쪽 아래에는 돌을 날려 보내는 무기도 있답니다.

정답은 ㉮ 번입니다.

19 수나라는 세 차례에 걸쳐서 고구려를 침략해 왔습니다. 고구려는 전술적으로 우세했기 때문에 수나라를 물리쳤습니다. 어떤 전술을 사용했을까요?

가 게릴라전

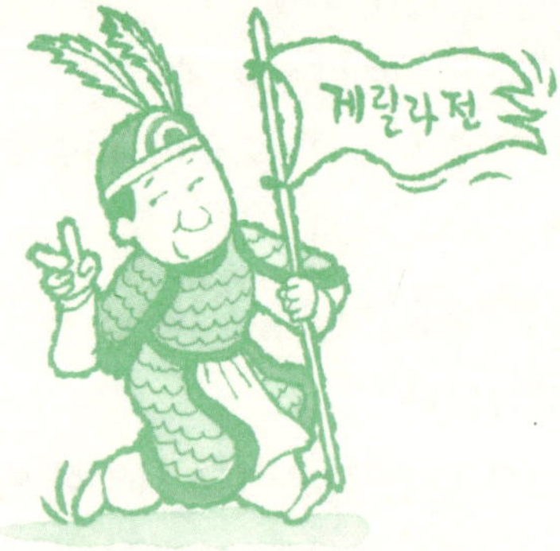

나 진지전

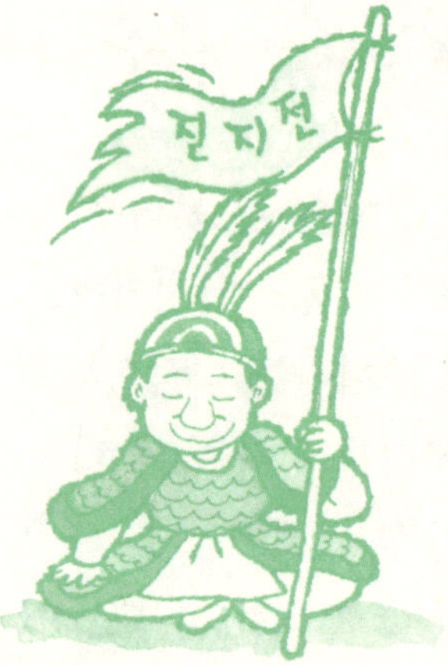

다 전면전

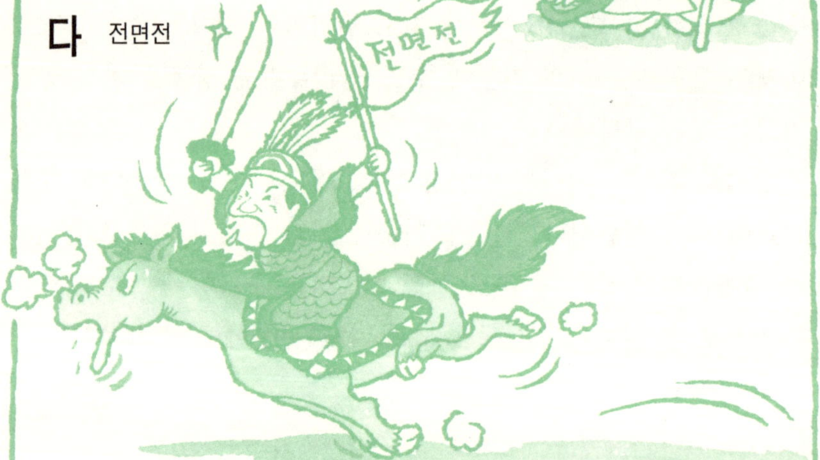

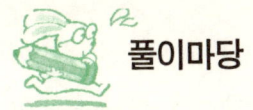
풀이마당

앞에서 이야기했듯이, 수나라는 크게 세 차례에 걸쳐서 고구려를 공격했습니다. 그러나 번번히 패하고 돌아갔습니다. 1차 싸움에서는 만주에 있는 요하를 건너지도 못한 채, 전염병이 돌아 30만 병사 중 살아 돌아간 자는 10만도 채 안 되었습니다.

2차 싸움에서는 아버지가 이루지 못한 꿈을 이루기 위해 수양제가 100만의 대군대를 이끌고 고구려를 침략했습니다. 하지만, 100만의 대군대 중 살아 돌아간 자는 겨우 1만 명도 안 되었다고 역사책은 기록하고 있습니다.

고구려는 어떻게 수의 대군대를 물리칠 수 있었을까요?

자신보다 막강한 적과 싸울 때 맞붙어 싸우는 건 고양이 앞으로 뛰어가는 생쥐와 다를 바 없겠지요. 고구려는 자신보다 병력면이나 무기면에서 우수한 수나라와 싸울 때, 전술적인 면에서 수나라를 앞질렀기 때문에 싸움을 승리로 이끌 수 있었답니다.

우선 수의 군대가 지나가는 길목에 위치한 성들을 굳게 지켰습니다. 요동성, 안시성, 평양성 등을 지키는 고구려군은 수의 육군과 수군이 공격을 몰아쳤지만, 몇 달 동안 끄떡도 하지 않았습니다. 한마디로 자신의 진지를 굳게 지켰던 것이지요.

그러나 이것으로는 승패가 나질 않았습니다. 결국 수의 군대가 성을 함락시키지 못하고 고구려의 수도인 평양으로 말을 돌리자, 성문을 열고 추격하여 뒤에서 공격을 했답니다.

수의 군대가 성을 공격하면 성을 지키고, 다른 곳을 공격하기 위해 방향을 바꾸면 뒤에서 공격하는 식의 과정을 되풀이했던 것이지요.

한마디로 말하면 게릴라전을 벌여 나라의 운명이 걸린 싸움에서 승리를 거두었던 것입니다. 여러분도 알다시피 그나마 살아남았던 수의 군대는 고구려의 명장 을지문덕의 공격을 받고 살수에서 물귀신이 되고 말았지요.

정답은 ㉮ 번입니다.

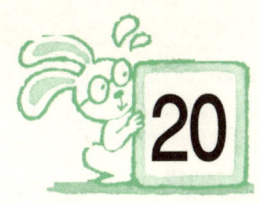

20 삼국 시대에는 노예가 있었습니다. 다음 중 노예가 될 수 없었던 사람은 누구일까요?

가 전쟁 포로

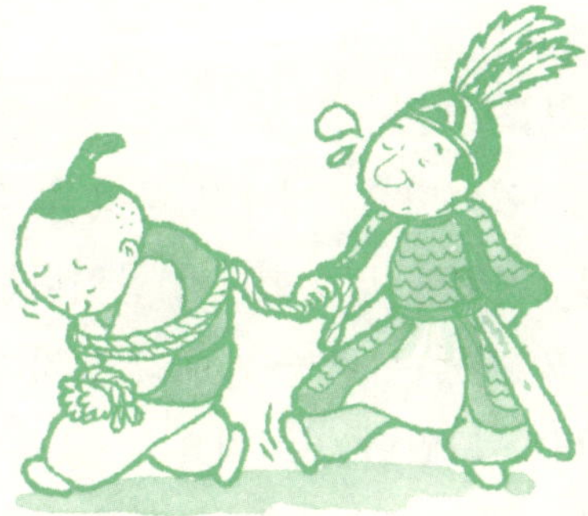

나 빚을 갚지 못한 자

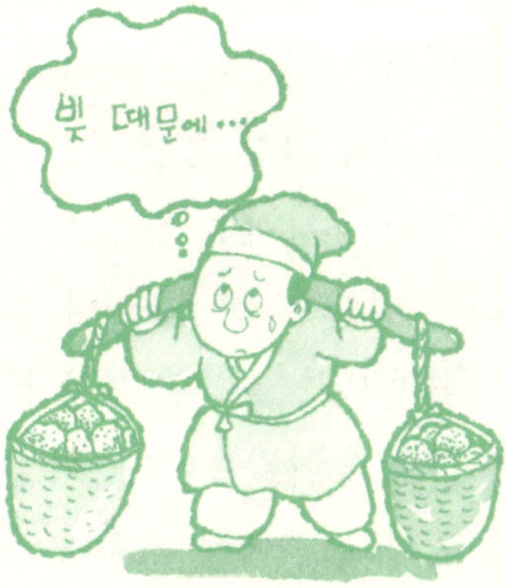

빚 대문에…

다 큰 죄를 지은 자

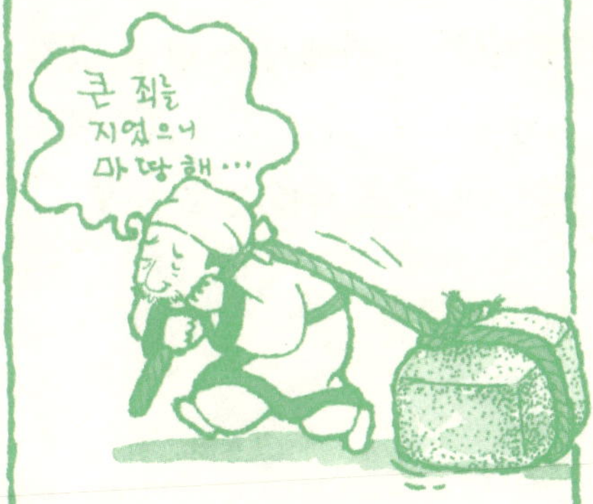

큰 죄를 지었으니 마땅해…

라 살인자

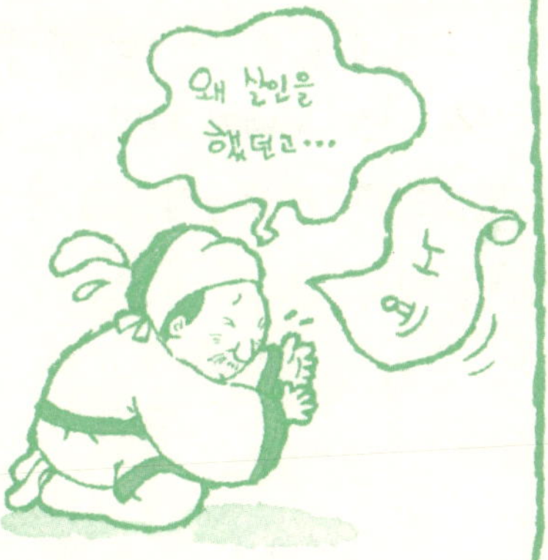

왜 살인을 했던고…

노예

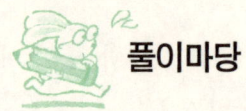
풀이마당

　삼국은 크게 세 가지 계급으로 이루어진 사회였습니다. 귀족, 양민, 노비가 있었는데, 그 중 양민은 전쟁이 났을 때에는 무기를 들고 나가 적과 싸웠으며, 저수지를 만들거나 성을 쌓는 일 등 나라에 큰 일이 있을 때에는 노역을 해야 했습니다. 하지만, 삼국의 밑바탕을 이루고 있었던 것은 수적으로 많은 노비였습니다.

　어떤 사람들이 노비가 되었을까요?

　노비의 가장 큰 원천은 전쟁이었습니다.

　삼국 시대에는 끊임없이 전쟁을 치렀지요. 대개 부분적인 승리로 전쟁은 끝났습니다. 즉, 어느 지역을 점령했다가 물러나는 식이었지요. 이 때 점령 군대는 그 지역 사람들을 데리고 자기 나라로 돌아갔습니다. 이들이 노비가 되었던 것이지요.

　또한 전쟁에서 포로가 된 병사들이 생겨납니다. 이들도 끌려간 나라에서 노비가 되었답니다. 삼국사기에는 이런 기록들이 많이 남아 있습니다.

　빚을 갚지 못하거나 큰 죄를 지은 자들도 노예가 되었답니다.

　나라에 따라 약간씩 차이가 있지만, 신라에서는 빚을 갚지 못한 자도 노예가 되었습니다. 사람을 죽인 자는 대개 참수형을 당했는데, 백제에서는 노비 세 명을 바치면 죄를 면할 수도 있었습니다.

정답은 ㉣ 번입니다.

21 신라에는 나라를 지켜 주는 세 가지 보물이 있었답니다. 다음 중 아닌 것은 어떤 것일까요?

가 황룡사 9층 목탑

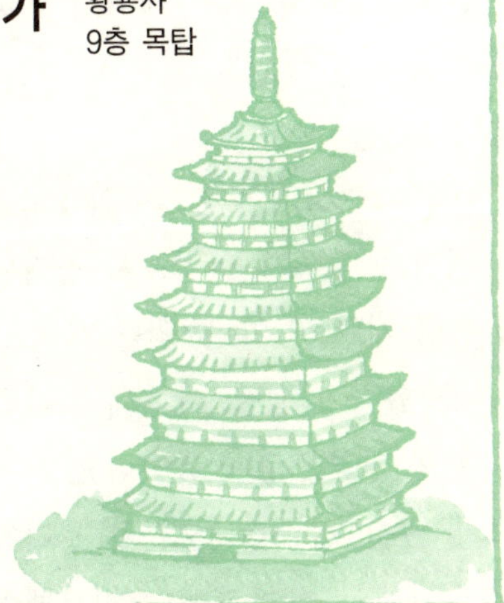

나 장륙 삼존 금불상

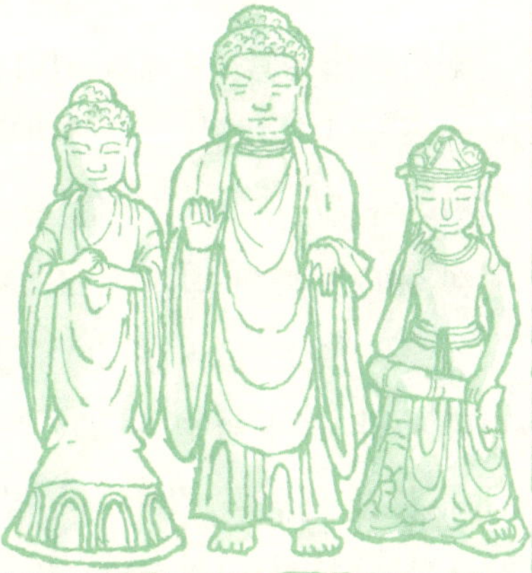

다 에밀레 종

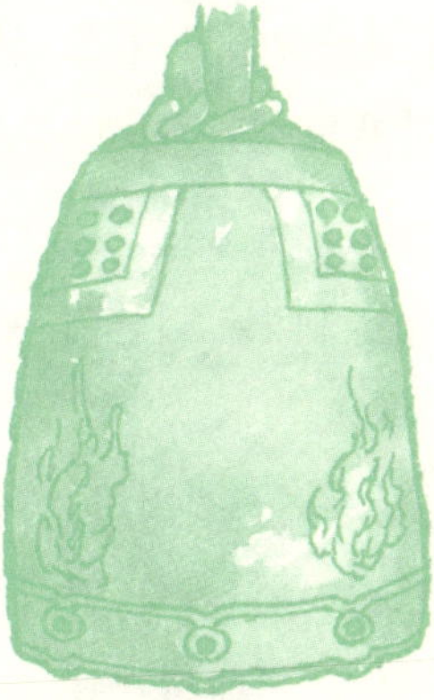

라 진평왕의 옥대

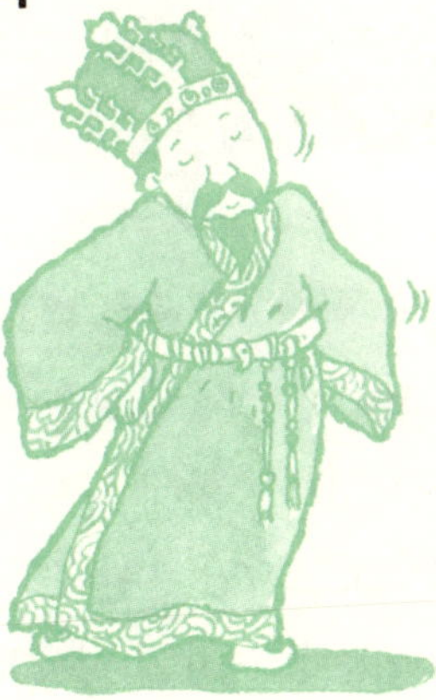

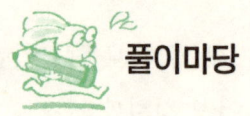 **풀이마당**

낙랑은 한사군 가운데 마지막까지 우리 땅에 남아 있었습니다. 지리적인 면과 통치자의 지도력 등이 뛰어났기 때문이겠지요.

낙랑 하면 떠오르는 게 있습니다. 낙랑의 보물인 북입니다.

적이 국경에 다가오면 북이 '둥둥' 소리를 내어 대비하게 했답니다. 이 북이 낙랑을 지켜 주는 수호신 역할을 했지요.

신라에도 이런 보물이 있었답니다.

진평왕의 옥대입니다. 옥대는 일종의 허리띠인데 길이가 150센티미터나 되었답니다. 진평왕의 허리가 얼마나 굵었는지 짐작이 가겠지요. 아빠의 허리띠 크기를 한번 재 보면 알 수 있을 거예요.

진흥왕 때 만들어진 장륙 삼존 금불상도 보물 가운데 하나랍니다. 5만 근이 넘는 황철과 3만 푼의 황금으로 만들었다는 기록으로 보아 대단히 컸으리라 짐작할 수 있습니다. 오늘날 우리가 사용하는 무게로 바꾸면 3만 킬로그램의 황철과 11킬로그램이 넘는 황금으로 장륙 삼존 금불상을 만들었다는 이야기이지요.

마지막으로 선덕여왕 때 만들어진 황룡사 9층 목탑도 신라의 보물 가운데 하나랍니다. 그러나 안타깝게도 오늘날 이 보물들은 하나도 남아 있지 않습니다. 장륙 삼존 금불상과 황룡사 9층 탑은 몽고 침략 때 불타 버렸습니다. 다만 기록을 더듬어 예전의 모습이 어떠했는지 상상해 볼 따름입니다.

이 세 가지 보물이 실제로 나라를 지켜 주는 신비한 힘이 있었는지는 모르지만, 여하튼 삼국 가운데 신라가 가장 힘이 약했던만큼 백성들의 힘을 하나로 모을 상징물이 절대적으로 필요했겠지요.

정답은 ❸ 번입니다.

22 역사책에는 재미있는 기록이 많습니다. 역대 임금 가운데 키가 가장 컸던 사람은 키가 얼마나 되었을까요?

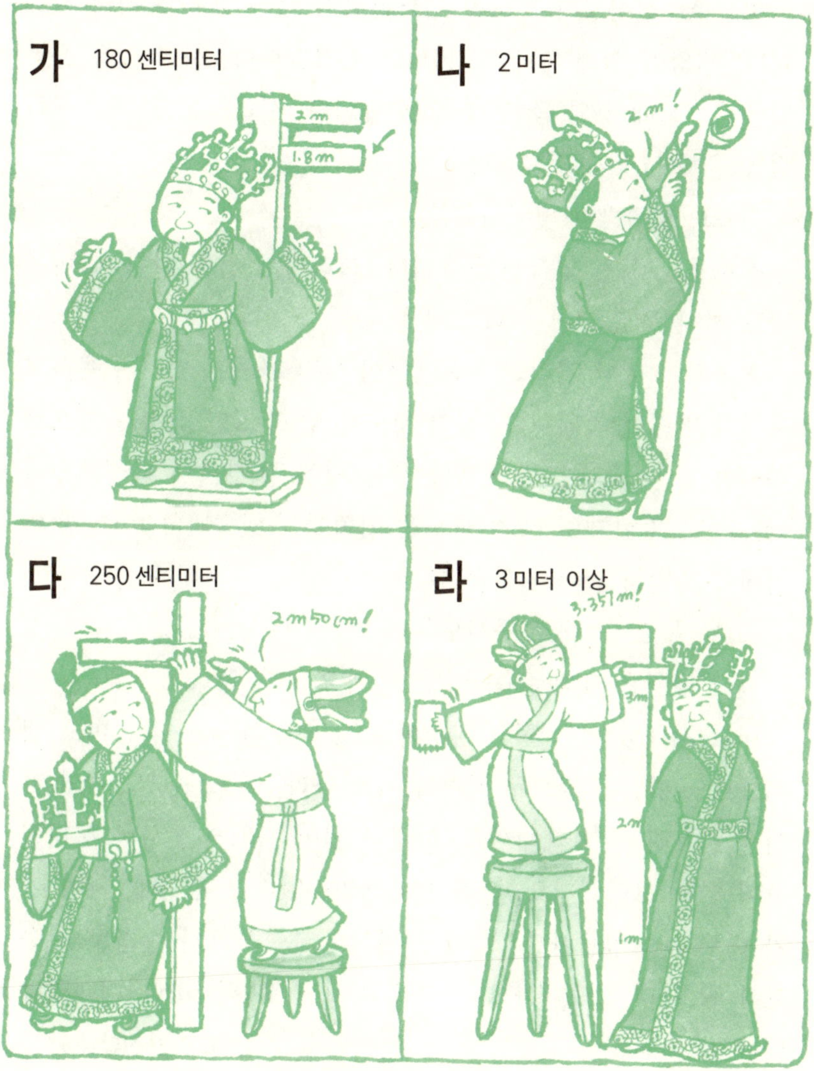

가 180 센티미터

2m
1.8m

나 2 미터

2m!

다 250 센티미터

2m 50cm!

라 3 미터 이상

3.357m!

3m

2m

1m

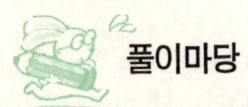

진평왕은 신라의 보물 가운데 하나인 옥대의 주인공입니다. 그런데 진평왕은 남달리 장사였다고 알려지고 있습니다.

어느 날 진평왕이 신하를 거느리고 절에 불공을 드리러 갔습니다. 법당이 일행 앞에 떡 버티고 있었습니다. 서너 걸음 올라갔을까, 그 때 왕의 몸이 기우뚱했습니다. 신하들은 놀란 토끼처럼 눈을 동그랗게 떴습니다.

'이크, 불벼락이 떨어지겠군.'

신하들은 이런 생각을 했습니다. 그러다가 입을 벌린 채 아무 말도 하지 못했습니다. 왜 그랬을까요?

진평왕이 워낙 거인인지라 계단이 그만 무게를 이기지 못하고 부서져 버렸던 것입니다. 절의 보수를 맡고 있던 신하가 앞으로 나서며, "몸둘 바를 모르겠나이다. 당장 새것으로 바꾸겠습니다." 하고 말했지요. 그런데 왕은 껄껄껄 웃었습니다. 이어 왕의 입에서 뜻밖의 말이 나왔습니다.

"그냥 두오. 그대로 두시오."

왜 진평왕은 그대로 두라고 했을까요?

어느 시대나 왕은 힘의 상징이지요. 외부의 적은 물론이고 내적으로도 힘있는 왕으로 비쳐야 어느 나라, 어느 누구도 왕의 자리를 넘보지 못할 테니까요. 더구나 힘이 지배하는 삼국 시대였으니 더욱 그랬겠지요. 진평왕이 거인이었다고 했는데, 과연 키가 어느 정도였을까요? 놀라지 마세요. 농구 스타 서장훈 선수보다 훨씬 더 컸으니까요. 기록에 따르면 3미터 30센티미터였답니다.

정답은 ㉰ 번입니다.

23 신라의 세 가지 보물 중 하나인 황룡사 9층 목탑은 실제 높이가 매우 높았다고 알려져 있습니다. 건물로 치면 몇 층짜리 건물이었을까요?

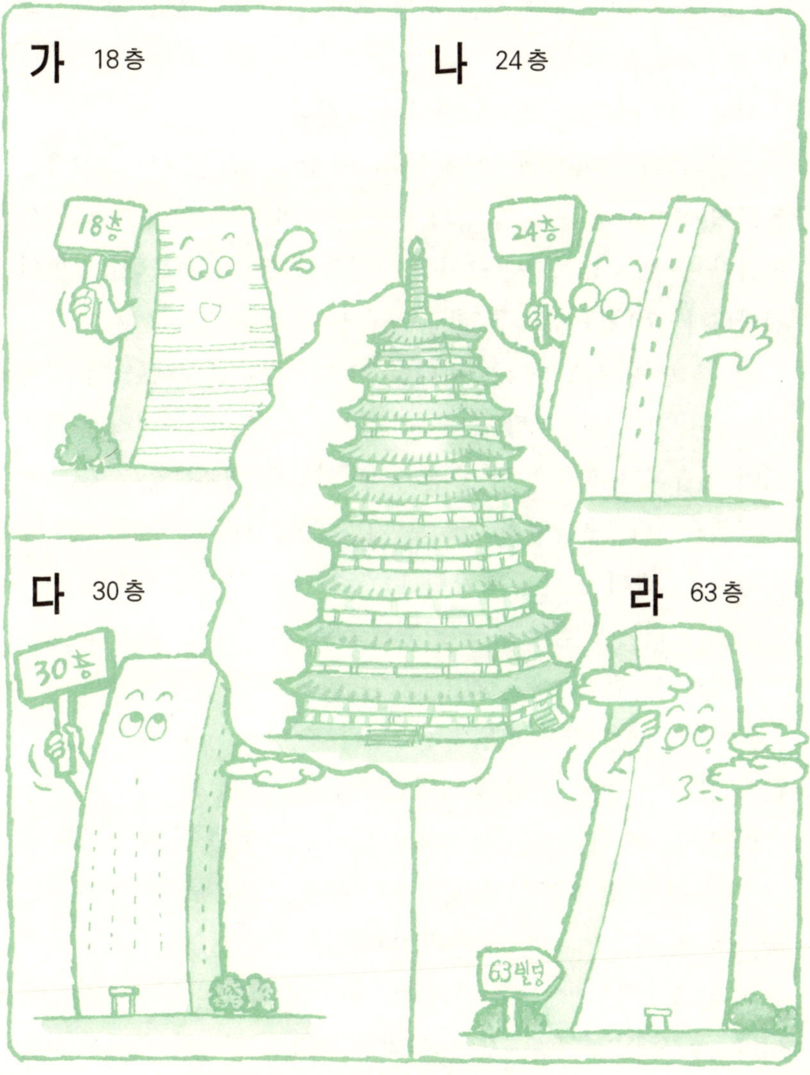

가 18층

나 24층

다 30층

라 63층

18층

24층

30층

63빌딩

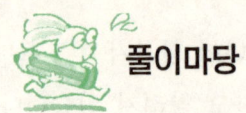

풀이마당

경주에 황룡사라는 절이 있었습니다. 진흥왕 때 터를 닦기 시작하여 선덕여왕 때 완성했으니, 거의 100년에 걸쳐 절을 지은 셈입니다. 100년 동안 절을 짓고 절에 달린 부속물을 만들었다니 대단하지요.

황룡사는 터만 해도 3만 평이나 나갑니다.

그런데 이 황룡사에 그 유명한 9층탑이 있었습니다. 지금은 불타 없어졌지만, 기록과 탑의 주춧돌 등이 남아 있어 그 크기를 짐작할 수 있지요. 실제 크기를 상상하는 것만으로도 입이 벌어진답니다. 얼마나 컸냐구요?

탑 한 변의 길이가 22.2미터였습니다. 삼국유사에는 탑 상륜부의 높이가 42척, 본탑 높이가 183척으로 총 225척이라고 기록되어 있습니다. 1척은 약 37센티미터이므로, 탑의 총 높이는 83미터였습니다. 오늘날의 건물로 치면 30층짜리 고층 빌딩의 높이였지요. 현대 본사 건물보다 더 높았다는 이야기이니, 높이가 어느 정도였는지 짐작할 수 있겠지요?

그런데 이 탑은 누가, 왜 만들었을까요?

9층탑을 세운 왕은 선덕여왕입니다. 여왕은 주위 나라들을 물리쳐 달라는 뜻을 이 탑에 담았습니다.

9층탑은 한 나라씩을 상징하고 있지요. 1층은 일본, 2층은 중국, 3층은 오월, 4층은 탁라, 5층은 응유, 6층은 말갈, 7층은 단국, 8층은 여적, 9층은 예맥이랍니다.

이 탑을 짓는 데에는 신라의 뛰어난 기술자들이 모두 참여했습니다. 그런데 건축물을 짓는 데 가장 중요한 설계자는 신라 사람이 아니었습니다. 백제의 아비지라는 건축가였습니다.

당시 신라와 백제는 끊임없이 다투고 있었는데, 어떻게 적국인 신라를 위해 건축물을 지을 수 있었을까요?

개인적으로는 건축가로서 아무도 엄두를 내지 못하는 건축물을 짓고 싶은 마음이 컸겠지요. 또한 나라 차원에서 지원을 했다고도 볼 수 있습니다. 어떤 역사학자의 말대로 삼국은 다투면서도 문화적인 면에서는 서로 큰 영향을 미치고 있었으니까요.

정답은 ㉱ 번입니다.

24 삼국 시대에는 결혼도 하지 않은 처녀가 아이를 낳으면 어떤 벌을 받았을까요?

가 곤장 100 대를 맞았다.

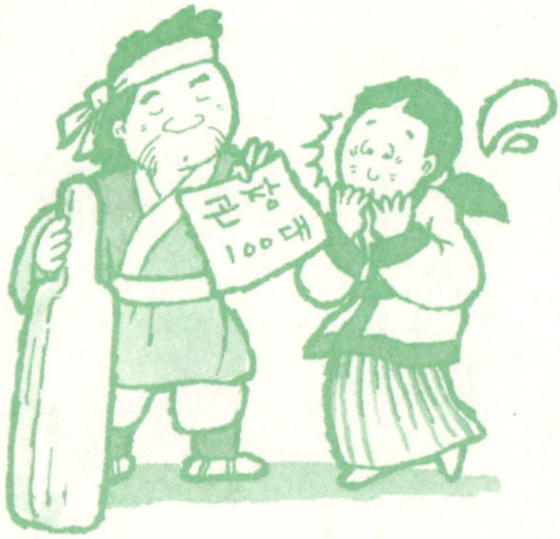

나 감옥에 갇혔다.

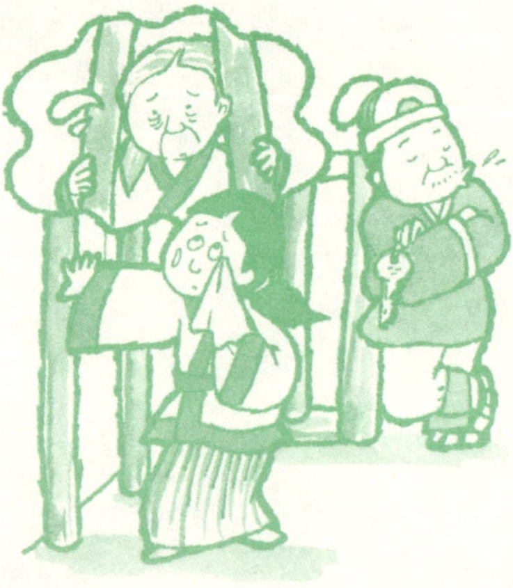

다 화형을 당했다.

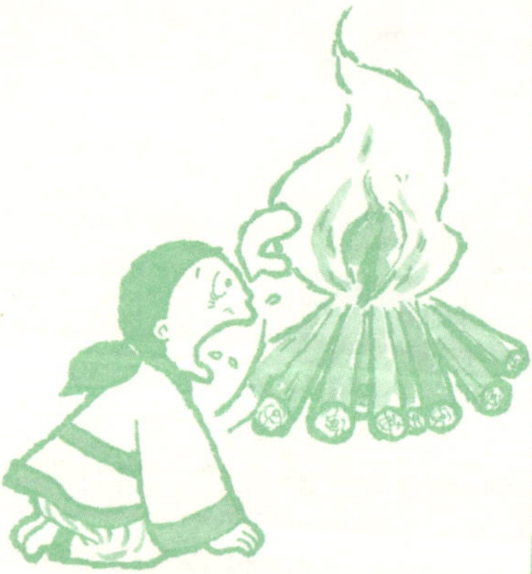

라 참수형을 당했다.

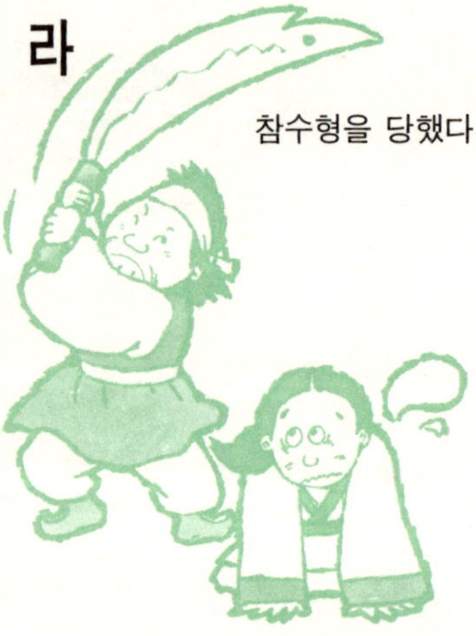

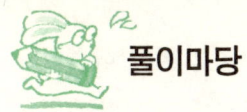 **풀이마당**

'아니 땐 굴뚝에 연기 나랴.'라는 우리 속담이 있습니다. 어떤 일에는 반드시 원인이 있다는 이야기이지요.

아이를 갖는다는 건 여자 혼자서 할 수 없는 일이겠지요.

분명히 아이의 아버지가 있었으니까 아이가 이 세상에 태어난 것입니다. 만약 두 사람이 혼인을 올린 다음에 아이를 낳았다면, 많은 사람들로부터 축복을 받을 일이었겠지요. 그런데 세상 일이란 언제나 규율대로 이루어지지는 않습니다.

처녀가 아이를 낳기도 하는 것이지요. 삼국 시대에도 이런 일이 있었던 모양입니다.

어느 날 선덕여왕이 나들이 길에 올랐습니다. 여왕 일행이 한참 길을 가고 있는데, 조금 떨어진 곳에서 난데없이 검은 연기가 피어 올랐습니다.

"여봐라, 저게 웬 연기인지 알아보고 오너라."

여왕의 명령이 떨어지자, 호위하던 병사 몇이 달려갔습니다. 그리고 이내 달려와

"누이가 혼인도 올리지 않고 아이를 가졌다 하여, 김유신이 불을 지피고 있나이다."

하고 아뢰었습니다. 그러자 여왕은

"김유신이라고! 아이 아버지가 누구인지 아느냐?"

하고 물으며 주위를 둘러보았습니다. 주위 사람 가운데 눈에 띄는 젊은이가 하나 있었습니다. 바로 김춘추였지요. 김춘추는 김유신과 친구였고, 김유신의 여동생과 가깝게 지낸다는 소문이 궁 안에 자자했습니다. 지혜로운 여왕은 이 일이 김춘추와 관계

가 있다는 것을 단박에 알아차리고 다급한 목소리로 말했습니다.

"뭣들 하느냐, 당장 뛰어가서 죄인을 용서한다고 전하라."

김춘추는 훗날 신라 제29대 왕이 되는 태종 무열왕이랍니다. 김춘추는 얼마 뒤 이 소동의 주인공인, 김유신의 둘째동생 문희와 정식으로 결혼식을 올렸답니다.

만약 김춘추가 아니고 다른 사람이었다면, 어떻게 되었을까요?

지금도 그렇지만 옛날에는 말할 것도 없었습니다. 사람들은 매우 수치스러운 일이라고 생각했습니다. 당시 신라의 풍습은 처녀가 아이를 가지면 불에 태워 죽였답니다. 고구려와 백제의 경우 이에 대한 자세한 기록은 없지만, 이들 나라도 마찬가지가 아니었을까요?

정답은 ④ 번입니다.

25 삼국을 통일한 신라는 당나라와의 매초성 싸움에서 큰 승리를 거두었습니다. 이 때 노획한 전리품 가운데 말은 몇 필이나 되었을까요?

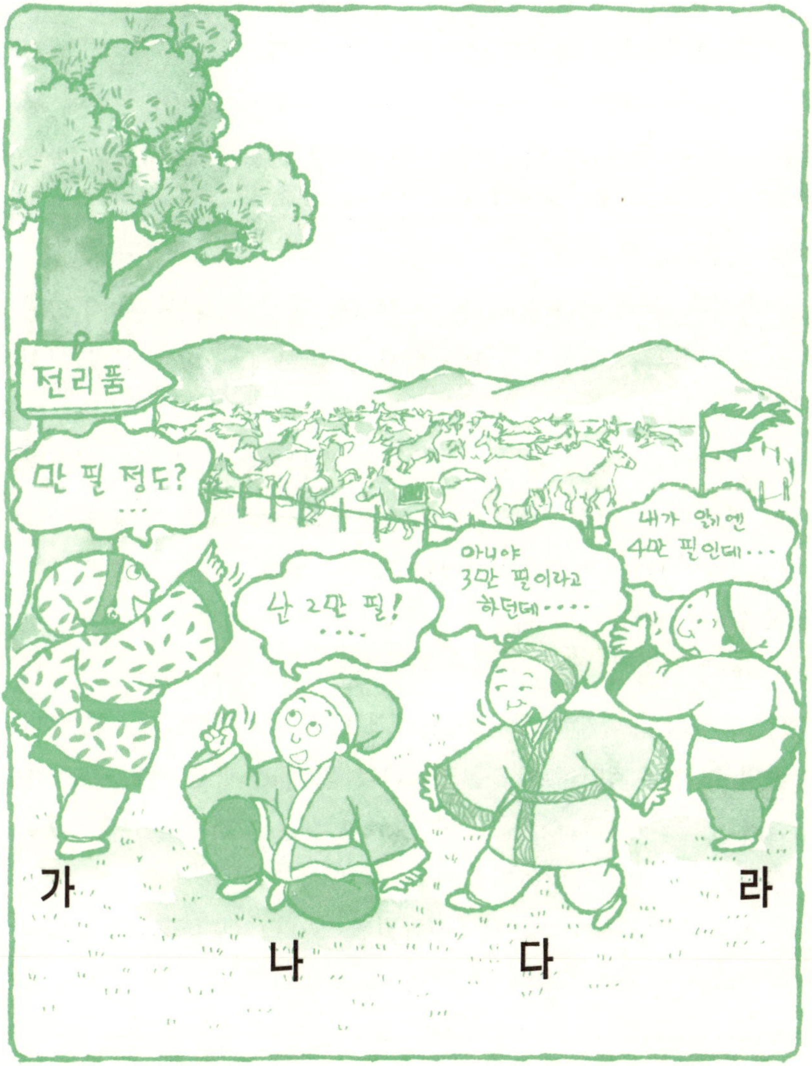

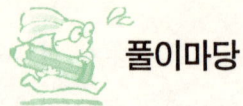

풀이마당

당나라와 신라는 서로의 이해 관계가 맞아 힘을 합해 백제와 고구려를 공격했습니다. 신라로서는 백제와 고구려의 틈바구니에서 나라가 위태로운 처지에 빠져 있었고, 당나라는 번번히 고구려에게 패하여 체면이 말이 아니었으니까요.

백제는 660년, 제31대 왕인 의자왕을 끝으로 678년 만에 왕조의 문을 닫았습니다. 8년 뒤인 668년에는 중국 대륙도 꼼짝 못 하게 했던 고구려마저 가을의 짙은 녹엽 속에서 마지막 불꽃을 피워올리다 끝내 사그라졌습니다.

욕심은 끝이 없나 봅니다. 그 큰 대륙을 지배하는 당나라였지만 눈엣가시인 고구려가 멸망하자, 신라마저 통째로 삼킬 기회를 노렸습니다.

당나라는 백제가 멸망한 뒤, 도독부라는 통치 기관을 설치하여 백제 땅을 직접 지배하려고 하였지요. 고구려가 멸망한 뒤에도 마찬가지였습니다. 그러더니 드디어 당은 노골적으로 신라를 위협하기 시작했습니다.

이 때 신라는 고구려, 백제 사람들과 함께 당과 맞서 싸웠습니다. 고구려와 백제 사람들은 신라가 미웠지만, 다른 민족인 당나라의 지배는 더더군다나 싫었습니다. 그래서 힘껏 싸웠지요. 싸움마다 승리하였습니다. 그 중 지금의 장항인 기벌포 싸움, 매초성 싸움이 특히 유명하지요.

기벌포라면 당이 백제를 멸망시킬 때, 덕적도를 거쳐 들어온 곳입니다. 우리 민족은 676년에 이 곳에서 당나라 군대를 크게 물리쳤습니다. 또한 이보다 1년 전에 있었던 매초성 싸움에서는 당나라의 20만 군대를 무찔렀습니다.

　매초성 싸움에서 당나라의 군대를 물리치고 빼앗은 말이 3만 필이 넘었다고 하니, 얼마나 큰 승리였는지 알 수 있겠지요. 이 두 싸움을 고비로 우리 민족은 몇 년 뒤, 당나라의 남은 세력을 송두리째 몰아 낼 수 있었습니다.

정답은 ㉣ 번입니다.

26 국보 제112호인 감은사지 3층 석탑 앞에는 감은사라는 절이 있었습니다. 그런데 처음에는 이 절 법당 밑에 굴이 있었다고 합니다. 이 굴은 어떤 용도로 쓰였을까요?

가 무기를 보관하는 창고이다.

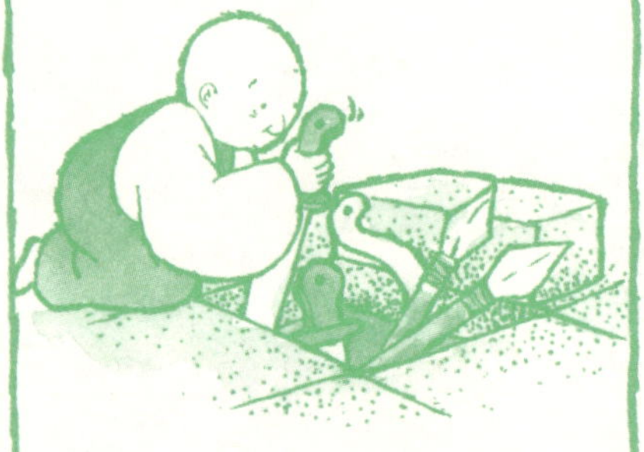

나 왜구가 침입했을 때 피난하는 임시 피난처이다.

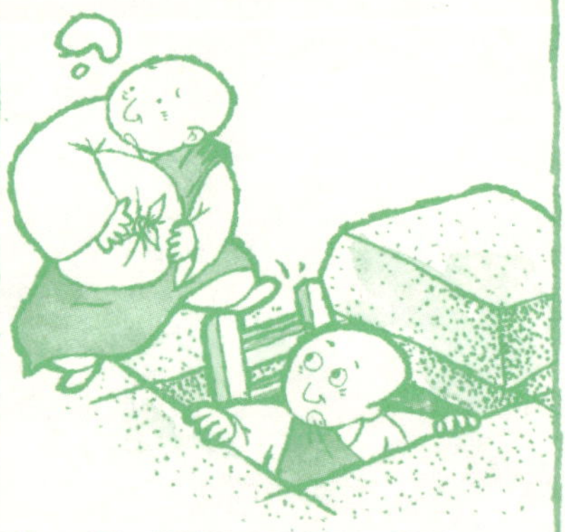

다

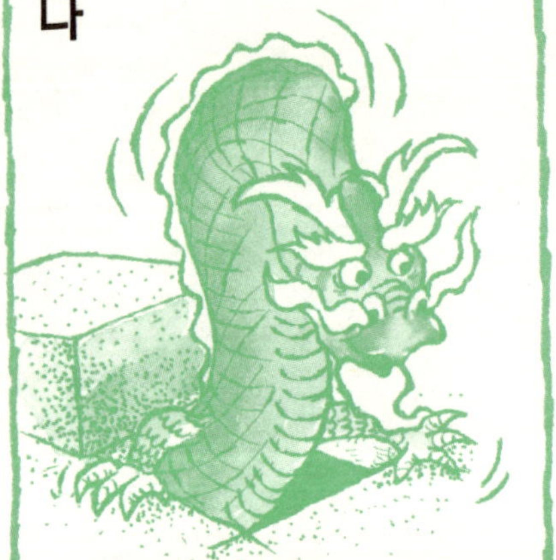

용이 드나들도록 만든 통로이다.

라 스님들이 수양을 하던 곳이다.

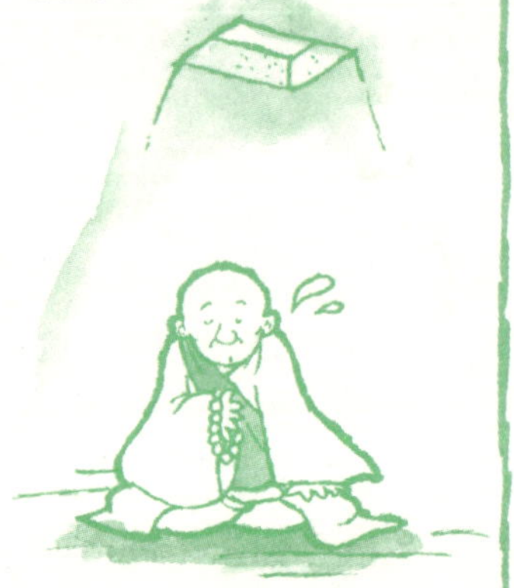

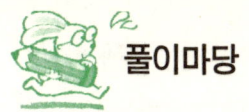

감은사는 원래 682년, 지금의 경상 북도 월성군 양북면 용당 리에 세워진 절입니다. 원래의 건물은 불타 없어지고, 지금은 터 만 남아 있지요. 감은사는 말 그대로 은혜에 감사하기 위해 지워 진 절입니다.

신라 제31대 왕인 신문왕이 이 절을 지어 아버지인 문무왕의 명복을 빌었습니다. 문무왕이라면 태종무열왕의 아들입니다. 불 완전하나마 삼국을 통일한 신라에게 당나라는 또 다른 위협 세 력이었습니다. 문무왕은 이 어려운 때에 나라를 맡았습니다.

'남의 민족 밑에서 굴욕적으로 살 수 없다. 이 땅에서 이민족 을 몰아 내는 게 내가 할 일이다.'

문무왕의 가슴에는 언제나 이런 생각이 자리잡고 있었습니다.

그는 고구려와 백제의 유민들과 힘을 합쳐 어느 정도 당나라 세력을 몰아 내는 데 성공했습니다. 대동강 남쪽 땅에서 당나라 를 몰아 냈던 것이지요.

하지만, 여전히 위협 세력은 남아 있었습니다. 바다 건너 왜구 이지요. 왜구는 몇백 년 동안 백제와 신라를 괴롭혔습니다. 하루 도 왜구의 노략질이 그칠 날이 없었습니다.

한 가지 걱정이 덜어지면 또 다른 걱정이 그 자리를 비집고 들어오지요. 이번에는 문무왕의 가슴에서 왜구가 떠나질 않았습 니다. 그는 늘 입버릇처럼 왜구를 막지 못하면 백성들이 편하게 살 수 없다고 말하곤 했습니다.

그러던 어느 날, 문무왕은 자신의 죽음을 예감했는지 이런 말 을 했습니다.

"이제 내가 할 일은 한 가지밖에 남아 있지 않소. 동해 바다에서 우리 땅을 넘보는 왜구가 이 땅을 더 이상 노략질하지 못하게 하는 거요. 내 천명이 얼마 남지 않았소. 내가 죽거든 무덤을 동해 바다에 만들게 하시오."

문무왕의 말은 당시 왜구가 신라 백성들을 얼마나 괴롭혔는지 잘 알 수 있는 대목입니다. 또한 그의 사람 됨됨이를 알 수 있는 부분이기도 합니다.

보통의 왕이었다면 아무 말 없이 세상을 뜨거나, 호화로운 장례를 원했을 텐데, 문무왕은 그렇지 않았기 때문이지요.

전쟁은 모든 것을 황폐화시킵니다. 일반 백성들은 전쟁에 군인으로 나가거나, 이런저런 부역에 동원되어 공사를 하느라 생활이 말이 아니었을 것입니다. 문무왕은 이런 백성들의 마음을 헤아린 것이 아닐까요?

결국 문무왕의 사리는 파도가 넘실거리는 양북면 앞바다에 있는 대왕 바위에 모셔졌습니다.

아들 신문왕은 이런 아버지를 기리기 위해 감은사를 세웠던 것이지요. 그리고 감은사 법당 밑에 굴을 하나 뚫었습니다. 용으로 변해 왜구를 막아 주는 아버지가 법당에 들어와 잠시나마 쉬어 가라는 의미였지요.

정답은 ㉣ 번입니다.

27 에밀레 종에는 슬픈 전설이 깃들여 있습니다. 그런데 에밀레 종을 위에서 지탱하고 있는 종머리는 어떤 동물의 형상을 하고 있습니다. 어떤 동물일까요?

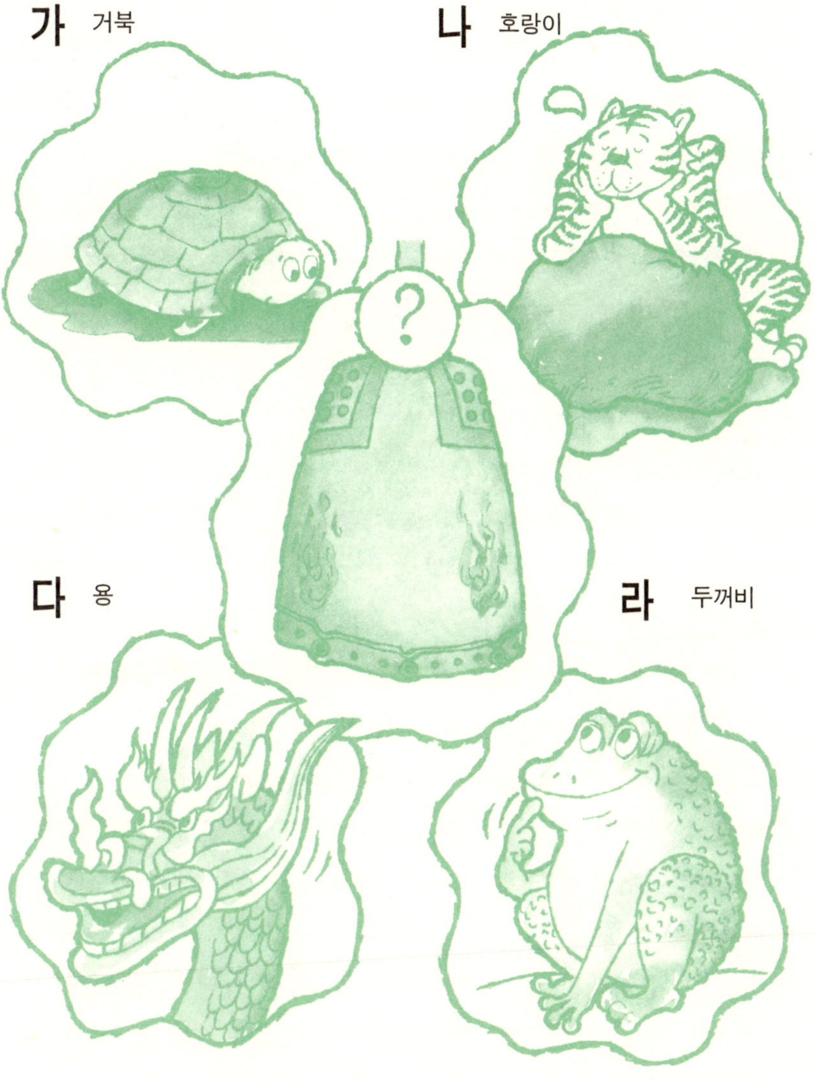

가 거북

나 호랑이

다 용

라 두꺼비

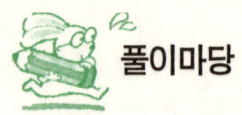# 풀이마당

지금부터 약 1200년 전, 은은한 종소리가 사방에 울려 퍼지고 있었습니다. 왕부터 문무 백관, 시종들, 스님들, 작업에 참여했던 인부들 모두 기쁜 마음으로 종소리를 듣고 있었습니다.

봉덕사에 범종이 걸리던 날, 혜공왕은 멀리 경덕왕이 누워 있을 산을 바라보며 "아버님, 기뻐하십시오. 소자가 드디어 해 냈나이다." 하고 기쁨에 젖은 눈으로 말했습니다.

경덕왕은 숨을 거두며 "꼭 종을 완성해서 할아버지를 기쁘게 해 드려라." 하는 말을 남겼습니다. 결국 이 종은 성덕왕의 명복을 빌기 위해 만들어졌던 것입니다. 그래서 이 종의 이름은 성덕대왕 신종이 되었지요.

그런데 '에밀레— 에밀레—' 하고 종소리가 퍼져 나가던 같은 시간, 어떤 여인이 실성한 듯 멍하니 하늘을 올려다보고 있었습니다. 이윽고 여인의 눈에서는 눈물이 주르르 흘러내렸습니다. 그러더니 여인은 종소리를 듣지 않으려는 듯 두 귀를 틀어막았습니다. 여인은 "내가 죽인 거야. 에구, 불쌍한 것! 이 에미가 너를 죽였구나." 하고 계속 같은 말만을 되풀이했습니다.

성덕대왕 신종과 이 여인은 무슨 관련이 있는 것일까요?

당시 신라는 매우 평화로웠습니다. 북쪽의 발해와 바다 건너 당나라나 왜와도 우호적인 관계를 유지하고 있었기 때문이지요. 평화가 찾아오니 대규모 공사가 잇따랐습니다. 이름난 산마다 절이 서고 범종이 걸렸지요. 경덕왕이 만들기 시작하여 혜공왕이 완성한 성덕대왕 신종도 그 가운데 하나였습니다. 하지만, 이상하게도 만드는 종마다 깨지기 일쑤였습니다. 그리고 설사 깨지지는 않았다 하더라도 마치 쇠가 깨지는 소리가 났습니다.

그렇게 십 년의 세월이 흘렀습니다. 그러던 어느 날, 제작을 책임지고 있던 스님이 기이한 꿈을 꾸었습니다. 종에 여자아이를 넣으면 좋은 소리가 나리라는 것이었습니다.

꿈 속의 말처럼 했더니 정말 매우 고운 소리가 났습니다. 성덕 대왕 신종은 이렇게 해서 완성된 것이지요. 넋이 나간 채 슬피 울고 있던 여인은 바로 이 여자아이의 어머니입니다.

이 슬픈 이야기는 당시 백성들의 생활상을 보여 주고 있습니다.

왕족이나 귀족들은 내세의 평안을 위해 큰 공사를 벌였는데, 백성들은 시주할 것이 없어 자신의 아이까지 바쳐야 했을 만큼 어려운 생활을 했다는 것입니다.

종을 치면 '에밀레—에밀레—' 하는 소리가 나기 때문에 성 덕대왕 신종은 에밀레 종이라고도 한답니다. 에밀레 종은 국보 제29호로 애초에는 봉덕사에 있었지만, 지금은 국립 경주 박물관에 있답니다. 에밀레 종은 지금까지 남아 있는 범종 가운데 가장 크지요. 높이가 3.33미터이고 아래 지름이 2.27미터입니다. 더구나 무게를 알면 이 종이 얼마나 큰지 가늠할 수 있습니다. 당시에 구리 12만 근을 녹여서 만들었다고 하니, 무게가 7만 2천 킬로그램인 셈이지요. 몸무게가 72킬로그램인 어른 1000명의 무게이니, 굉장하지요?

종머리란 종의 머리에 해당하는 부분을 가리킵니다. 어느 종이건 위에서 지탱해 주는 종머리가 있게 마련이지요.

우리 나라에서 가장 오래 된 종인 상원사 종의 종머리에는 용통이 달려 있습니다. 에밀레 종도 마찬가지입니다. 용이 에밀레 종을 매달고 있답니다.

정답은 ㉯ 번입니다.

28 장보고는 우리 역사에서 보기 드문 바다의 제왕이었습니다. 장보고가 암살당한 뒤, 청해진에 있었던 사람들은 어떻게 되었을까요?

가 역적으로 몰려 몰살을 당했다.

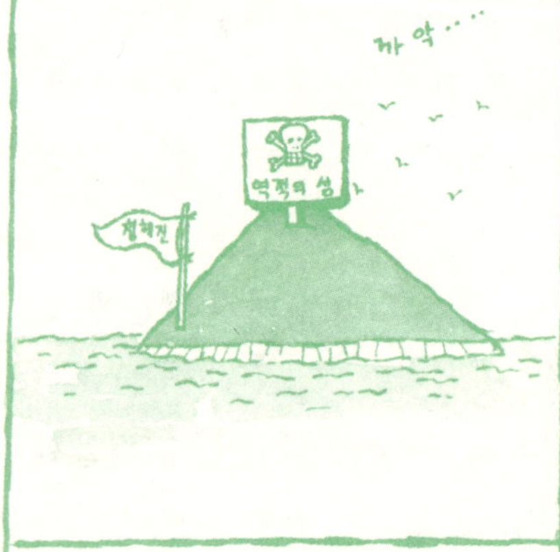

나 완도를 버리고 당나라로 갔다.

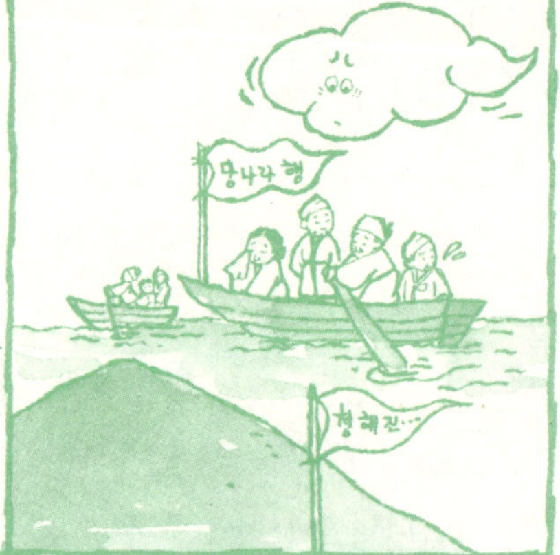

다 김제로 강제 이주를 당했다.

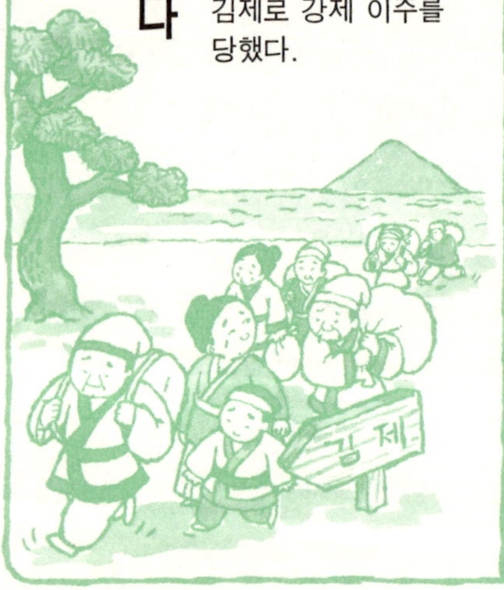

라 모두 신라군으로 편입되었다.

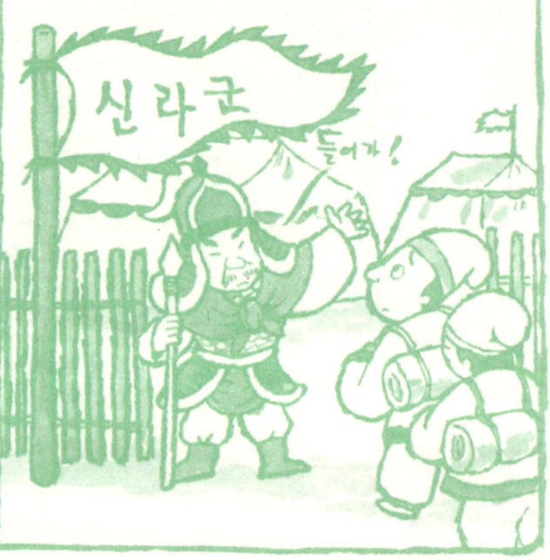

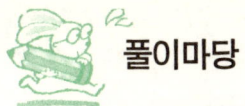 **풀이마당**

846년 어느 날, 전라 남도 완도 하늘 위에서 별이 하나 떨어졌습니다. 예로부터 별똥별이 떨어지면 큰 인물이 죽는다는 이야기가 전해 내려오지요.

그 날 밤 한 시대, 당나라와 왜의 도적떼를 부들부들 떨게 했고, 나라 안에서 그를 대적할 상대가 없던 해상왕 장보고가 숨을 거두었습니다.

참으로 허무한 죽음이었습니다. 다른 사람도 아닌 자신의 심복 염장에게 죽음을 당했기 때문입니다. 염장은 장보고가 바다를 종횡무진 휘저으며 우리의 딸과 아들들을 사 가던 파렴치한 장사꾼들을 혼내 줄 때, 늘 장보고를 그림자처럼 호위했던 사람입니다. 또한 장보고가 쫓겨 온 우징을 도와 왕위를 찾아 주기 위해 왕궁을 공격할 때에도 염장은 그의 곁에 붙어 있었습니다.

이처럼 삶과 죽음을 함께 한 부하의 칼에 죽음을 당하리라고는 그 누구도 상상하지 못했을 것입니다.

장보고는 완도에서 태어났습니다. 어린 시절의 이름은 궁복이었습니다. 궁복은 아버지가 뱃사람이었기 때문에, 어린 시절부터 바다와 가깝게 지냈습니다.

바다는 그에게 인생을 가르쳐 주는 학교와도 같았습니다. 장보고는 잔잔한 파도로 세상의 모든 것을 감싸 줄 듯하다가도, 화가 나면 물 위에 떠 있는 모든 것을 집어삼킬 듯이 달려드는 파도의 성격을 그대로 닮았습니다.

피비린내 나는 왕위 쟁탈전에서 아버지를 잃고 쫓겨 다니던 우징을 보호해 준 것도 그렇고, 자기 딸과 혼인을 약속한 우징의 아들 경응에게서 소식이 오기를 7년 동안이나 기다렸던 것도, 그리고 자신을 꺾기 위해 경응이 군사를 일으킬 준비를 하고 있다는 소식을 듣고 당장 군사를 일으키려고 했던 것도 다 이런 성장 배경과 관계가 있습니다.

자라면서 궁복의 가슴 속에는 세 가지 바람이 싹텄습니다.

'뱃사람은 죽도록 일하는데 왜 이리도 가난할까? 뭐가 잘못 돼도 단단히 잘못 되었어. 나는 이런 세상을 뜯어 고치겠어.'

'여기서 백 날 그물이나 걸어 봐야 달라지는 게 뭐 있겠어? 큰 물에서 놀아야 클 수 있어.'

'우리 아들딸들을 노예처럼 사 가다니……. 내 지금은 비록 힘이 없어 어쩌지 못하지만, 힘을 길러서 사람 장사치들을 이 바다에서 싹 쓸어 버리겠어.'

궁복은 생각 끝에 친구 정년과 함께 당나라로 떠났습니다.

그리고 당나라의 군대에 들어갔습니다. 둘은 워낙 무예가 뛰어났기 때문에, 곧 부대를 이끄는 장군이 되었습니다. 하지만, 궁복의 눈에는 늘 당나라로 팔려 온 신라인들의 모습이 어른거렸습니다.

'아, 내가 뭘 하고 있었지? 내가 이 곳에 온 것은 내 한 몸 잘되자고 한 것이 아닌데……. 당장 신라로 돌아 가야겠다.'

신라로 돌아온 궁복은 왕에게 백성들이 당하고 있는 고통을 이야기했습니다. 그리고 완도에 진을 설치하여 해적과 파렴치한 상인들이 얼씬거리지 못하도록 해야 한다고 말했습니다.

'이제 더 이상 팔려 가는 아이들은 없다. 내가 청해진을 맡고 있는 한, 그 누구의 눈에서도 피눈물이 나오지 않게 하겠어!'

장보고는 남해를 바라보며 다짐했습니다. 잔잔하던 물결이 마치 주인의 마음을 아는 듯 꿈틀거리기 시작했습니다.

그 후 장보고는 남해 해상권을 쥐고 사람을 사고 팔지 못하도록 했으며, 곳곳에서 설치는 해적 떼들을 소탕했습니다. 이제 그는 남해의 제왕이었습니다. 나라 안에서도 그를 넘볼 사람이 없을 정도로 세력이 커졌습니다. 장보고는 단순히 군사력만 쥐고 있지는 않았습니다. 해적을 소탕하면서 당나라나 왜와 무역을 해서 막대한 재산도 모았답니다. 따라서 청해진은 해상 제국이라 할 만했지요.

그러던 어느 날, 궁에 있던 부하 하나가 몰래 와서 그 곳 사정을 이야기했습니다. 부하의 이야기를 듣던 장보고의 표정이 순간 험악하게 변했습니다.

"뭐라고? 이런 배은망덕한 놈이 있나! 어찌 임금이란 자가 한 입에서 두 말을 한단 말인가. 내 당장 임금과 귀족들을 치리라."

문성왕 경응과 귀족들이 그를 없앨 계획을 짜고 있다는 이야기를 듣자, 장보고의 입에서 그 동안 쌓였던 울분이 한꺼번에 터져 나왔습니다.

이 말이 있고 난 얼마 뒤, 결국 장보고는 옛 부하 염장의 칼에 숨을 거두었습니다. 외동딸 난화도 아버지와 같은 길을 걸었습니다. 문성왕 7년, 서기 846년의 일입니다.

청해진에 있던 그의 군사들과 가족들은 어떻게 되었을까요?

처음에는 신라 왕실에서도 이들을 어쩌지 못했습니다. 일부는 다른 곳으로 떠나기도 하고, 일부는 신라 군대로 들어가기도 했습다. 하지만, 장보고가 죽은 5년 뒤에 남아 있던 대부분의 사람들은 김제의 벽골군으로 강제 이주를 당했습니다.

정답은 ㉯ 번입니다.

93

29 발해가 다스렸던 땅에서 많은 유물들이 나오고 있습니다. 기와도 많이 발견되는데 기와에는 봉황 문양이 새겨 있습니다. 봉황에서 우리는 무엇을 알 수 있을까요?

가 발해에서는 봉황을 받들었다.

봉황님……!

나 당나라와 가깝게 지냈다.

친구…

다 왜와 가깝게 지냈다.

당기나 둘까?

라 신라와 가깝게 지냈다.

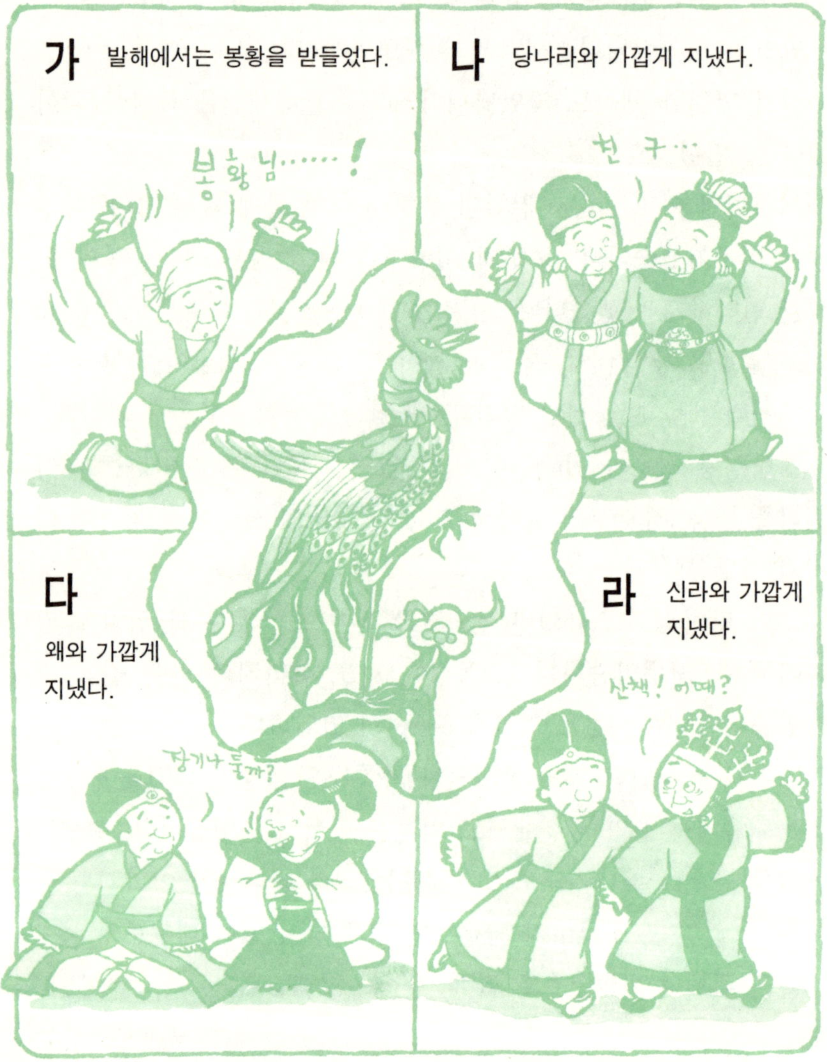

산책! 어때?

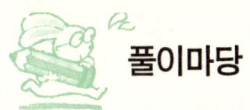 **풀이마당**

신라는 668년에 드디어 삼국을 통일했습니다. 그러나 여러분도 알다시피 불완전한 통일이었지요. 옛 고구려가 가지고 있던 대부분의 땅을 신라의 영토에 넣지 못했기 때문입니다.

그런데 고구려의 후예인 대조영이 길림성 부근 동모산에 훗날 발해로 성장하는 진국을 세웠습니다. 698년의 일이었습니다.

'고구려는 역사에서 잠시 사라졌을 뿐이다. 이제 외치리라, 고구려가 다시 태어났다고!'

대조영은 만주 벌판을 바라보며 이렇게 다짐을 했습니다.

이제 우리 역사에는 남북국 시대가 열렸습니다.

고려 왕조나 조선 왕조는 자신들의 정통성 때문에 남북국 시대라 부르지 않고 통일 신라 시대라 불렀습니다. 하지만, 옛 고구려의 후예가 세웠고, 또한 고구려인들이 발해의 지배층을 형성하고 있었기 때문에 남쪽에는 신라, 북쪽에는 발해가 지배하고 있었던 남북국 시대라고 보는 게 옳지 않을까요?

실제로 조선 후기의 실학자인 유득공과 정약용은 각각 〈발해고〉와 〈아방강역고〉라는 책에서 이 시대를 남북국 시대라고 부르고 있습니다.

건국 초기에 발해는 당나라, 신라와 가깝게 지냈습니다. 나라가 아직 내적으로 튼튼하지 못했기 때문이지요. 그런데 발해가 차차 내부적으로 안정을 찾고 세력을 키워 가자, 당나라와 신라는 위기감을 느끼고 발해를 견제했습니다. 실제로 백제와 고구려를 멸망시킬 때처럼 연합군을 만들어 발해 원정도 했답니다. 그러나 실패하고 말았지요.

비록 정치적으로는 서로 적대시하던 사이였지만, 발해는 이 두 나라로부터 많은 영향을 받았습니다. 정치 제도나 문화 등에서 두 나라의 영향을 엿볼 수 있지요.

두 번째 도읍지인 상경의 궁터는 당나라의 수도인 장안을 본뜬 것입니다. 그리고 정치 제도도 당나라의 것을 본떴습니다.

또한 유적지에서 많이 발견되는 기와에는 봉황 문양이 새겨져 있는 것이 많습니다. 봉황 한 쌍이 새겨진 기와는 신라의 양식으로, 이는 발해가 신라의 문화를 많이 받아들이고 있었다는 것을 알려 주는 것이지요.

정답은 ㉣ 번입니다.

30 발해는 당나라와 신라를 견제하기 위해서 어떤 나라와 동맹을 맺었을까요?

가 여진과 동맹을 맺었다.

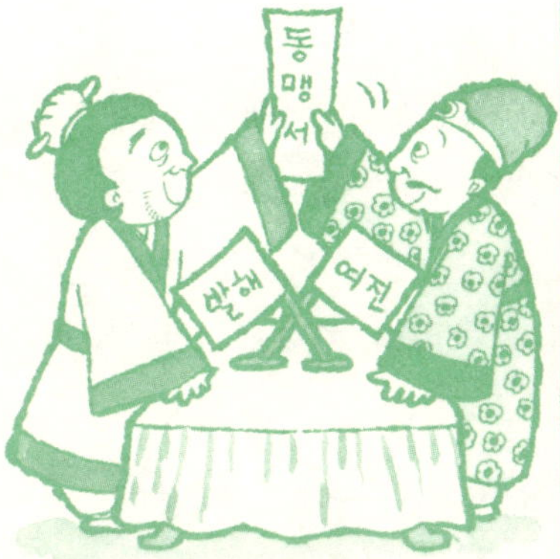

나 왜와 동맹을 맺었다.

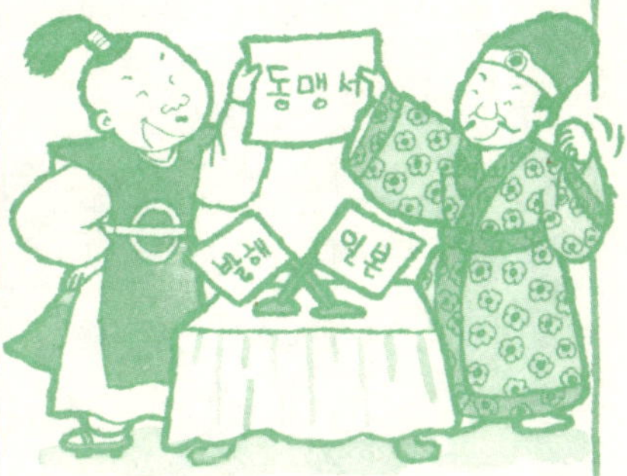

다 홀로 당나라와 싸웠다.

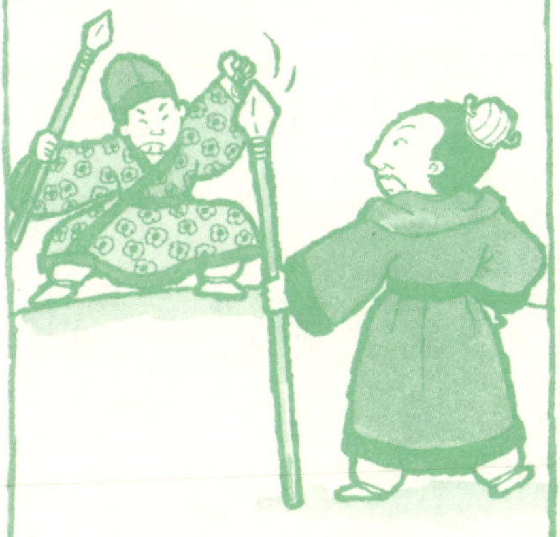

라 거란과 동맹을 맺었다.

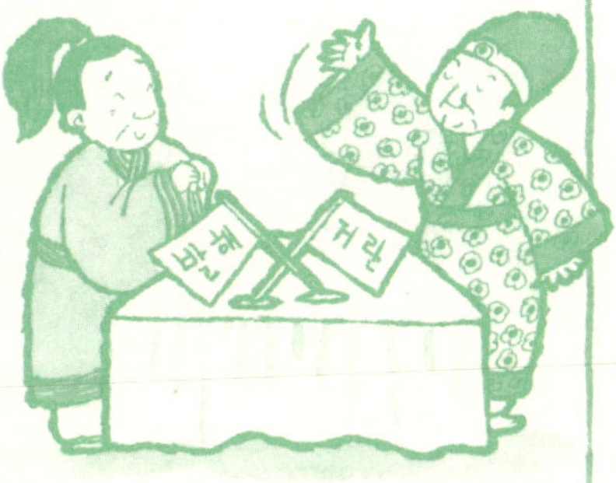

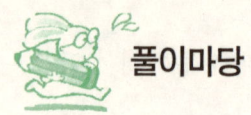

풀이마당

"뭐야, 자기들끼리만 좋은 자리를 다 차지하고 있잖아?"

"그래, 맞아. 당신들 말갈인이나 우리 거란인들은 좋은 벼슬을 할 수 없잖아. 옛 고구려 때에는 그래도 이것보단 나았어. 어디 두고 보라고 해. 언젠가는 우리가 중원의 지배자가 될 테니."

말갈인이나 거란인들은 고구려 때부터, 때로는 고구려와 싸우기도 하고 때로는 서로 손을 맞잡기도 하면서 함께 만주에서 살아왔습니다. 하지만, 당시에는 서로 독립된 지역에서 살았지요.

그런데 발해는 만주에 자리를 잡자, 말갈족과 거란족을 하나로 통합시키려고 했습니다. 그러나 높은 벼슬 자리는 모두 옛 고구려인들로 채웠습니다. 말갈족과 거란족은 기껏해야 낮은 벼슬에 머물러야 했습니다.

초기에는 지배층인 고구려인들이 하나로 뭉쳤기 때문에, 피지배층의 불만도 그리 크지는 않았습니다. 또한 당나라도 함부로 넘볼 수 없을 만큼 나라가 강해졌지요. 나라의 안정을 찾은 발해는 고구려와 당나라의 문화를 그들 나름대로 소화해 발전시켰습니다.

그러나 발해의 성장을 시기하는 세력은 비단 말갈족이나 거란족뿐만이 아니었습니다. 더 큰 세력이 발해의 발전에 두려움을 느끼고 있었습니다. 바로 당나라와 신라이지요.

당나라는 발해 건국 초기에 몇 차례 공격도 해 보았지만, 번번히 패하기만 할 뿐이었습니다. 오히려 영토의 일부를 빼앗기기까지 했습니다.

그러자 정책을 바꿨습니다. 발해의 왕을 발해군왕이라고 호칭하며 발해를 인정했던 것이지요. 그러나 이 때에는 당나라의 한 군을 통치하는 왕으로 인정하는 데 그쳤습니다. 그러다가 발해의 전성기인 10대 선왕 때에는 해동성국이라고 부르며, 비로소 스스로 한 나라로 인정할 수밖에 없게 되었지요.

당나라는 여기서 한 걸음 더 나아가 신라와 동맹을 맺었습니다. 발해가 함부로 어쩌지 못하게 했던 것이지요.

신라도 초기에는 발해와 우호적인 관계를 유지했지만 나중에 발해의 세력이 매우 커지자, 이전에 신라가 당나라와 연합하여 고구려를 위협했듯이, 당나라와 함께 발해를 위협했습니다.

발해는 어떻게 했을까요?

내부적으로는 지배층을 단단히 묶고, 말갈족과 거란족을 한 나라의 틀 속으로 통합시키려고 했습니다. 또한 외부적으로는 고구려가 예전에 그랬듯이 바다 건너 왜와 동맹을 맺었습니다. 뒤쪽에 지원군을 만들어 놓아 신라가 넘보지 못하도록 한 것이지요.

하지만, 고구려의 기상을 이어받아 만주를 호령하던 발해의 궁성은 926년 거란족의 포위 속에서 불길에 휩싸였습니다. 발해는 고구려 땅에 세워진 지 238년 만에 역사 속으로 사라졌습니다.

발해의 멸망 뒤, 우리의 영토는 압록강과 두만강 남쪽으로 굳어졌습니다. 그 후 우리 민족의 깃발은 한 번도 두 강을 넘어서지 못했답니다.

정답은 ④ 번입니다.

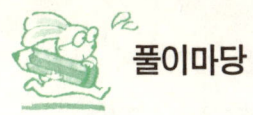
풀이마당

봄바람이 코끝을 간지럽히던 943년 5월, 개경의 궁궐은 온통 울음바다가 되었습니다. 태조 왕건이 왕위에 오른 지 26년 만에 세상을 떠났기 때문이지요. 모두들 슬픔에 젖어 있었지만, 유독 눈빛이 빛나는 사람들이 있었습니다. 이미 왕건이 세상을 떠나면서 태자 무에게 왕위를 넘겨 주었지만, 왕비들과 외척들이 왕위를 탐내고 있었던 것이지요. 또 한 사람, 눈물을 흘리면서도 주위 사람들을 꼼꼼히 살펴보는 사람이 있었습니다. 왕건의 믿음을 한몸에 받았던 박술희입니다.

태자 무는 박술희의 도움으로 어렵사리 왕위에 올라 고려 제2대 혜종이 되었습니다. 이 때부터 왕위를 노리는 자들과 보이지 않는 싸움이 벌어졌습니다.

마음이 약했던 혜종은 2년도 채우지 못하고 세상을 떠났습니다. 혜종이 죽자, 다시 왕위를 노리는 왕비와 외척들의 싸움이 일어났지요. 그러던 끝에 혜종과는 어머니가 다른 요가 왕위에 올랐습니다. 고려 제3대 정종이지요. 하지만, 정종도 불과 4년을 채우고 젊은 나이에 세상을 떠나고 말았습니다.

왕들은 언제 빼앗길지도 모르는 왕좌에 앉아 불안에 떨고, 태조의 여러 왕비들과 왕자들, 외척들은 호시탐탐 왕좌를 노리는 시기였지요.

광종은 정종의 동생이었는데, 조카들이 어린 탓에 왕위에 오를 수 있었습니다. 광종은 혜종이나 정종의 전철을 밟고 싶지 않았습니다. 왕좌를 노리는 세력을 누르기 위해 과감한 정책을 폈던 것이지요.

그 중 하나가 노비안검법입니다. 호족들은 끊임없이 왕권을 위협하고 있었습니다. 그런데 호족들의 밑바탕에는 노비들이 있었지요. 노비들은 원래 노비였던 자도 있었지만, 후삼국 전쟁 때 포로였거나 전쟁을 피해 도망쳐 왔던 자들도 많았습니다.

원래 양인이었던 자들을 원래의 신분으로 되돌려 주려고 했던 것이 바로 노비안검법입니다.

자신들의 세력이 약화되는 것이기 때문에 호족들이 거세게 반발했지만, 광종은 줄기차게 노비안검법을 밀고 나갔습니다.

"허허, 이게 뭔가?"

"자네나 나나 글을 모르기는 마찬가지 아닌가?"

구경꾼들을 헤치며 한 청년이 벽 앞으로 다가갔습니다. 청년의 눈빛은 이내 밝아졌습니다. 그리고 청년은 이렇게 외쳤습니다.

"과거를 볼 수 있게 됐다! 이제 실력만 있으면 누구나 벼슬을 할 수 있다!"

아직 늦더위가 기승을 부리던 어느 가을날, 가지각색의 옷을 입은 청년들이 시험을 보느라 구슬땀을 흘리고 있었습니다. 958년 9월 15일에 우리 나라에서는 처음으로 과거 시험이 치러졌습니다.

과거 시험은 인재를 고루 등용하기 위해 만들어졌습니다. 또한 호족 세력을 누르기 위한 정책이기도 했습니다. 즉, 이전에는 호족들의 자제만 벼슬을 할 수 있었지만, 과거 제도가 만들어져 호족 이외의 사람들도 정치에 참여할 수 있게 되었기 때문입니다.

정답은 ❶와 ❹번입니다.

34 거란은 세 차례에 걸쳐 고려를 침입했습니다. 3차 침입 때 고려가 거란을 물리칠 수 있었던 공격 방법과 거리가 먼 것은 어떤 것일까요?

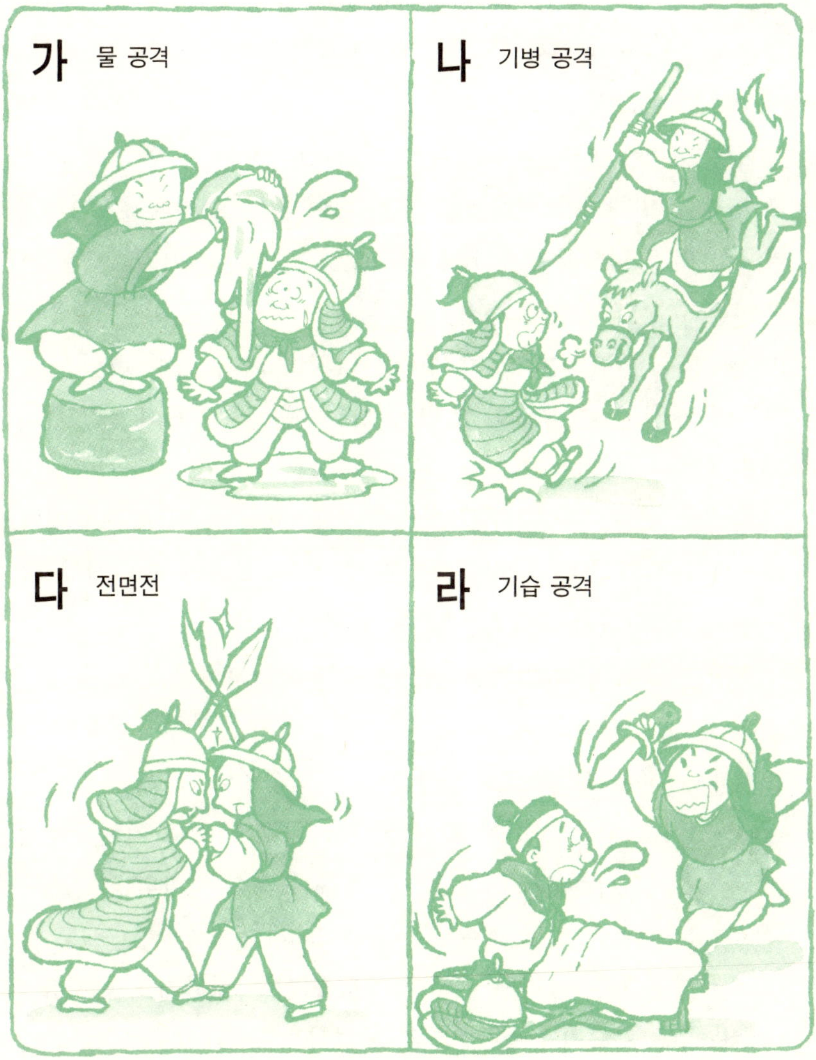

가 물 공격

나 기병 공격

다 전면전

라 기습 공격

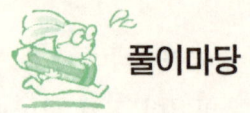# 풀이마당

거란은 자신들의 호의를 거절했던 고려를 결코 좋게 보지 않았습니다. 어쩌면 호의를 받아들였다 해도 결국 고려를 침략해 왔을 것입니다. 당시의 국제 관계란 그랬습니다. 강한 쪽이 약한 쪽을 침략하여 예속시키는 게 일반적이었으니까요.

여하튼 946년, 요라고 이름을 바꾼 거란은 송나라보다 약해 보이는 고려를 먹이로 삼으려고 했습니다. 993년, 압록강 저편에서 뿌연 먼지가 피어올랐습니다. 이제 만주의 지배자가 된 거란이 고려를 굴복시키기 위해 달려오고 있었던 것이지요.

거란의 침략 소식을 들은 조정은 발칵 뒤집혔습니다. 고구려의 옛 땅을 찾겠다는 고려 태조의 의지는 이미 식어 버렸는지, 아무런 대책도 없이 앉아 있다가 뒤통수를 맞은 격이 되었으니까요.

거란의 요구 조건은 두 가지였습니다. 하나는 옛 고구려 땅을 내놓으라는 것이었습니다. 그리고 또 다른 하나는 송나라와 국교를 끊고, 거란과 국교를 맺자는 것이었습니다.

조정은 둘로 나뉘었습니다. 강경파와 온건파이지요.

온건파는 '땅을 일부 떼어 주고 화해하자.'고 주장했습니다. 강경파는 '싸워 보지도 않고 항복하는 건 수치다.'라고 주장했습니다. 그러고 있는 사이에 고려 군대는 공격해 오는 거란군에게 큰 타격을 주었습니다. 결국 1차 싸움은 유명한 서희의 담판으로 끝났지요. 서희는 적장 소손녕을 꼼짝 못 하게 만들어 스스로 물러나게 했답니다. 그리고 오히려 영토를 일부 넓히기도 했지요.

1차 싸움을 승리로 이끈 것은 서희의 멋진 담판도 있었지만,

당시 거란이 처해 있었던 상황 때문이기도 합니다. 즉, 거란은 중국 대륙의 패자인 송나라와 맞서고 있었기 때문에 고려와의 싸움을 길게 끌 수 없었던 것이지요. 거란은 이 때 화해의 의미로 낙타, 말, 양, 비단 등을 고려 쪽에 선물로 주었습니다.

그리고 7년이 흘렀습니다. 거란의 군대는 1010년 11월, 바람이 제법 맵싸한 늦가을에 고려의 정치를 트집 잡아 2차 침략을 해 왔습니다. 이번에는 거란왕인 성종이 직접 40만 대군을 이끌고 의기양양하게 고려 땅에 발을 들여 놓았습니다.

2차 싸움에서 비록 수도인 개경은 불바다로 변했지만, 거란의 군대는 고려의 전술에 말려들어 사방으로 흩어지고, 살아서 압록강을 다시 건넌 자는 그리 많지 않았습니다.

1·2차 싸움에서 성과를 거두지 못한 거란은 다시 기회를 엿보았습니다. 그리고 마침내 1018년 차가운 겨울 바람이 뺨을 때리는 12월에, 소배압이 이끄는 10만의 군대가 압록강을 건넜습니다. 고려 군대의 지휘자인 강감찬은 몇 가지 전술을 썼습니다.

하나는 을지문덕의 살수대첩에서 배운 것입니다. 즉, 강물을 쇠가죽으로 막아 놓고 있다가 적의 군대가 지나갈 때 강물을 터뜨렸던 것입니다. 이 때 매복해 있던 기병들이 당황하는 거란의 군대를 기습 공격했습니다. 또, 남은 거란군이 수도인 개경을 향해 내려가자, 곳곳에 군대를 매복시켜 놓고 기습 공격을 하게 했습니다.

고구려도 그랬지만 고려도 전면전은 피했습니다.

거란군은 만주에서 싸움을 하며 단련되었기 때문에 전면전은 고려에게 불리했던 것이지요. 귀주 벌판에서 벌였던 싸움도 유명한데, 이 때에도 그냥 맞붙어 싸운 것이 아니라, 매복과 기습 공격을 적절히 섞어 가며 공격했답니다.

귀주 벌판은 온통 적의 시체로 뒤덮였습니다.

결국 고구려가 자신에게 맞는 전술로 당나라의 대군대를 무찔렀듯이, 고려도 그 당시 실정에 맞는 전술을 활용해 승리를 이끌어 냈던 것입니다.

이 때 10만의 군대 중 살아 돌아간 자는 불과 몇천 명에 지나지 않았습니다. 고려의 대승리였지요.

정답은 ㉣ 번입니다.

35 여진 정벌을 위해 만든 군대 중 항마군이 있었습니다. 항마군은 어떤 사람들로 이루어진 군대였을까요?

가 귀족	**나** 천민
다 농민	**라** 승려

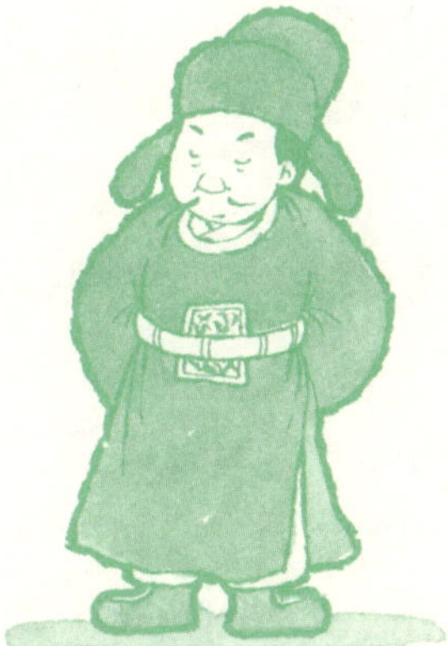

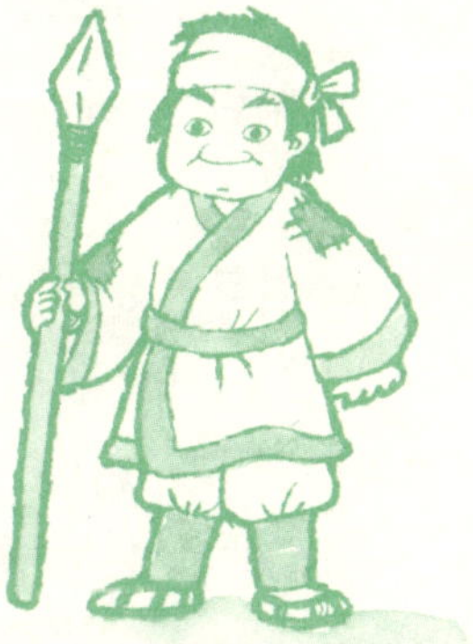

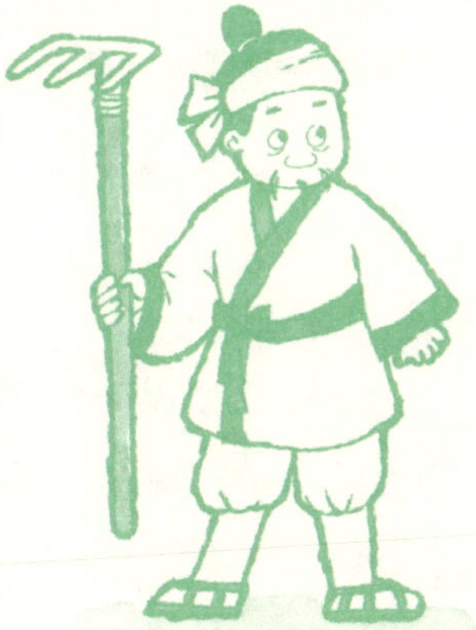

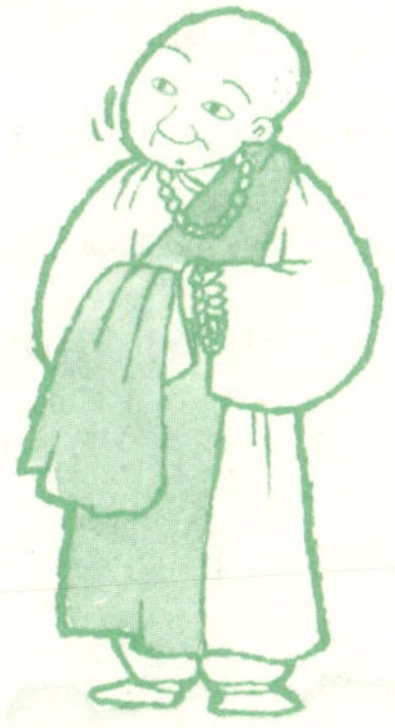

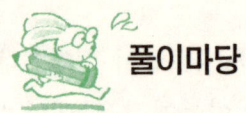

"대감, 여진의 세력이 커지고 있습니다. 무슨 방비를 해야 하지 않을까요?"

"허허, 무슨 소리요? 여진이 제아무리 커져 봤자지요. 우리 고려한테 상대가 되겠소?"

"맞는 말씀입니다. 여진은 지금까지 조공을 바쳐 오고 있지 않소. 뭐, 긁어 부스럼 만들 세력도 아닌데 귀찮게 건드리지 맙시다. 우리가 파리가 무서워서 피합니까? 더러워서 피하지."

"그리고 천리장성이 있잖소. 강감찬 장군이 다 이런 때를 생각해서 만들었던 게 아니겠소?"

여진이라면 고구려나 고려 때 말갈족이라고 불리던 부족으로, 우리 민족에게 꼼짝 못 하던 세력이었습니다. 아니, 우리 민족의 지배를 받고 있었지요. 그런데 발해가 멸망하자 사정이 바뀌었습니다. 그들은 압록강 주변과 함경도 주변으로 몰려와서는 국경 지방을 노략질했습니다. 국경 지방의 백성들은 하루도 편안할 날이 없었지요. 그러나 멀리 떨어진 개경의 관리들은 무사태평이었습니다. 더구나 여진은 계속 고려에 조공을 바쳤습니다. 그러니 고려의 조정은 아무 의심도 하지 않았지요.

그런데 마침내 일이 터졌습니다. 1104년 겨울, 여진족이 고려의 국경을 넘어 침입해 왔던 것이지요. 이 싸움에서 고려군을 이끈 윤관은 지혜를 발휘하여 적을 몰아 냈습니다. 그 때 여진의 기마병을 본 윤관은 신선한 충격을 받았습니다.

'우리 군대는 주로 보병이야. 보병과 기병이 맞서 싸우면 보병이 패할 건 불을 보듯 뻔한 이치지. 무슨 수가 없을까…….
그래, 보마법이야. 송나라에서는 보마법을 연구하고 있었지.'

윤관은 사신으로 송나라에 몇 차례 다녀온 적이 있었는데, 그
때 보았던 보마법에 관한 책을 떠올렸습니다. 보마법이란, 평화
시에는 백성들에게 말을 맡겨 키우게 하다가 전쟁 때 돌려받아
사용하는 것을 말합니다.

수도로 돌아온 윤관은 별무반이란 군대를 만들었습니다. 예전
의 고려 군대는 주로 보병이었지만, 이 군대는 보병은 물론이고
기병과 승병을 갖춘 군대였습니다.

"나는 신기군에 들어갈 거야. 말을 타고 북쪽 오랑캐를 무찌
르면 얼마나 멋지겠어?"

"별수없이 나는 신보군에 들어가야겠네. 말을 못 타니까 할
수 없지."

별무반은 기병인 신기군, 보병인 신보군 그리고 승려로 구성
된 항마군으로 이루어져 있었습니다. 어느 정도 시간이 흐르자,
별무반은 17만의 큰 군대가 되었습니다. 별무반 덕분에 고려는
함경도 지방에 9성도 쌓고, 여진을 더 이상 걱정하지 않아도 되
었답니다.

1109년, 윤관은 개경의 문관들의 시기 때문에 벼슬 자리를 내
놓고 초야에 묻혀 학문에 힘쓰다 1111년 5월, 봄 향기를 맡으며
조용히 눈을 감았습니다.

정답은 ㉣ 번입니다.

36 단재 신채호는 묘청의 난을 가리켜 '1천 년 우리 역사상 첫손꼽는 큰 사건'이라고 했습니다. 그렇게 보았던 가장 중요한 이유는 무엇일까요?

가 독립 국가를 만들려고 했다.

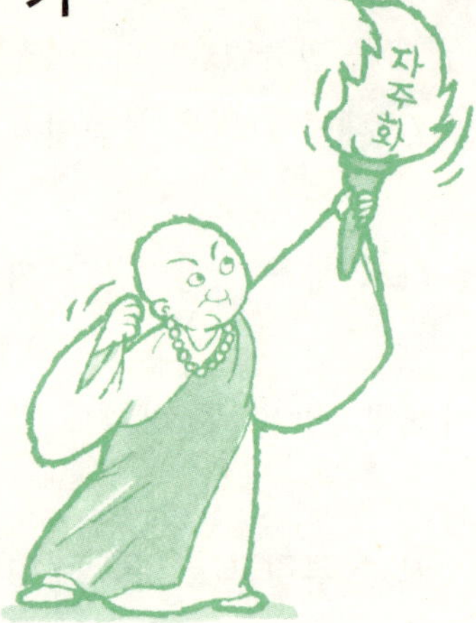

나 난의 규모가 컸다.

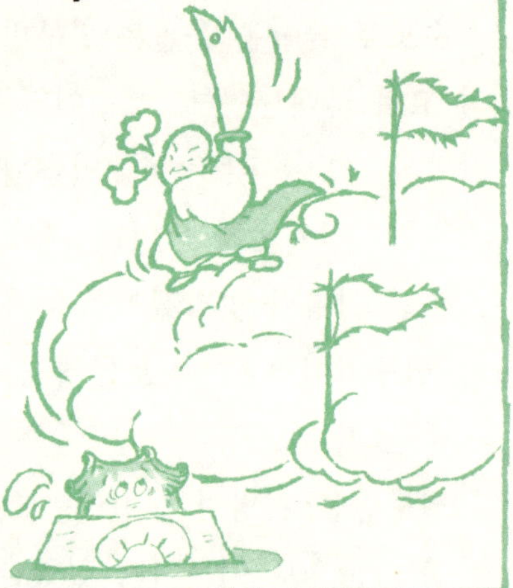

다 도읍을 서경으로 옮기자고 주장했다.

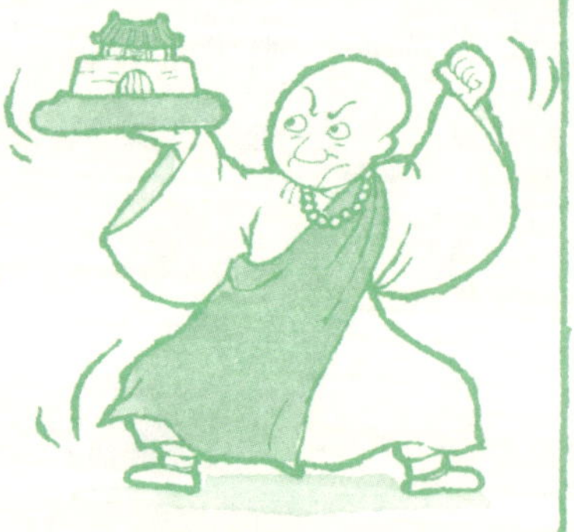

라 금 정벌을 주장했다.

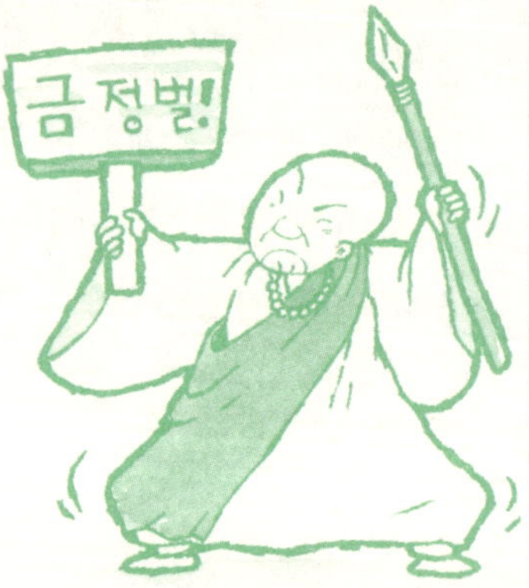

금 정벌!

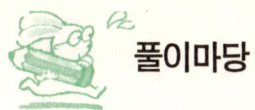 **풀이마당**

고려 시대 중반기에는 고려를 둘러싼 국제 정세가 눈에 띄게 달라졌습니다. 오랫동안 우리 민족의 지배를 받아 왔으며 윤관에게 혼쭐이 났던 여진이 세력을 키워 옛날에 발해가 차지했던 영토를 거의 다 손아귀에 넣고, 이름도 금으로 바꿨습니다.

거란족이 세운 요나라는 이미 국세가 기울고 있었습니다. 이윽고 요나라는 금나라와 송나라의 힘에 밀려 나라의 문을 닫고 말았습니다. 그리고 금나라는 1127년에 송나라의 반쪽까지 차지하는 대영토를 지배했습니다.

이처럼 고려 밖의 정세가 긴박하게 돌아가고 있을 즈음, 고려 내부에서도 심상치 않은 변화의 조짐이 일어났습니다. 묘청 등이 나라의 기틀을 다시 세우자고 주장했던 것입니다.

1117년, 금나라가 형제 관계를 맺자고 주장했을 때부터 이런 움직임은 눈에 띄게 두드러졌습니다. 묘청, 백수한, 정지상 등은 이른바 북벌파를 이루었지요. 다시 말해 금나라를 정벌하자는 것이었습니다. 이에 대해 김부식 등 개경파들은 고개를 저었습니다.

북벌 주장은 어찌 보면 계란으로 바위를 치는 격으로 보일 수도 있습니다. 금나라는 날로 세력이 강해지고 있었고, 우리 민족은 고구려 이후 한 번도 만주 벌판으로 나가 싸워 보지 못했기 때문입니다. 그래서 당시 세력을 잡고 있었던 김부식 등 개경의 세력은 주위 관계를 지켜 보자는 입장이었습니다. 누군가 만주의 패권자가 되면 그 때에 어떤 식으로든 결정을 내리면 되지 않겠냐는 것이었습니다. 아주 소극적이었지요. 만약 요의 원병 요

청을 받아들여 금나라와 한판 싸움을 벌였다면 고려의 역사는 어떻게 바뀌었을까요?

묘청 등은 도읍지를 서경으로 옮기자고 주장했습니다. 이것은 단순히 풍수지리설에 근거하여 나온 주장만은 아닙니다. 새 술은 새 단지에 담아야 제맛이 난다고 하지 않나요? 나라가 새로워지려면 오랫동안 권세를 누려 온 세력의 영향을 받지 않는 곳에서 정치를 해 나가야 한다는 이야기이지요.

서경 천도는 북벌 주장과 맥을 같이 하는 것이랍니다. 도읍이 좀더 만주와 가까워야 북벌에 적극적일 것이고, 왕족, 벼슬아치의 운명과 나라의 운명을 함께 생각할 수 있지 않았을까요?

하지만, 이미 권력을 마음껏 누리고 있었던 개경의 세력들은 자신들의 위치가 흔들릴까 봐 들은 척도 하지 않았습니다.

무엇보다도 묘청의 핵심은 바로 칭제건원에 있습니다. 즉, 왕이 아니라 황제라 칭하고, 연호도 중국식이 아니라 독자적인 것을 만들어 사용하자는 것이었습니다. 우리를 중국의 여러 나라와 대등한 위치에 놓고 높이자는 것이었지요.

한마디로 얘기하면 남의 것을 따라 하지 않고, 우리 나름의 자주적인 정책을 세워 독립 국가를 만들려고 했던 것이지요.

그래서 신채호는 묘청의 난을 '우리 나라 1천 년 역사에서 첫손꼽는 사건'이라고 했던 것입니다.

그러나 묘청의 주장은 김부식 등 개경 귀족들의 반대에 부딪혀 물거품이 되었습니다. 그리고 못다 이룬 꿈을 이루기 위해 반란을 일으킨 묘청은 어제의 동지였던 조광의 칼에, 한을 품은 채 숨을 거두었습니다.

정답은 ㉮ 번입니다.

37 정지상은 김부식과 쌍벽을 이뤘던 고려 때 사람입니다. 그는 '누가 흰 붓을 가져 강물에 을(乙)자를 썼을까.' 하는 시를 쓴 적이 있습니다. 어떤 풍경을 보고 이렇게 읊은 것일까요?

가 강가의 나룻배	나 강물에서 노니는 원앙새
다 강물 위를 떠다니는 백조	라 강물에서 놀고 있는 오리

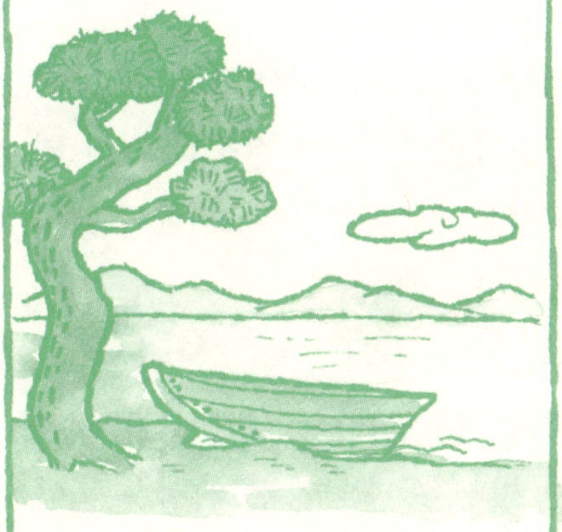

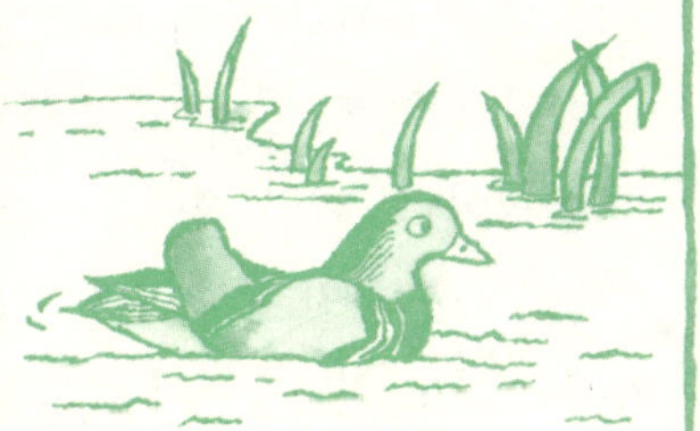

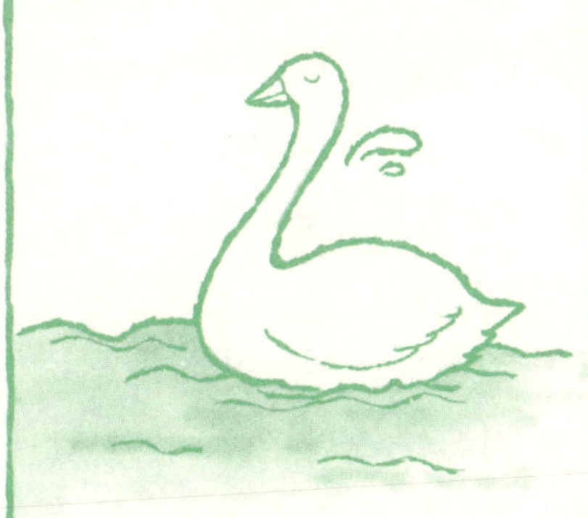

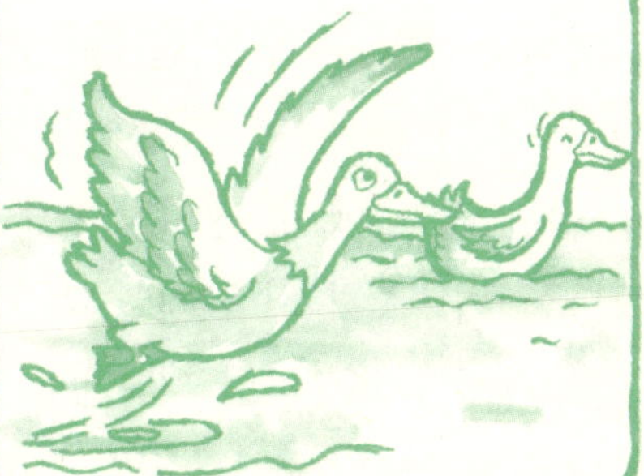

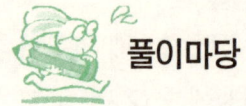

풀이마당

정지상 집에 난데없이 군사들이 들이닥쳤습니다. 정지상이 나오지 않으면 당장 문을 부수고 들어갈 기세였습니다.

"역적 정지상은 냉큼 나오너라!"

방 안에 있던 정지상은 이제 올 것이 왔다고 생각했지요. 정지상은 진작부터 이런 날이 올 줄 알았습니다.

그를 아끼는 주위 사람들은 서경으로 몸을 피하라고 미리 귀띔해 주기도 했습니다. 그는 그럴 때마다 "내가 잘못한 것이 없는데 왜 도둑처럼 몰래 빠져 나가야 하오? 비록 죽는 한이 있어도 여기서 죽겠소." 하고 말했습니다.

"어명이다! 죄인 정지상은 빨리 나오너라!"

정지상은 천천히 일어나 밖으로 나왔습니다. 행동에는 한 치의 흔들림도 없었습니다. 그리고 자신을 잡으러 온 사람을 뚫어지게 쳐다보았습니다. 바로 김부식이었습니다.

김부식은 정지상과 어깨를 나란히 하던 맞수였습니다. 김부식은 경주 김씨 호족의 후손이고, 정지상은 서경 출신의 가난한 선비의 후손이었습니다. 그러나 둘은 빈틈없는 판단력과, 자기 주장은 목에 칼이 들어와도 굽히지 않는 성격, 사람들의 마음을 움직이는 문장 등 모든 면에서 고려 시대 때 쌍벽을 이루던 사람들이었습니다.

죽음을 앞에 둔 정지상의 눈 속으로 지나간 일들이 하나둘 주마등처럼 스쳐 갔습니다. 김부식과 시를 읊으며 껄껄 웃던 일, 왕 위에서 호령하던 척준경을 김부식과 함께 잡아들여 귀양 보내던 일 등이 어제 일처럼 또렷하게 떠올랐습니다. 이어서 묘청,

백수한, 정언이 등과 함께 미래의 고려를 그리며 술잔을 기울이던 일, 김부식 등이 서경 천도는 말도 안 된다며 반대하던 일 등이 스쳐 지나갔습니다.

어제는 친구였는데 가는 길이 다르다 보니 한 사람은 죄인으로, 한 사람은 죄인을 벌 주는 망나니의 모습을 하고 있었습니다.

정지상은 칼날이 목을 치기 전, 다시 한 번 하늘을 올려다보았습니다. 그리고 북쪽 하늘을 몽땅 눈 속에 담을 듯이 쳐다보고는 눈을 감았습니다.

북쪽에는 묘청이 난을 일으킨 서경이 있었습니다. 어쩌면 묘청의 난이 성공하기를 빌었는지도 모릅니다. 비록 자신이 북벌을 주장하고 서경 천도를 주장했다 해서 형장의 이슬로 사라지지만, 그 뜻만은 마지막까지 간직하고 싶었겠지요.

한편, 정지상이 얼마나 뛰어난 시인이었는지는 어렸을 적 그가 남긴 시로 알 수 있습니다. 대동강 부벽루에서 때때로 백일장이 열렸는데, 그가 시를 읊조리자 함께 시를 짓던 사람들이 입을 쩍 벌렸답니다.

'누가 흰 붓을 가져 강물에 을(乙)자를 썼을까.'

다섯 살 난 정지상은 대동강을 떠다니는 백조를 보고 이 시를 지었다고 합니다. 백조가 강물을 유유히 헤엄쳐 다니는 모습이 꼭 한자의 을(乙)과 비슷해서 백조를 그렇게 비유한 것이지요. 보통 사람이라면 그냥 스쳐 지나갔을 법한 백조의 모습을 한자에 비유했다는 것은, 어린 나이임에도 불구하고 그의 뛰어난 시적 감각과 창조 정신을 보여 주는 예라고 할 수 있지요.

정답은 ❸ 번입니다.

38 고려 무신들이 쿠데타를 일으켰을 때 많은 사람들이 환영했습니다. 그런데 그렇지 않은 사람들도 있었습니다. 누구였을까요?

가 호족

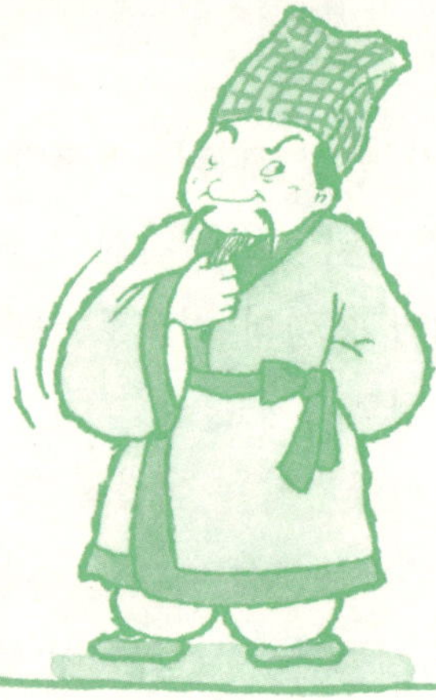

나 농민

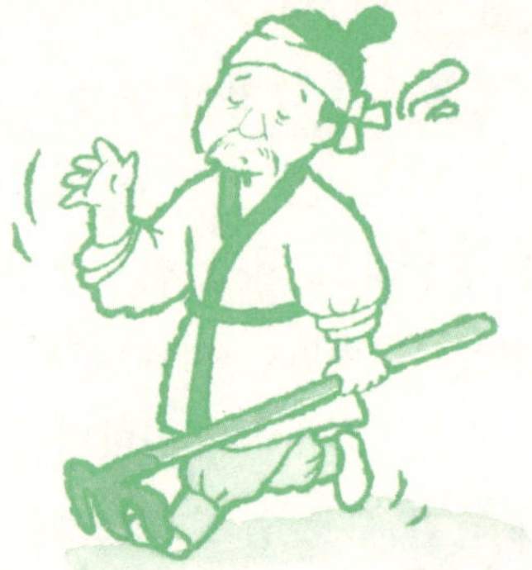

다 병사

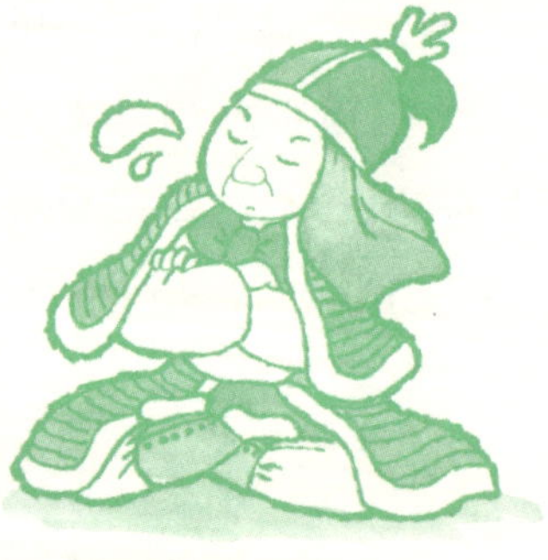

라 천민

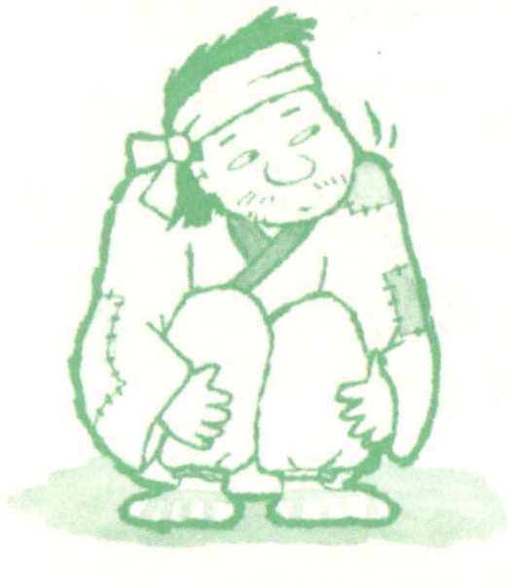

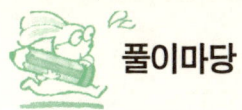

역사상에는 수많은 쿠데타가 있었습니다. '난'이라고도 하지요. 그런데 이 쿠데타가 성공하려면 몇 가지 조건이 갖추어져야 합니다. 우선 쿠데타 세력이 집권 세력보다 힘이 있어야 합니다. 그래도 이것만 가지고는 부족하지요. 쿠데타 세력을 지지하는 세력이 있어야 합니다. 그리고 이 지지 세력이 광범위해야 합니다.

무신들이 쿠데타를 일으킨 직접적인 동기는 왕을 비롯한 문신들의 차별 대우 때문이었습니다. 아니, 차별 대우라기보다는 무신들을 멸시하는 행동 때문이었습니다. 한참 지위가 낮은 문신이라도 무신들을 마치 자기 집 종 다루듯 했습니다.

하지만, 이 밑바탕에는 당시 일반 백성들의 암묵적인 지지가 있었습니다. 물론 무신들이 집권한 다음 '그 놈이 그 놈이다.' 하고 깨달았지만요.

당시 백성들은 부역에 많이 나갔습니다. 부역이라면 일종의 노력 봉사인데 전쟁 시에는 주로 성을 보수하였고, 평화 시에는 왕실이나 관청에서 시키는 일을 했습니다. 이 무렵 일반 백성의 생활을 보여 주는 이야기가 있습니다.

의종 때 왕의 명령으로 큰 연못을 만드는 공사가 있었습니다. 부역이므로 당연히 먹을 것은 스스로 해결해야 했습니다. 바로 그 공사장에서 있었던 이야기이지요.

이 곳에서 일하는 사람들은 대개 농민이었습니다. 점심 시간이 되어 모두들 왁자지껄 떠들며 밥을 먹고 있는데, 한 젊은이가 자리를 털고 일어났습니다. 속이 좋지 않다고 해서 한 이틀은 모두 그런 줄 알았지요. 그러다가 며칠 계속 그 모습을 본 사람들은 그 젊은이가 집안 형편이 어려워 점심을 먹지 못한다는 것을 알아차렸습니다. 그래서 사람들은 자신들의 것을 나눠 주기 시작했습니다. 이렇게 며칠 얻어먹고 나자, 젊은이는 몹시 미안했습니다. 나눠 주는 사람도 그리 넉넉하지 않다는 것을 알고 있었기 때문이지요. 며칠 뒤에 젊은이는 아내에게 그 동안의 사실을 털어놓았습니다.

"여보, 고마운 분들한테 어떻게 해 드릴 수 없을까?"

젊은 아낙은 잠자코 듣기만 했습니다.

다음 날 젊은이는 여느 때와 다름없이 맨손으로 일터에 나갔습니다. 점심때가 가까워 올수록 젊은이는 가슴이 답답해 왔습니다. 그런데 그 때 어디선가 낯익은 목소리가 들렸습니다. 고개를 드니 큼지막한 광주리를 머리에 인 아내였습니다.

광주리를 열어 본 젊은이는 기뻤습니다. 그러나 이내 궁금했습니다. '이 많은 것을 어떻게 장만했단 말인가. 집 안에 엽전한 닢 없고, 아내의 성품을 보아 도둑질을 할 리도 없는데 그럼……'

"도대체 이걸 어떻게 장만한 거요?"

아내는 땅만 쳐다볼 뿐 말이 없었습니다.

"어떻게 된 거냔 말이오, 어서 속시원히 대답해 보라니까!"

젊은이가 윽박지르듯 묻자, 아내는 손을 머리로 가져갔습니다. 머릿수건이 아래로 흘러내리자, 거기에는 까까머리가 있었습니다. 더 이상 말이 필요없었습니다.

아내는 남편과, 일하는 다른 사람들을 위해 머리카락을 팔아 점심을 장만해 왔던 것입니다. 젊은이의 눈에서도, 아내의 눈에서도 그리고 이를 지켜 보고 있던 사람들의 눈에서도 눈물이 주르르 흘러내렸습니다. 그 눈물은 감사의 눈물이자, 그렇게 살아야 하는 자신들의 처지에 대한 한탄의 눈물이었습니다.

이 이야기는 특별한 이야기가 아닐 것입니다. 당시 백성들의 일상 생활을 어느 정도 보여 주고 있다고 볼 수 있지요. 더구나 의종 때에는 도둑들이 떼를 지어 왕이 살고 있는 궁궐까지 습격했다는 기록이 남아 있습니다.

농민들은 쿠데타가 일어나자 환영했습니다. 자신들의 처지와는 하늘과 땅 차이지만, 그래도 설움을 당하던 무신들이니 백성들의 처지를 어느 정도 알아 주지 않겠느냐는 생각이었지요.

병사들은 말할 것도 없었습니다. 자신들의 상관이 허구헌날 당하는 모습만을 보아 왔는데, 이제 권력을 잡았으니 우리 세상이라고 생각했지요.

호족들은 어땠을까요? 무신의 쿠데타가 일어났을 때, 무신을 업신여기던 대부분의 문신들은 목숨을 바쳐야 했습니다. 호족들은 대부분 문신이었으니, 살아남은 호족이라 해도 가시방석이었겠지요.

천민들도 쿠데타를 환영했습니다. 권좌에 앉는 자가 바뀐다 해도 자신들에게 나아질 것이라곤 아무것도 없다고 생각하면서도, 무신들 사이에 몇 차례 자리가 바뀌면서 때로는 이의민처럼 천민 출신도 권력의 자리에 앉는 것을 보았으니까요.

정답은 ㉮ 번입니다.

129

39

고려 무신 집권 때 이의민의 몰락을 가져온 동물이 있었습니다. 어떤 동물이었을까요?

가 까마귀

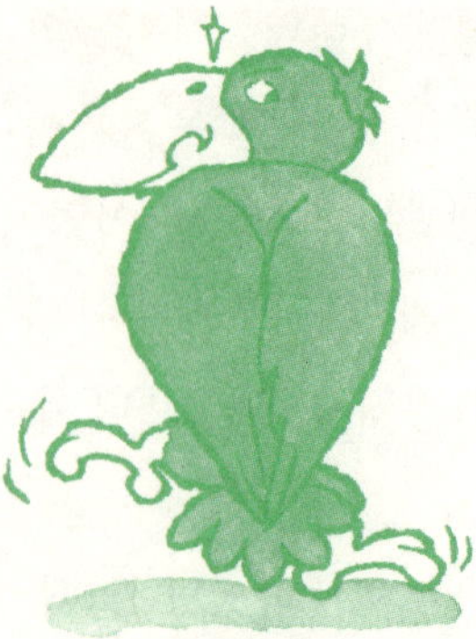

나 돼지

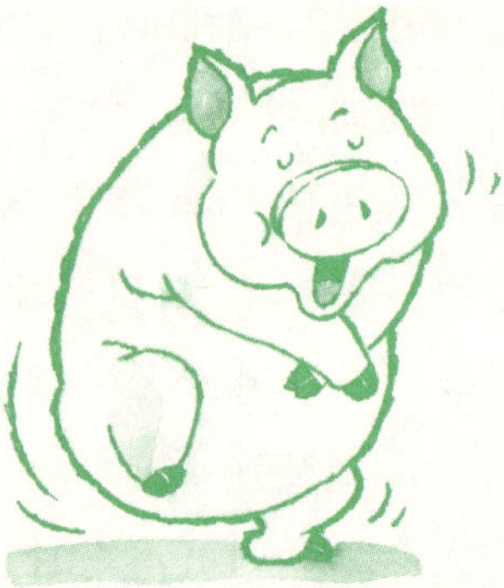

다 두꺼비

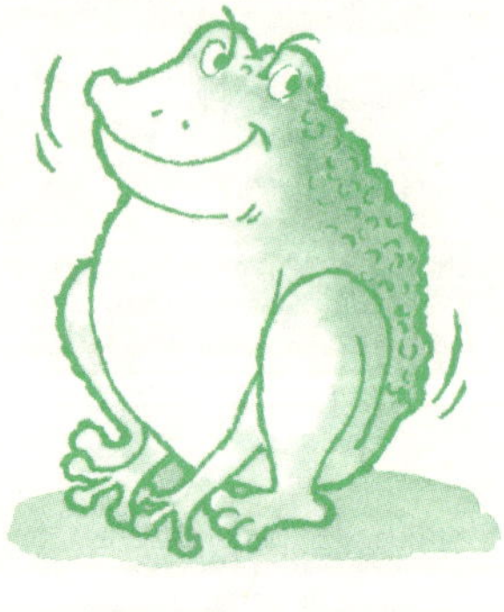

라 비둘기

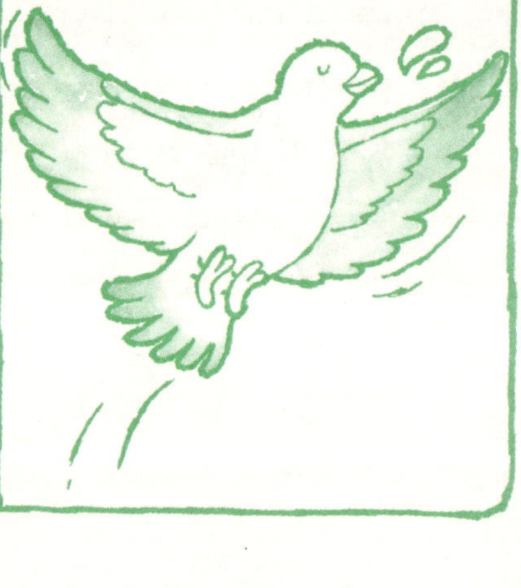

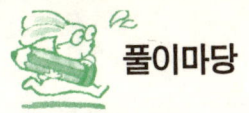

풀이마당

무신 쿠데타의 문을 연 주역들은 정중부, 이의방, 이고 등이었습니다. 쿠데타가 일어난 것은 잘 알다시피 고려의 문신 우대 때문이었습니다. 무신들은 어려운 일을 도맡아 하면서도 언제나 냉대를 받았고, 손에 쥐어지는 것도 하나 없었습니다.

역대 왕들 때에도 상황이 모두 비슷했을 텐데 왜 하필 의종 때 쿠데타가 일어났을까요?

다른 왕 때에도 무신들은 대접을 별로 받지 못했습니다. 그래서 크고 작은 쿠데타 음모들이 있었지요. 하지만, 그들은 성공시키지 못했습니다. 성공시키기에는 아직 세력이 크지 못했기 때문이지요. 더구나 고려는 건국 초부터 거란, 여진 등과 싸움을 하느라 문신이나 무신이 권력 싸움에 몰두할 수 없었답니다.

그런데 의종이란 왕은 워낙 오랫동안 용상에 앉아 있으면서 문신들과 어울려 방탕한 생활에만 몰두했습니다. 왕실의 이런 생활은 바로 일반 백성, 즉 농민과 병사들의 고통으로 이어졌습니다. 그리고 뒤치다꺼리를 맡아 놓고 하는 무신들 역시 형편이 그리 좋을 리 없었지요. 그렇게 쌓여 온 불만이 쿠데타로 이어졌던 것입니다. 의종은 쫓겨나 거제도로 귀양 가고, 동생인 호가 고려 제19대 왕인 명종으로 왕위를 이었습니다. 그러나 왕은 무신 집권 100년 동안 허수아비에 불과했습니다.

그런데 인간의 욕심은 끝이 없나 봅니다. 일단 권력을 잡자 또 다른 욕심이 고개를 쳐들었던 것이지요. '역시 힘이 있으니 좋군. 이참에 다른 놈을 없애고 내가 다 차지해 버려?'

이고가 맨 먼저 욕심의 칼을 뽑았습니다. 그러나 이고는 '밤 말을 들은 새의 고자질' 때문에 이의방에게 목이 달아나고 말았습니다. 그 다음 이의방은 정중부의 아들에게 목숨을 잃었습니다.

그 사이 지방에서는 천민들의 난이 일어나고, 점차 무신들의 지배에 반대하는 기운이 높아 갔습니다. 이 과정에서 정중부의 목이 달아났습니다. 그 뒤, 잠시 청년 장군 경대승이 나라를 호령하다가 병에 걸려 죽자, 정중부의 부하였던 이의민이 권력을 쥐게 되었습니다. 이의민은 천민 출신으로 경주에 귀양 가 있던 의종을 연못에 빠뜨려 죽인 자입니다.

그런데 이의민도 어떤 동물 때문에 몰락의 길을 걷게 되지요. 바로 비둘기였답니다. 왕도 어쩌지 못하는 이의민이다 보니, 이의민의 형제들이나 심지어 하인들까지도 눈에 보이는 게 없었지요.

이의민이 고려 조정을 호령하던 시절, 최충헌 형제도 무인으로서 높은 벼슬을 하고 있었습니다.

하루는 최충헌의 동생 최충수의 집 문 앞에서 놀던 비둘기를 이의민의 동생집 하인들이 훔쳐 갔습니다. 최충수는 당장 쫓아가 호령을 했지요. 그러나 볼기만 맞고 돌아와야 했습니다. 최충헌 형제는 이를 갈았지요. 그런 일이 있고 난 뒤, 기회를 엿보던 최충헌 형제는 이의민이 부하 몇을 거느리고 별장에서 놀고 있다는 소식을 듣고, 당장 부하들을 데리고 가서 이의민을 죽여 버렸답니다. 이의민의 머리는 최충수가 탄 말 꼬리에 매달려 개경 바닥을 훑어야 했습니다.

물론 비둘기 때문에 이의민이 몰락했다고 할 수는 없습니다. 아무리 칼로 호령하는 세상이라지만, 이의민이 올바른 정치를 폈다면 상황은 달라졌겠지요?

정답은 ㉣ 번입니다.

132

무신 집권기에 백성들이 일으킨 봉기 가운데 특히 '만적의 난' 은 유명합니다. 거사에 실패한 만적과 그의 동지들은 어떻게 되었을까요?

가 참수형을 당했다.

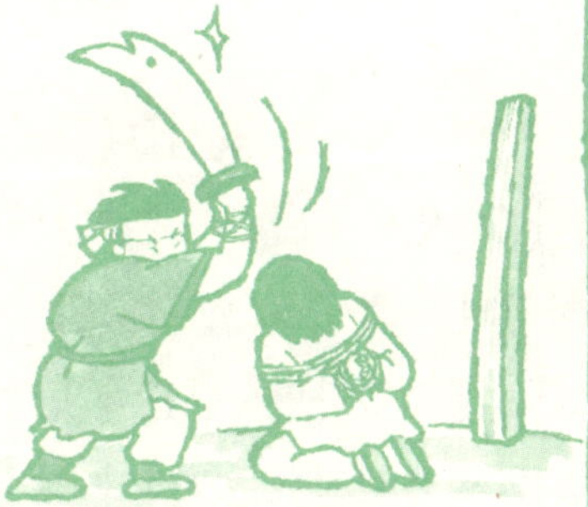

나 사형 뒤 들판에 버려졌다.

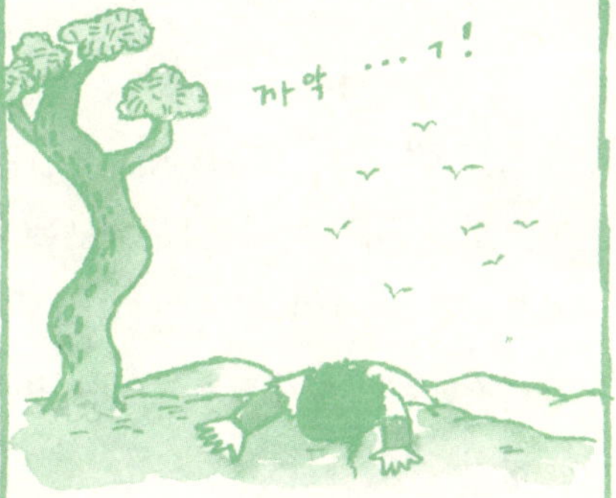

까악 … ㄱ!

다 수장되었다.

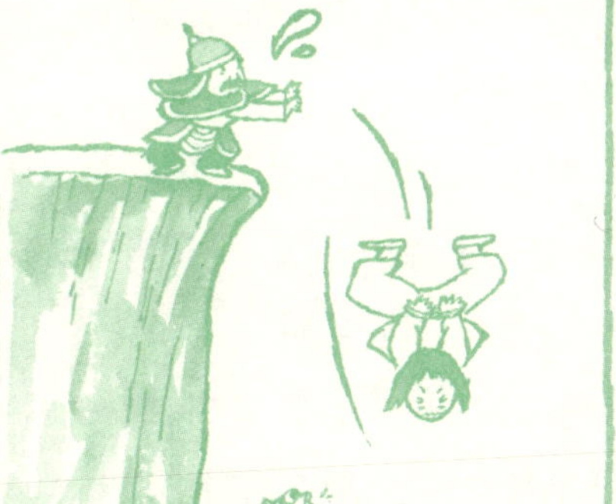

라 사약을 받았다.

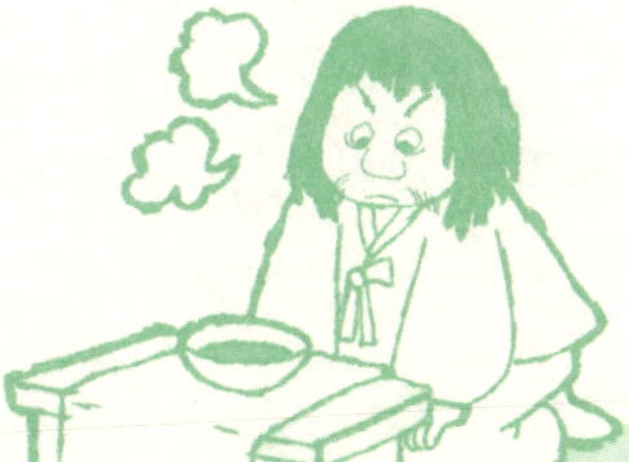

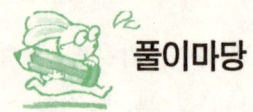

고려의 정치가 얼마나 썩어 있었는지는 '만적의 난'으로도 알 수 있습니다. 만적은 당시 고려 천하를 좌지우지하던 최충헌 집 하인이었으니까요. 최충헌의 하인이라면 그런대로 힘깨나 쓰고 어깨에 힘을 주고 다닐 수 있는 위치에 있었습니다. 그런데 만적은 자신과 처지가 똑같은 천민들을 끌어 모아 거사를 계획했습니다.

여기서 '거사'라고 한 것은 단순히 개인적인 욕심 때문에 난을 일으킨 것이 아니라는 것입니다. 천민의 고통을 혼자만의 고통으로 받아들이지 않고, 모든 천민의 고통으로 생각했던 것이지요. 만약 자기 혼자만의 고통으로 생각했다면, 수단과 방법을 가리지 않고 출세할 수 있는 방법을 택했겠지요. 그러나 만적은 그렇지 않았습니다.

또한 아무 준비도 없이 어느 순간의 감정만으로 일어선 것이 아니기 때문입니다. 난에 참가할 사람들에게 표를 나누어 주는 등 만적은 치밀하게 준비했습니다. 그리고 특정 벼슬아치를 공격 대상으로 삼지 않고, 당시 최고 권력자인 최충헌과 노비들의 소유자인 관료들을 없애려고 했다는 점입니다.

마지막으로 '왕후장상의 씨가 따로 없다.'는 말로 미루어 보아 권력을 잡아 새로운 정치를 펴 보려고 했는지도 모릅니다.

역사에 남아 있는 기록을 보면 다음과 같습니다.

어느 날 산에서 나무를 하던 만적은 동지들과 함께 그 곳에 온 노비들을 모아 놓고 자신의 포부를 이야기했습니다.

"지금 벼슬을 하고 있는 사람들을 보아라. 호족 출신만 있더

냐? 우리처럼 천한 출신도 많지 않느냐? 결국 귀한 종자, 천한 종자가 따로 있지 않다. 때가 되면 누구나 할 수 있다."

"우리들이 일을 일으키면 궁궐 내시들과 관노비들도 호응할 것이다. 주인들을 모두 없애고 노비 호적을 불사르자! 그럼 이 땅에서 천한 자는 모두 사라진다. 우리도 왕후장상을 할 수 있다."

그 곳에 모여 있던 사람들은 아무 말이 없었습니다. 하지만, 모두들 만적의 말이 옳다는 것을 알고 있었습니다. 눈들이 반짝이고 있었습니다. 만적은 마지막으로 비밀을 지키라는 당부도 잊지 않았습니다.

그러나 만적의 거사는 실패로 끝났습니다. 함께 거사하기로 했던 노비 가운데 순정이라는 자가 자신의 주인에게 거사 계획을 폭로했던 것입니다. 겁이 났기 때문인지, 아니면 주인이 그렇게 모질지 않았기 때문인지는 모르지만, 여하튼 그가 입을 여는 바람에 거사의 꽃은 막 피려다 뿌리째 뽑히고 말았습니다.

만적을 비롯해서 붙잡힌 100여 명은 물 속에 자신들의 꿈을 묻었습니다. 수장당한 것이지요. 기록에 따르면 만적 등은 두 차례 만났습니다. 처음에 모인 사람이 몇백 명에 지나지 않아 거사를 미루었습니다. 그러나 잡힌 사람은 100여 명에 불과했습니다.

역사책에는 문제가 커질까 봐 주모자들만 잡아들이고 나머지는 문제 삼지 않았다고 하는데, 다른 한편 만적 등이 많은 동지들의 이름을 끝까지 대지 않았던 것은 아닐까요?

순정은 동지들의 죽음을 대가로 백금 80냥을 상금으로 받고, 노비에서 풀려나 양인이 되었다고 합니다.

정답은 ④번입니다.

135

고려의 불교는 정신을 통일하는 역할을 했습니다. 몽고가 침략했을 때에는 팔만 대장경까지 만들었지요. 이 팔만 대장경은 모두 몇 장이었을까요?

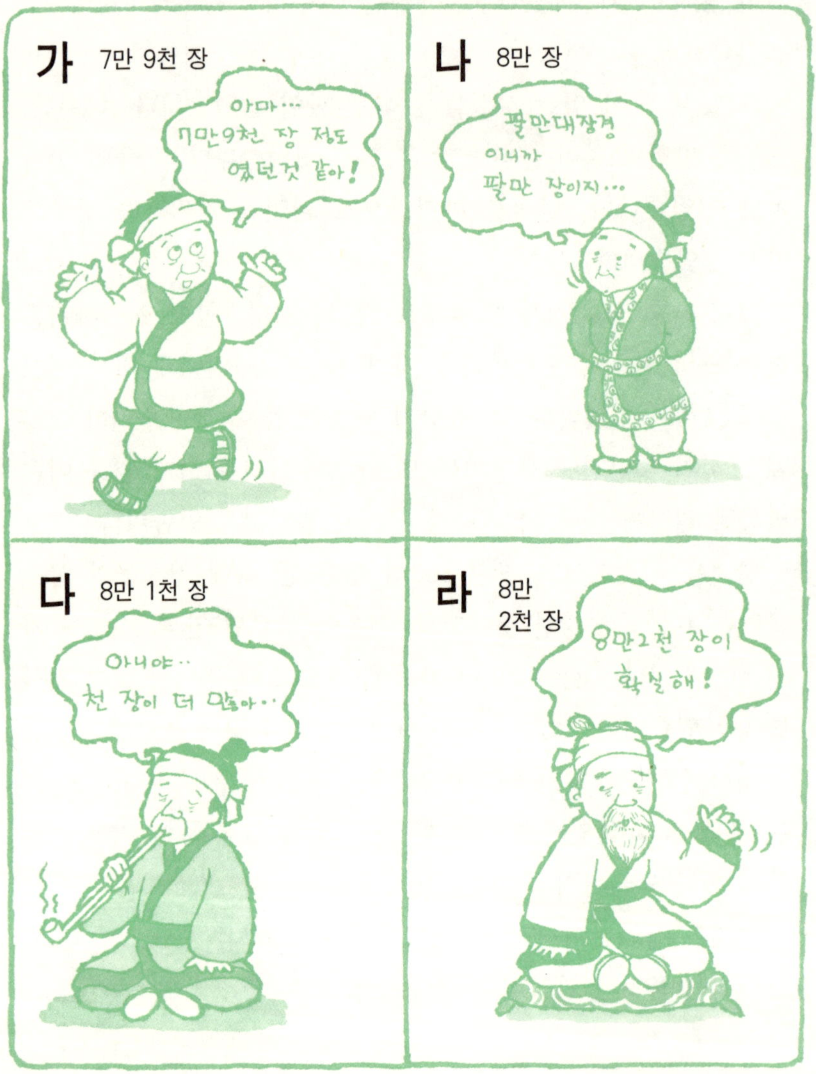

가 7만 9천 장

아마…
7만 9천 장 정도
였던것 같아!

나 8만 장

팔만대장경
이니까
팔만 장이지…

다 8만 1천 장

아니야…
천 장이 더 많아..

라 8만 2천 장

8만 2천 장이
확실해!

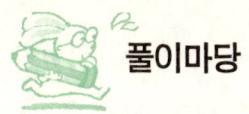
풀이마당

고려 시대의 불교는 호국 불교였습니다. 초기에는 고려 왕조의 정신적 기둥으로서 백성들을 하나로 묶는 역할을 했습니다. 더구나 윤관 때에는 승려들이 항마군이란 이름으로 거란을 무찌르기도 했습니다.

그런데 물이 고여 있으면 썩는다고 하지요? 고려 시대의 불교가 그랬습니다. 왕실은 달이 가기 바쁘게 절을 짓겠다며 농민, 목수, 석공 등을 공사장으로 내몰았으며, 귀족들은 가문의 발전과 개인의 행복을 위해 절 문을 뻔질나게 드나들었습니다. 한술 더 떠 아예 개인 절을 짓는 귀족들도 많았습니다. 그리고 절 창고에는 돈과 곡식들이 가득 쌓여만 갔습니다. 먹고 또 먹고, 쓰고 또 쓰고 해도 재물이 줄기는커녕 늘기만 했지요. 시간이 흐르면서 절은 하나둘씩 타락의 길을 걸었습니다.

절 창고에 쌓이는 재물들은 도대체 어디에서 나온 것일까요? 바로 농민들이 세금으로 조정과 귀족들에게 바친 것, 그리고 아무 보수 없이 노력 봉사한 것에서 나온 것입니다. 먹을 것 못 먹고 입을 것 입지 못하며 바친 혈세이지요.

승려들이 아무런 일도 하지 않고 빈둥거리는데도, 왕실과 귀족들이 하늘처럼 떠받들다 보니 기고만장할 수밖에요. 그들은 남아도는 재물로 무엇을 했을까요?

마냥 쌓아 놓는다고 해서 더 늘어날 리는 없지요. 서생원들한테나 좋을 일을 시킬 뿐이지요. 그들은 은행을 생각해 냈습니다. 무슨 은행이냐고요? 은행은 돈을 빌려 주고 원금과 이자를 더해서 받는 곳이지요. 바로 고려 시대의 절들도 그렇게 했습니다.

창고에 그득 쌓인 곡식을 백성들에게 빌려 주고 이자를 받았지요. 그렇다면 좋은 거 아니냐고요? 글쎄요, 이자가 웬만하면 좋았겠지요. 그러나 이자가 터무니없었습니다.

고려 시대에도 법정 이자가 있었던 모양입니다. 법정 이자란 법률로 정한 이자를 말합니다. 이자로 그 이상은 받지 말라는 것이지요. 그래서 빌려 준 것의 3분의 1을 이자로 받았답니다. 그러니까 여러분이 봄에 쌀 아홉 말을 빌렸다면, 가을에 쌀 아홉 말에다가 세 말을 보태서 줘야 하는 것이지요. 오늘날로 치면 연 33퍼센트의 이자이니 엄청나지요. 그런데 절은 그것보다 더 받았답니다. 이자가 원금과 같으면 더 이상 받아서는 안 된다는 기록이 남아 있는 것으로 보아 당시의 절 고리대는 매우 큰 문제였던 것 같습니다.

역사책인 〈고려사〉에는 당시 승려들의 부패상을 전하는 구절이 많습니다.

'어깨에 걸치는 가사는 술 항아리 덮개로 변했고, 경을 읽는 곳은 채소밭으로 변했다. 장사치처럼 팔기에 여념이 없고, 술 먹고 노래하여 절을 더럽힌다. 절을 짓는다는 구실로 사람들을 끌어모으고, 노래를 부르고, 마을을 휘젓고 다니면서 백성들과 싸움질까지 일삼는다.'

당연히 절과 승려 그리고 불교에 대한 백성들의 원성은 높아져 갔습니다.

그런 와중에 몽고가 우리 나라를 침략했습니다. 허구헌날 고리대로 백성들을 괴롭히던 승려들이 무엇을 할 수 있었겠습니까? 그 때서야 정신이 번쩍 들었겠지요. 물론 승려들이 다 그랬던 것은 아닙니다. 일부는 몽고의 침략에 맞서 싸웠고, 또 일부는 불교의 도를 닦는 데 열심인 승려도 있었습니다.

팔만 대장경은 그런 일부의 승려와 뒤늦게서야 잘못을 깨달은 승려들이 부처의 힘으로 몽고의 침략을 막아 내자고 만들어 낸 것이랍니다.

제작 기간은 16년이 걸렸습니다. 1236년에 시작해서 1251년에 완성되었으니까요. 팔만 대장경은 총 6082권, 81137장, 5225만 2228자로 이루어져 있습니다.

이 팔만 대장경을 만들 때에는 한 글자씩 새길 때마다 절을 한 번씩 했다고 합니다. 그래서 그런지 틀린 글자는 전체를 통털어 한 자밖에 없지요. 원래는 강화도에 있었는데 조선 초에 해인사로 옮겼습니다. 국보 제32호이지요.

정답은 🔴 번입니다.

42 고려의 민중은 28년 동안 몽고의 침략에 맞섰습니다. 그런데 땅굴을 파던 몽고군이 비명을 지르며 도망치는 경우가 많았습니다. 왜 그랬을까요?

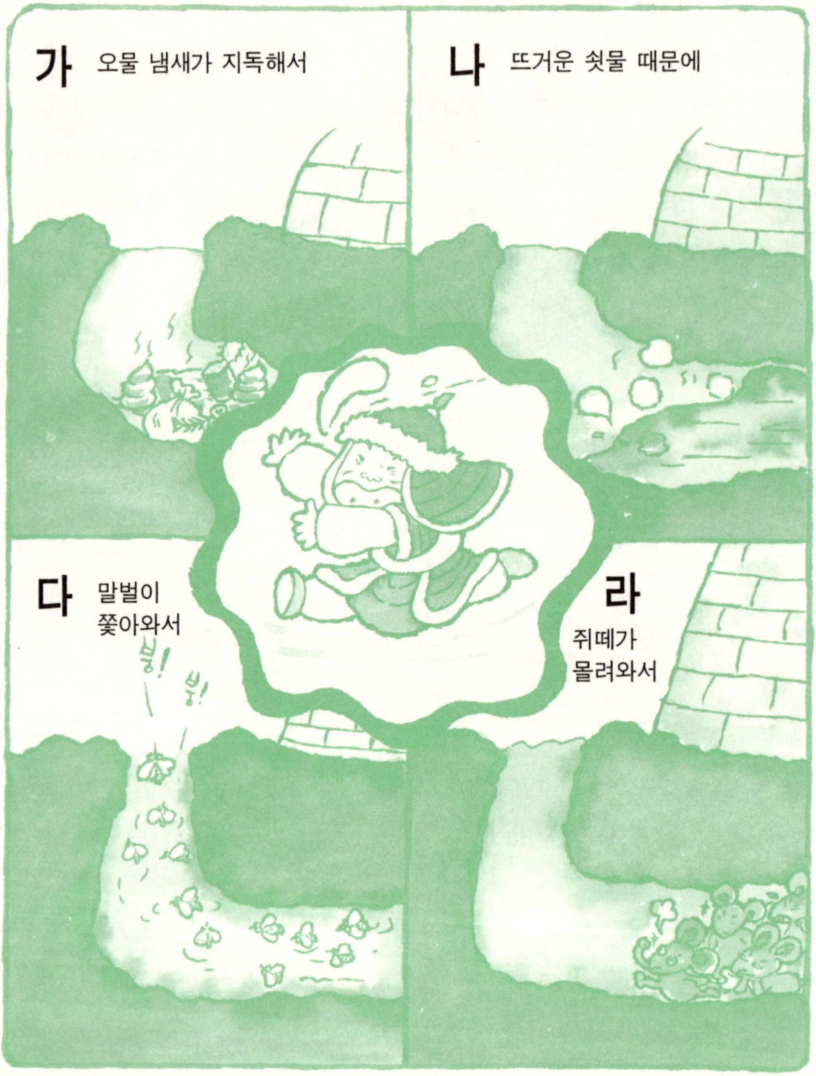

가 오물 냄새가 지독해서

나 뜨거운 쇳물 때문에

다 말벌이 쫓아와서
붕! 붕!

라 쥐떼가 몰려와서

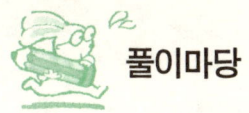 **풀이마당**

칭기즈 칸이 세운 몽고는 역사상 그 유례를 찾아볼 수 없는 대제국이었습니다. 중앙 아시아에서 시작하여 유럽까지 세력을 뻗쳤으니 어마어마했지요.

1231년, 몽고의 군대가 고려를 침략했습니다. 그리고 1258년, 고려의 무신 정권이 막을 내리면서 몽고의 침략도 끝이 났습니다.

고려를 침략하기 전 몽고군은 여러 지역에서 전쟁을 경험했습니다. 연전연승이니 사기는 하늘을 찌를 듯했고, 군사들도 잘 단련이 되어 있었겠지요. 반대로 고려의 군사는 군사력은 물론이고 사기도 말이 아니었습니다. 지배층이 권력 싸움과 사치와 향락에 빠져 군사 문제에는 전혀 신경을 쓰지 않았기 때문입니다.

몽고군은 거칠 것 없이 나라 안을 휘젓고 다녔습니다. 당연히 28년 동안 고려의 백성들은 말로 다 할 수 없는 고통의 세월을 보내야 했시요. 몽고군은 열 살 이상의 남자를 닥치는 대로 죽였고, 여자는 욕보였으며 문화재는 불태워 버렸습니다. 또, 몽고로 끌고 가기도 했습니다. 5차 침입 때 남녀 합해서 약 20만 명이 끌려갔다고 하니, 당시 백성들이 얼마나 큰 고통을 겪었는지 알 수 있지요.

그런데 그 때 지배층은 무엇을 했냐고요?

왕을 비롯하여 당시 집권자였던 무신들은 고려 최정예 부대를 이끌고 강화도로 피난을 갔습니다. 백성이야 어떻게 되든 자신들의 목숨만 지키면 된다는 생각이었지요.

하지만, 고려의 백성이 누구입니까? 한때는 만주를 호령하던 고구려, 발해의 후손이고 만주 강대국과의 전쟁에서 승리했던 주연들이 아닌가요? 그렇게 쉽게 당하지는 않았다는 이야기이지요.

몽고군이 온 나라를 휘젓고 다닐 때, 가장 용감하게 떨쳐 일어선 사람들은 바로 노비와 농민들이었습니다. 내 땅과 내 가족을 지키기 위해 스스로 일어선 것이었습니다.

노비군과 농민군이 승리한 이유는 한 가지였습니다. 오직 죽기를 각오하고 싸운 것이었지요. 죽기를 각오하고 싸우는 데에는 아무리 몽고군이라도 당할 수 없었지요.

역사 기록을 훑어보면 농민, 관노비, 노예들은 몽고와 싸워 큰 승리를 여러 번 거두었습니다. 간혹 승려도 끼여 있었지요. 특히 김윤후라는 승려는 노비군과 함께 몽고의 적장 살리타이를 죽여 크게 승리하기도 했습니다.

숫자상으로 많은 몽고군은 주로 성을 에워싸고, 온갖 방법을 동원하여 공격했습니다. 성으로 시커멓게 활을 쏘고 불도 날리고 큰 돌도 쏘아 올렸습니다. 그러고 나서 성 쪽으로 병사들이 우르르 몰려갔지요. 하지만, 성벽으로 기세 좋게 다가갔던 병사들은 기겁을 하며 달아났습니다. 성벽 위에서 쇳물이 떨어졌기 때문이지요.

땅굴을 팠던 몽고군이 도망친 것은 말벌 때문이 아닐 거예요. 예전의 전쟁은 주로 겨울에 치렀으니까요. 그리고 전쟁터에 나간 병사가 오물 냄새 때문에 도망친다면 당장 목이 달아나겠지요. 또한 몽고군이 쥐를 무서워했다는 말은 들어 본 적이 없지요. 바로 쇳물 때문이었습니다.

몽고군은 상대편의 저항이 완강하면 흔히 성벽 밑으로 땅굴을 팠습니다. 고려군은 이 때에도 쇳물을 부어 땅굴로 들어오는 적을 물리쳤답니다.

정답은 ④번입니다.

142

몽고와의 전쟁이 끝난 뒤, 고려의 상황으로 맞지 않는 것은 어떤 것일까요?

가 몽고의 지배 시작	나 백성들에 대한 수탈 증가
다 무신들의 약화	라 왕권의 강화

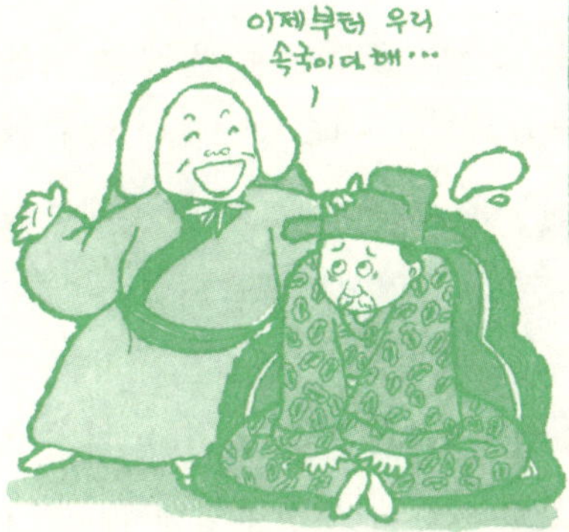

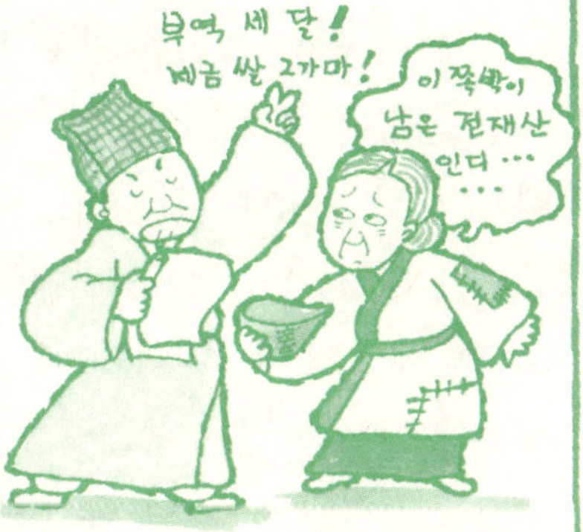

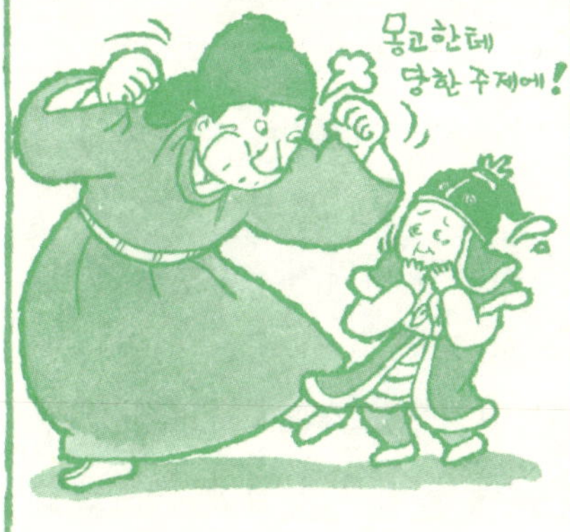

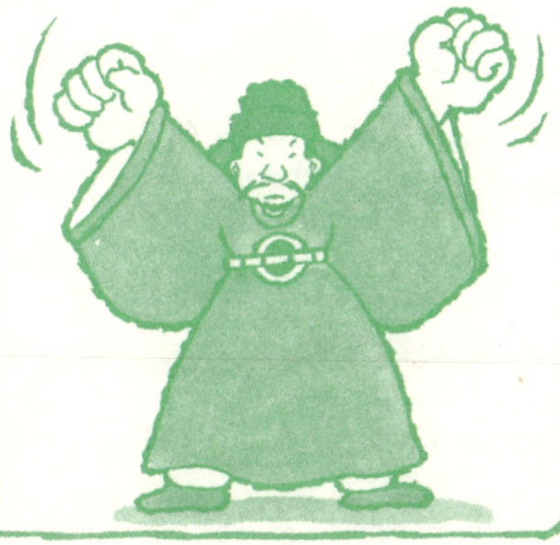

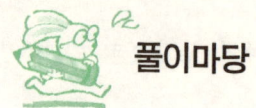

풀이마당

몽고와 기나긴 전쟁을 치르는 동안 고려의 지배 계층은 무신들이었습니다. 무신들은 적극적으로 몽고의 침략에 맞서 싸우지는 못했지만, 끝내 몽고에게 굽히려고 하지 않았습니다. 고개를 숙이면 무신 정권이 끝나리라고 생각했기 때문이지요.

그러나 이제 무신 정권은 그 막을 내려야 할 시기가 왔습니다.

고종이 죽자, 즉위한 원종이 몽고군의 도움으로 원래의 도읍지인 개경에 자리를 잡았기 때문입니다. 당연히 지배 세력에 변화가 생길 수밖에 없었지요. 무신들은 여전히 고려의 지배층임에는 분명했지만, 예전의 위세는 완전히 잃어버렸습니다.

그런데 마지막까지 몽고에 항전한 세력이 있었지요. 바로 삼별초랍니다. 그러나 몽고군을 꺾고 개경으로 돌아가야 한다고 주장했던 삼별초도 1년 뒤 고려군과 몽고의 연합군에게 패해 자취를 감추고 맙니다.

왕은 어땠을까요? 무신이 권력을 잃고 다시 왕이 정권을 잡았으니 큰 권력을 행사할 수 있다고 생각할 수도 있습니다. 하지만, 왕도 그다지 권력이 없었습니다. 왕권을 찾는 데 후원을 했던 몽고 —1271년부터 원나라로 이름을 바꾸었다— 가 뒤에서 버티고 있었기 때문이지요.

원나라는 고려를 독립국이 아니라 자기 나라의 속국, 즉 식민지로 생각했습니다. 그들의 시각으로 보면 고려 왕은 식민지를 통치하는 총독 정도라고 생각할 수 있지요. 그래서 고려의 태자는 왕위에 오르기 전에 몽고에서 교육을 받으며 성장해야 했습니다. 또, 고려의 왕은 결혼도 몽고의 공주와 해야 했습니다. 몽고 공주와 결혼할 정도면 그래도 대접을 잘 받는 게 아니냐고 생각할 수 있습니다. 그러나 몽고의 황제라면, 왕자는 물론이고 공주도 아주 많습니다. 그 많고 많은 공주 가운데 하나이니 그리 대단할 것도 없지요. 그래도 이 정도라도 대접을 받을 수 있었던 것은 고려 왕실이 내팽개쳤던 백성들 덕입니다. 백성들은 몽고군과 싸우는 동안 몽고 지배층에게 고려라는 나라가 그리 호락호락하지 않다는 것을 보여 주었으니까요.

　백성들의 생활은 어땠을까요? 전쟁 때보다는 낫지 않았겠냐고요? 글쎄요, 당장 목에 칼이 들어오지 않는다는 게 낫다면 나은 것이겠지요. 그러나 죽음보다도 더한 고통이 계속 이어졌습니다. 28년 동안 전쟁을 치르느라 농사를 제대로 짓지 못했기 때문에 먹을 것이 없었답니다. 또한 폐허가 된 마을을 다시 지어야 했습니다. 부서진 성을 고치는 것도 백성들의 몫이었습니다. 고갈된 왕실의 창고를 채우는 것도 백성들의 몫이었지요.

정답은 ㉣ 번입니다.

145

원나라 지배 시기의 고려 백성들은 이중삼중의 고통을 당해야 했습니다. 특히 원나라는 고려의 처녀를 요구했습니다. 이 때부터 여러 가지 풍습이 생겼는데, 다음 중 아닌 것은 어떤 것일까요?

가 일찍 결혼하는 풍습이 유행했다.

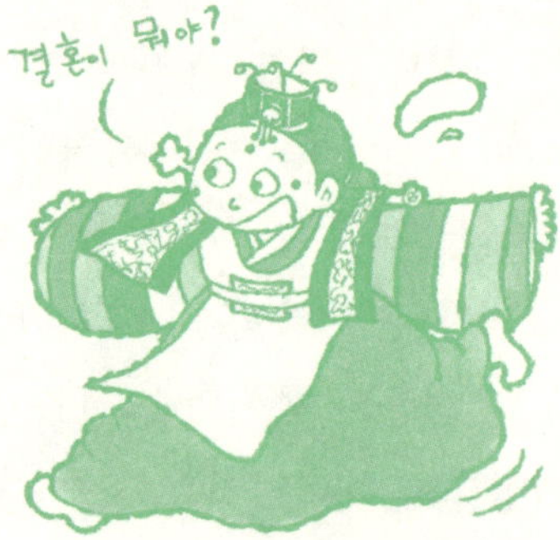

결혼이 뭐야?

나 일부다처제가 유행했다.

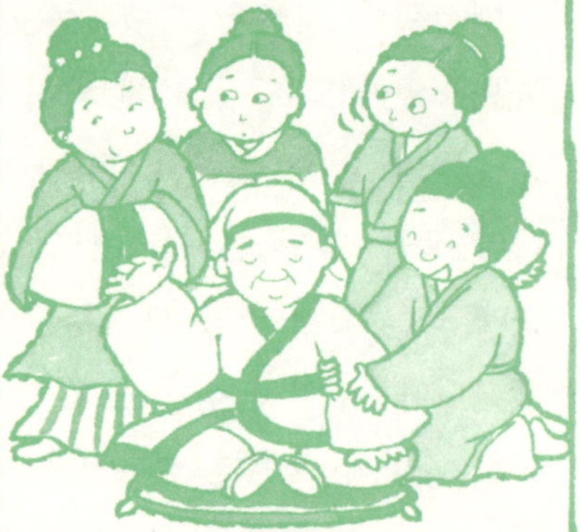

다 남장이 유행하였다.

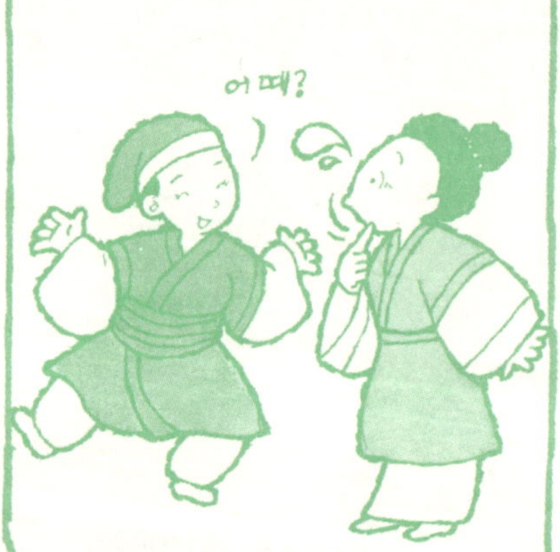

어때?
응

라 자살이 갑자기 늘어났다.

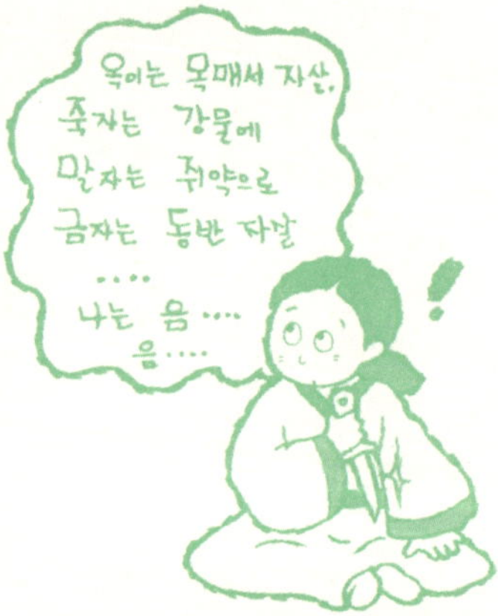

죽어는 목매서 자살.
죽자는 강물에
맏자는 쥐약으로
금자는 동반 자살
....
나는 음....
음....

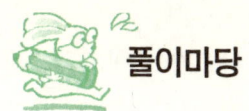

풀이마당

원나라는 고려를 지배하기 시작하면서 엄청난 조공을 요구했습니다. 조공이란, 지배를 받거나 힘이 약한 나라가 특산물 등을 지배하는 나라에 바치는 것을 말하지요. 고려는 금, 은, 비단, 인삼 등을 바쳐야 했습니다. 뿐만 아니라 공녀도 바쳐야 했습니다.

원나라는 고려에서 바친 공녀 가운데 일부는 자기 나라로 끌고 가 후궁으로 삼거나 궁에서 일을 시켰으며, 일부는 귀족에게 노비로 주었습니다. 또한 일부는 고려에 주둔하고 있던 몽고 군대에게 주었습니다.

정성껏 길러 온 딸을 하루 아침에 빼앗기게 되었으니, 백성들은 걱정이 태산 같았습니다.

"댁의 딸이 여덟 살이라면서요? 아직 혼인을 하기에는 너무 어리지만 마땅한 자리를 알아 봐 드릴까요? 요즘 옆동네에서도 혼인시키느라 난리가 아니에요."

여덟 살에 결혼이라니요? 그러나 어쩔 수 없었습니다. 나이가 웬만한 처녀면 공녀로 뽑히니, 사람들은 딸의 나이가 어리건 말건 할 수 없이 결혼을 서둘렀답니다. 그러다 보니 조혼 풍습이 유행하게 되었습니다. 일찍 결혼을 시키는 풍습이지요.

"날강도 같은 놈들! 아니, 특산물을 몽땅 빼앗아가는 것도 모자라서 딸을 내놓으라고?"

"그렇게 화만 낼 게 아니라 무슨 수를 써야지요. 따님을 차라리 이 대감댁에 들여보내는 게 어떻겠습니까?"

"아니, 이 대감이라면 부인이 둘이나 되잖아요?"

당시 백성들은 시집을 일찍 보낼 수 있으면 일찍 보내고, 그러지도 못하면 이미 아내가 있는 사람에게 다시 시집을 보내기도 했습니다. 원나라에 공녀로 끌려가는 것보다는 그러는 편이 낫다고 생각했던 것이지요. 그래서 한 남편이 여러 부인을 거느리는 일부다처제가 유행병처럼 번져 갔습니다.

"흑흑흑……. 어쩔 수 없구나, 이 길밖에는. 부디 잘 살아라."

처녀의 머리를 깎아 중으로 만드는 사람도 있었습니다. 결혼을 일찍 시킬 수도 없고 더구나 부인이 있는 사내한테 시집 보낼 수도 없는 사람들은 그렇게 했습니다.

또한 공녀를 뽑으러 오는 관리의 눈을 피하기 위해 남자처럼 꾸민 남장 여자들도 유행했지요.

이런 풍습이 유행하자, 원나라의 지배를 받는 조정에서는 금혼령을 내렸습니다. 일종의 시집 허가제라고 할까요. 처녀가 시집을 가려면 신고를 하고 가야 한다는 것이었습니다. 그래서 신고 없이 시집을 보낸 처녀의 아버지가 벼슬을 빼앗기고 귀양을 가는 경우도 많았습니다.

때로는 끌려가던 도중, 또는 원나라로 끌려가서 스스로 목숨을 끊는 사람들도 있었답니다. 하지만, 자살은 전체적인 현상이 아니라 일부에만 국한되어 있었지요.

정답은 ㉃ 번입니다.

45 공민왕은 고려 시대를 빛낸 왕으로 이름이 높습니다. 다음 중 공민왕이 한 일로 맞지 않는 것은 어떤 것일까요?

가 몽고식 변발을 없앴다.

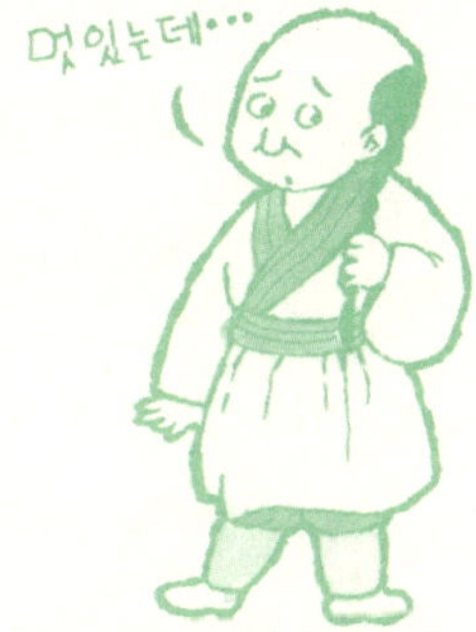

멋있는데…

나 철령 이북 땅을 회복했다.

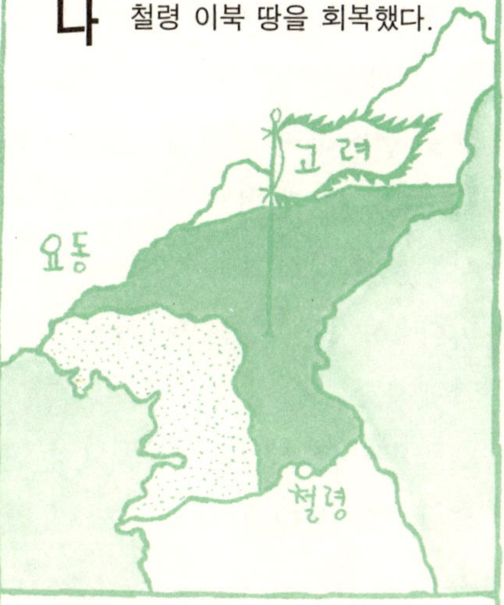

고려
요동
철령

다 요동 땅을 되찾았다.

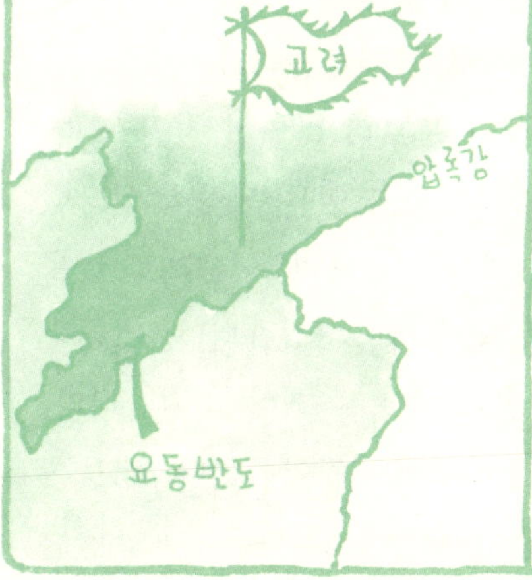

고려
압록강
요동반도

라 친원 세력을 꺾었다.

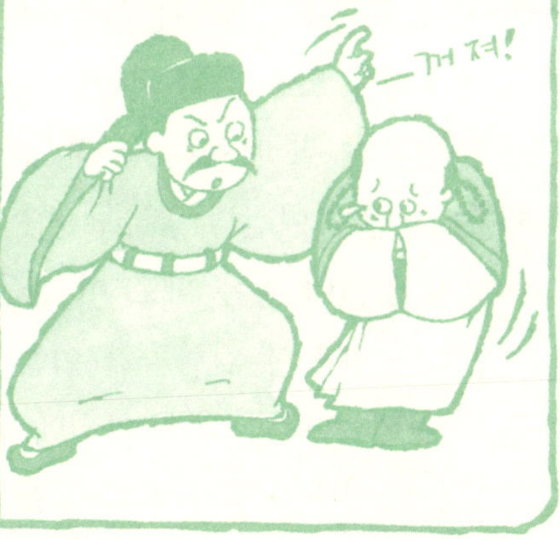

꺼져!
흐으흐

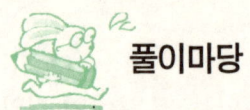

풀이마당

원나라가 고려를 지배하기 시작한 지 거의 80년이 흐르고 있던 때였습니다. 그 동안 충렬왕, 충선왕, 충숙왕, 충혜왕, 충목왕, 충정왕 등 여섯 왕이 왕위에 올랐습니다. 때로는 충선왕처럼 원의 간섭을 없애려고 노력했던 왕도 있었지만 성공하지 못했고, 대개는 이러지도 저러지도 못했습니다. 어떤 왕은 자신의 신세를 한탄하며 방탕한 생활을 하기도 했습니다.

그러나 1351년에 즉위한 공민왕은 달랐습니다. 공민왕도 세자 시절을 원나라에서 보내고, 원나라에서 왕위에 앉힌 사람이었습니다. 하지만, 그는 더 이상 원의 지배를 받아서는 안 된다고 생각했지요.

공민왕은 제일 먼저 몽고식 변발을 없애 버렸습니다. 또한 이름까지도 선대의 왕과는 달리 했습니다. 선대의 왕들은 모두 충자를 넣었습니다. 이것은 원나라에 충성한다는 뜻이지요. 원나라와 한 판 싸움을 벌이려는 마당인데 무엇이 두렵겠습니까? 그런 상황에서 원나라에 충성한다는 이름을 그대로 따른다는 것은 말도 안 되지요. 그러나 이것은 시작에 불과했습니다.

원나라가 오랜 세월 고려를 지배하다 보니 자연히 친원 세력, 즉 원나라에 잘 보여서 한 자리씩 차지하고 있는 세력이 성장했지요. 공민왕 이전의 왕들도 비록 생각은 있었지만, 제대로 뜻을 펼치지 못했던 것은 바로 이 친원 세력 때문이었습니다. 그러나 공민왕은 개혁의 걸림돌인 이들 친원 세력을 꺾어 버렸답니다. 물론 친원 세력이 하루 아침에 없어지지는 않았습니다. 이들은 공민왕이 북벌의 꿈을 이루지 못하고 세상을 뜬 다음, 다시 친원

파로서 모습을 드러낸답니다.

공민왕은 원나라에게 빼앗겼던 철령 이북 땅을 되찾기 위해 쌍성 총관부를 공격했습니다. 이 때, 이성계가 땅을 되찾는 데 큰 공을 세웠지요.

또한 신돈을 기용해 당시 농장주들이 빼앗았던 땅들을 원래 주인에게 되돌려 주게 했습니다. 농장주라면 고려 말 지배층을 형성했던 친원 세력과 권문 세족들을 가리킵니다. 그들은 수단 방법을 가리지 않고 토지를 빼앗아 땅을 늘려 갔지요.

공민왕은 이들 세력을 누르기 위해 그들의 경제적 기반을 무너뜨리려고 했던 것입니다. 더불어 공민왕은 이들 농장에서 일하고 있던 노비 가운데 원래 양인이었던 자들을 풀어 주었습니다.

역사책 가운데에는 공민왕을 도와 개혁 정책을 폈던 신돈을 요승이니, 괴승이니 하며 나쁘게 보기도 하지만, 사실 공민왕이 개혁 정책을 펼 수 있었던 데에는 신돈의 도움이 컸습니다. 그런데 신돈을 왜 그렇게 평가했을까요?

고려의 역사를 기록한 책들은 대부분 조선 시대에 나온 것들입니다. 조선은 고려를 뒤엎고 세워진 왕조입니다. 그러니 고려 역사 가운데 불리한 부분은 조선 왕조에 유리하게 해석했을 것입니다. 이후의 역사책들 역시 대부분 조선 시대에 나온 사료들을 기초로 썼으니, 신돈이 좋게 기록될 리가 없었지요.

공민왕이 개혁 정책을 펼칠 수 있었던 것은 당시 중국 대륙의 정세를 잘 이용했기 때문입니다. 당시 원나라는 중국 대륙을 되찾으려는 한족의 거센 공격을 받아 세력이 약해졌으니, 당연히 고려의 정치에 간섭할 수 있는 처지가 아니었던 것입니다.

정답은 ❹ 번입니다.

46 고려 말, 신흥 무인 세력을 대표했던 이성계는 고려가 명나라를 공격해서는 안 되는 네 가지 이유를 댔습니다. 다음 중 그 이유가 아닌 것은 어떤 것일까요?

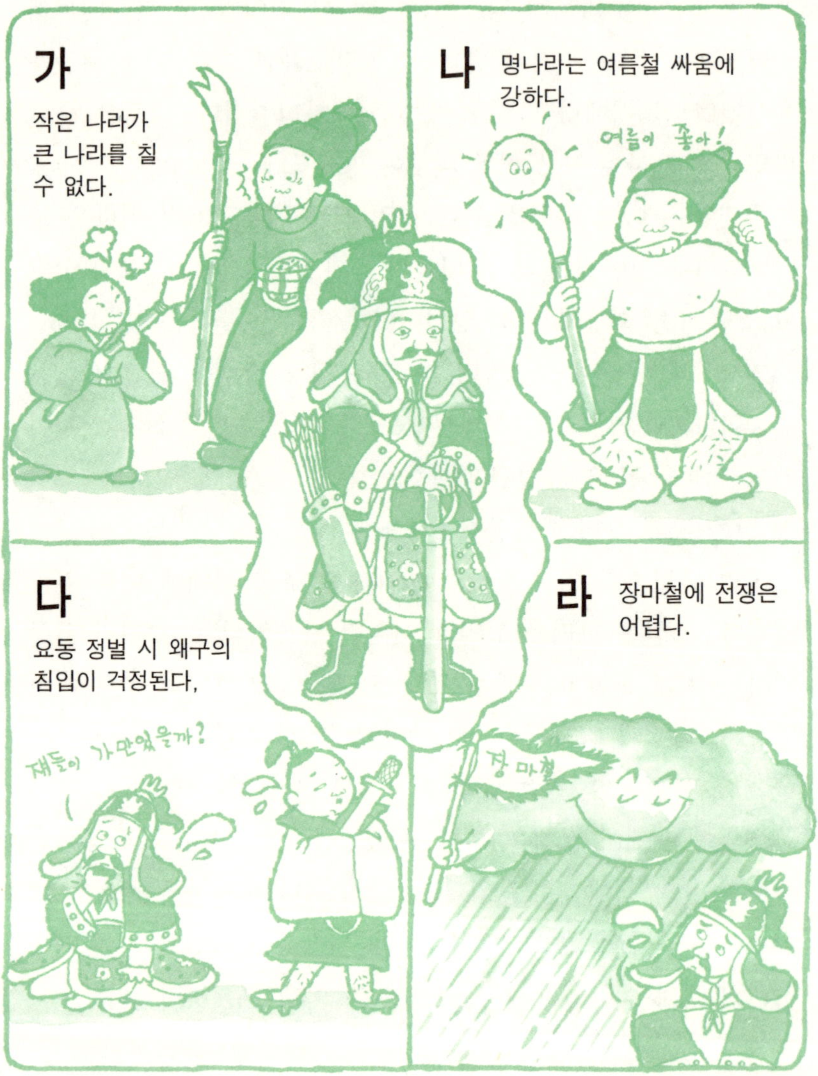

가
작은 나라가 큰 나라를 칠 수 없다.

나 명나라는 여름철 싸움에 강하다.

여름이 좋아!

다
요동 정벌 시 왜구의 침입이 걱정된다.

쟤들이 가만있을까?

라 장마철에 전쟁은 어렵다.

장마철

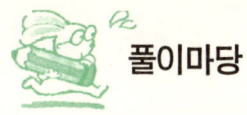 **풀이마당**

여러분은 1388년 5월을 기억하나요? 바로 고려 왕조가 몰락하기 시작한 날이랍니다. 이성계를 중심으로 한 신흥 무인 세력이 고려 왕조에 반기를 들고 위화도에서 군대를 돌린 날이지요. 이를 역사책에서는 '위화도 회군'이라고 한답니다.

고구려가 나당 연합군에게 멸망하고, 발해가 거란에게 나라를 빼앗겼을 때, 여러분은 아쉬움을 느꼈지요? 그리고 이성계가 위화도 회군을 했을 때 다시 한 번 아쉬움을 느꼈을 거예요. 다시 만주의 지배자로 설 수 있었는데 하는 생각 때문에요.

그 해 5월 7일에는 장마비가 억수같이 내렸습니다. 마치 하늘도 고려 왕조의 몰락을 슬퍼하는 듯했지요. 비를 맞으며 이성계는 요동 정벌 군대의 말 머리를 개경으로 돌렸습니다. 역성 혁명의 시작이었지요.

고려가 명나라 정벌을 주장한 데에는 나름의 이유가 있었습니다. 당시 한족이 세운 명나라는 100여 년 동안 고려를 괴롭혔던 원나라를 북쪽 한 구석으로 몰아 내고, 이제 자신들이 고려의 지배자라고 주장했지요. 그리고 원이 지배했던 철령 이북 땅을 자신들이 차지하겠다고 으름장을 놓았답니다.

이런 명나라의 태도를 보는 고려의 조정은 둘로 나뉘었지요.

하나는 이 기회에 명나라를 치자는 의견이었고, 다른 하나는 명나라를 섬기자는 의견이었습니다.

최영은 명나라를 치자는 권문 세족(북벌론 주장파)을 대표하고 있었습니다. 반면, 이성계는 명나라를 섬기자는 신진 사대부와 신흥 무인 세력을 대표하고 있었습니다.

이성계 등의 신흥 세력은 네 가지 이유를 들어 명나라 공격을 반대했습니다.

첫째, 작은 나라가 큰 나라를 칠 수 없다.

둘째, 농사철에 군대를 움직일 수 없다.

셋째, 전쟁을 일으키면 왜구가 침략해 올 수도 있다.

넷째, 장마철에 군대를 일으켜서는 안 된다.

결국 작은 나라는 큰 나라에 패할 수밖에 없고, 농사철에 군대를 움직이면 농사를 망치고, 장마철에는 무기가 녹슬고 전염병이 퍼질 수 있으며, 전쟁을 일으키면 그 틈을 타서 왜구가 침략해 올 가능성이 있기 때문에 전쟁을 반대한다는 것이었습니다.

위와 같은 신흥 세력의 주장에 대해 권문 세족은 이렇게 반박했습니다.

첫째, 명나라는 원나라 때문에 요동에 신경 쓸 여유가 없다.

둘째, 요동은 허술하므로 공격하기에 유리하다.

셋째, 여름에 요동을 차지하여 식량을 마련하면 된다.

넷째, 명나라는 여름철 싸움을 좋아하지 않는다.

결국 역사적인 북벌이 이루어졌습니다. 하지만, 여러분이 잘 알고 있듯이 이성계는 위화도에서 군사를 돌리고, 고려 왕조는 470년, 제34대 공양왕을 끝으로 문을 닫고 말지요. 결국 위화도 회군은 작게는 권문 세족의 몰락과 신흥 세력의 부흥을 의미하며, 크게는 이 후 조선 왕조의 명나라에 대한 정책을 잘 보여 주는 사건이었다고 할 수 있습니다.

정답은 ④번입니다.

154

넷째 마당

봉건 사회에서의 민중 의식 성장

조선 시대

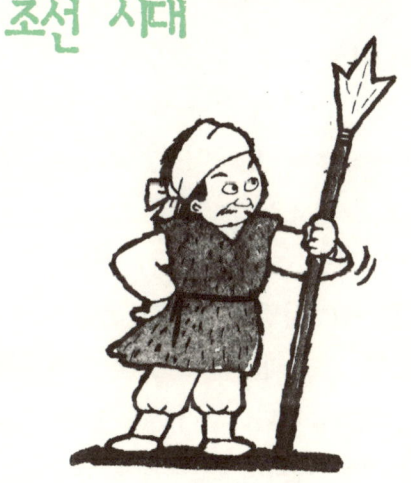

조선 시대

우리는 흔히 조선 시대를 생각하면 당파 싸움을 떠올립니다. 당파 싸움이 나라를 망쳤다고요. 그리고 오늘날에도 '당파 싸움이 나라를 망하게 한다.'는 논리가 우리 마음 속 깊은 곳에 자리잡고 있습니다. 어찌 생각하면 맞는 말인 것 같지만, 이 말 속에는 함정이 있습니다. 일제가 만들어 놓은 함정이지요.

일제의 논리는 이렇습니다.

'너희 민족은 평화로울 때에도 권력 쟁탈전에 골몰하고, 어려울 때에도 당파 싸움에 몰두해 왔다. 그러니 나라가 부강해질 리 있겠는가. 더 나아가 언제나 중국의 나라들을 섬겨 왔다. 스스로 발전하지 못하는 민족이다. 그러니 우리의 지배가 당연하다. 그게 조선 민족의 운명이다.'

그러나 인간의 역사를 돌이켜 보면, 엄밀히 말해서 당쟁의 역사라고 할 수 있습니다. 서양의 역사건 동양의 역사건 당쟁이 끊일 날이 없었습니다. 온건파가 있으면 강경파가 있고, 주전파가 있으면 화해파가 있었습니다. 그러므로 당파 싸움이란 우리 민족에게만 국한된 것은 아니지요. 실제로 그런지는 세계 역사로 확인할 수 있습니다.

또 하나 유교가 우리 생활 구석구석까지 파고 들어온 점도 빼놓을 수 없습니다. 유교는 철저하게 지배층에게 유리한 이념과 사상을 바탕으로 개인의 자유를 극도로 억압했지요. 유교가 지배층의 사상으로 자리잡으면서 가장 큰 피해를 당한 사람은 '삼

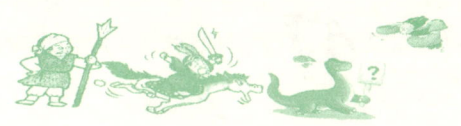

종지도'와 '칠거지악'에 얽매여 있던 여성이었습니다.

여러분은 '전통'이란 말을 귀가 따갑도록 들어 왔을 것입니다. 그런데 이 때에 쓰는 전통이란 대부분 조선 시대를 거치며 민중들의 생활 속까지 파고 들어온 유교에서 나온 것이랍니다. 따지고 보면 겨우 조선 왕조 500년 사이에 자리를 잡은 것이지요. 과연 이것을 우리의 모든 전통으로 받아들일 수 있을까요?

한편으로 조선 시대는 민중들이 스스로 주인임을 자각하고 역사의 주인이 되기 위해 몸부림치던 시기였습니다. 삼국 시대나 신라 시대, 그리고 고려 시대에도 민중은 역사의 주인이 되기 위해 끊임없이 싸움을 했습니다. 그러나 그 시대와 조선 시대는 크게 차이가 납니다.

이전 역사에서는 민중이 스스로 정권을 잡겠다고 일어서지는 못했습니다. 하지만, 조선 말에는 평안도 농민 전쟁·동학 농민 운동 등에서 볼 수 있듯이, 민중이 직접 정권을 잡기 위해 일어섰답니다. 또한 예전의 민란이 소규모이고 비조직적이었던 데 반해 대규모로 조직적인 봉기를 했습니다.

그러나 우리 민족의 살 길을 간파하고 살 길을 찾으려고 했던 동학 농민 운동은 부패한 봉건 왕조와 흡혈귀 같은 외세의 힘 앞에 무너지고 말았습니다. 이 후 외세, 특히 일제가 우리 민족을 식민지로 통치하는 역사가 시작되었습니다.

47 고려를 뒤엎고 왕위에 오른 태조 이성계의 조선 통치 정책으로 맞지 않는 것은 어떤 것일까요?

가 유교를 통치의 기본으로 삼는다.

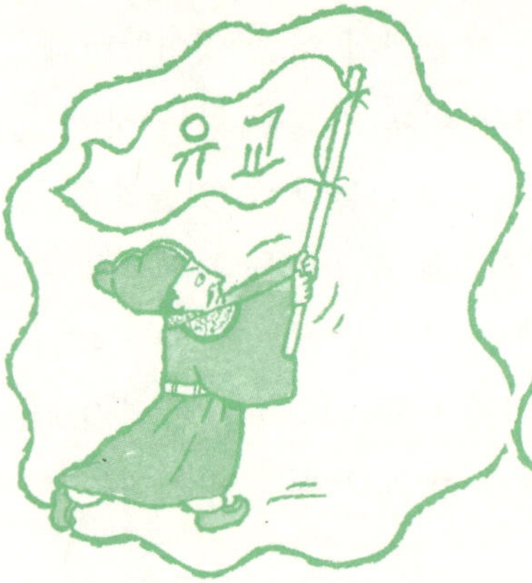

나 명나라와 친하게 지낸다.

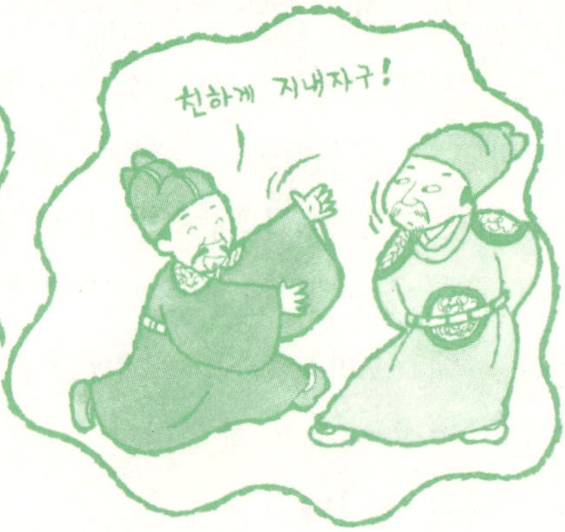

다 백성들의 생활을 안정시키기 위해 농업에 힘쓴다.

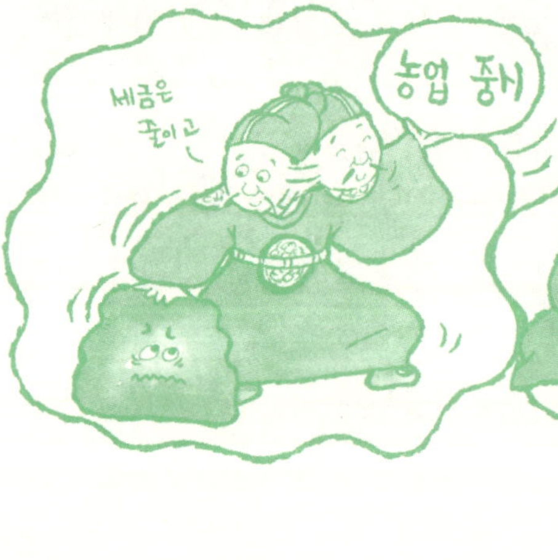

라 왜구와 친하게 지낸다.

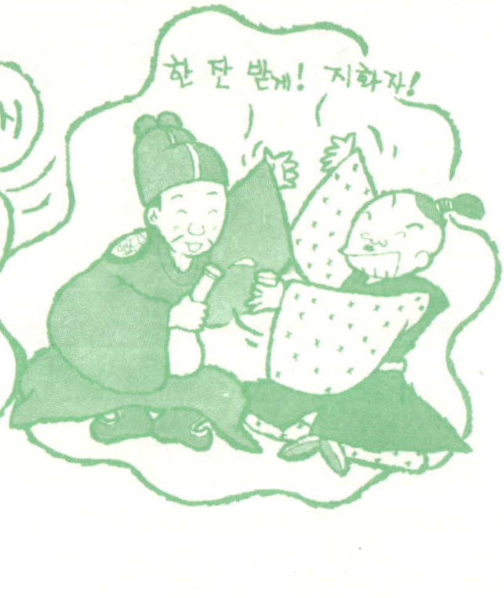

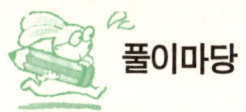

태조 이성계는 왕권을 강화하기 위해 애썼습니다. 따라서 정책도 왕권을 강화하기 위한 것이었지요.

제일 먼저 중국의 새로운 주인인 명나라와 친하게 지내는 정책을 폈습니다. 고려 말, 명나라 정벌의 부당함을 주장할 때에도 드러났듯이, 이성계는 기본적으로 명나라를 큰 나라로 생각했습니다. 그리고 범할 수 없는 세력으로 생각했습니다.

조선이라는 이름을 지을 때에도 이성계는 '조선'과 '화령'이라는 두 가지 이름을 명나라로 보내 결정해 달라고 했습니다. 화령은 이성계의 고향이지요. 명나라는 어떤 이유에서인지 조선이 좋다고 결정했습니다.

당시 명나라는 막강한 힘으로 중국을 지배하는 패자였습니다. 그래서 역성 혁명, 즉 고려 왕조인 왕씨를 쫓아 내고 이씨가 지배하는 쿠데타를 일으킨 이성계와 신진 사대부에게는 명나라의 지지가 필요했습니다.

두 번째로 유교를 통치 이념으로 삼았습니다. 이것은 고려 말의 불교가 극도로 타락했기 때문에 나라를 이끌 힘도, 백성들을 한 데 묶을 힘도 이미 잃어버렸기 때문입니다. 그런데 이보다 더 중요한 것은 유교가 이성계와 신진 사대부의 사상적 기둥이었기 때문입니다. 결국 고려 왕조가 고려를 세우면서 불교의 힘을 빌렸듯이, 조선은 유교 이념을 필요로 했던 것이지요.

마지막으로 농업에 힘을 썼습니다. 나라가 강해지려면 군사력도 중요하지만, 더욱 중요한 것은 산업, 즉 농업의 발전이었습니다. 고려 말기에는 벼슬아치들이 부패하여 절 토지를 강탈하고,

잦은 전쟁을 벌여 농업 생산력이 형편없었습니다.

더구나 많은 백성들이 전쟁과 세금을 피해 유랑자가 되었고, 토지를 잃고 떠돌이가 되었습니다.

새로운 조선 왕조는 왕실에 등을 돌린 백성들을 다시 왕조 편으로 돌려 놓아야 했습니다. 그래서 우선 세금을 줄였습니다. 고려 시대에는 공전을 경작할 경우 수확량의 4분의 1을 냈고, 사전일 경우에는 2분의 1을 주인에게 바쳐야 했습니다. 조선은 이것을 공·사전 모두 10분의 1로 줄였습니다. 백성들의 세금 부담을 줄여 주겠다는 생각이었지요.

그러나 이 제도는 별로 효과를 거두지 못했습니다. 공전은 10분의 1세가 그런대로 지켜졌지만, 사전인 경우에는 원래의 땅 주인에게 계속 2분의 1을 바쳐야 했기 때문입니다. 조선 초뿐만 아니라, 후기까지도 조세는 농민들에게 큰 고통을 주었지요.

물론 조선 왕조의 농업 중시 정책으로 농업 기술은 눈에 띌 정도로 발전했습니다. 많은 농업 연구서가 나왔고, 농사 짓는 방법도 개량되었습니다.

정답은 ㉣ 번입니다.

48 조선 시대에는 네 가지 신분의 사람이 있었습니다. 다음 중 중인이 했던 일이 아닌 것은 어떤 것일까요?

가 지리를 연구했다.

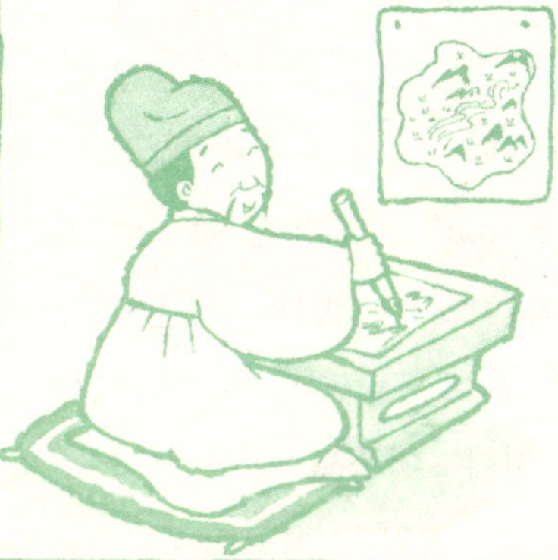

나 법률을 연구했다.

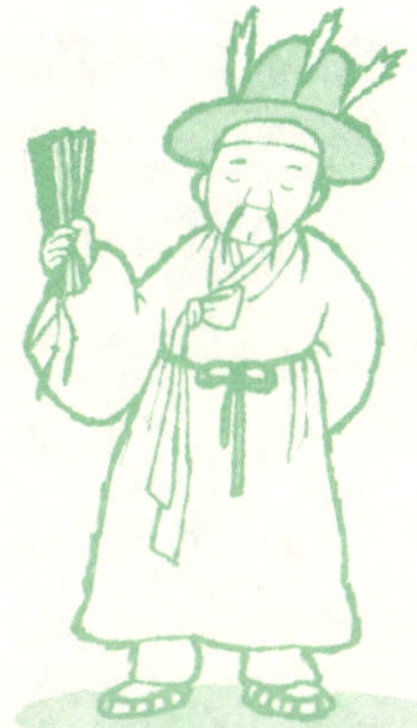

다 병을 치료했다.

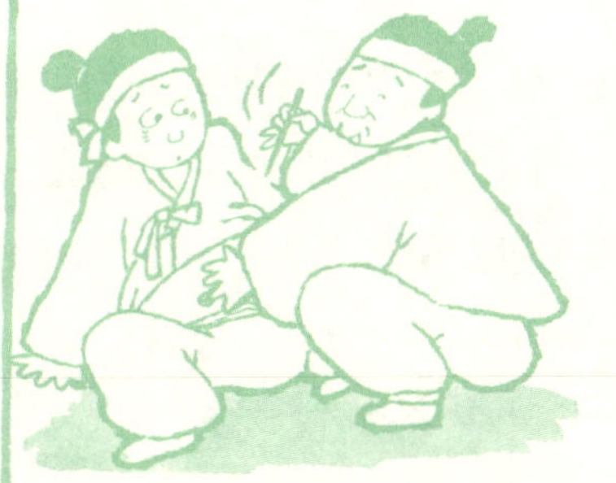

라 물건을 만들었다.

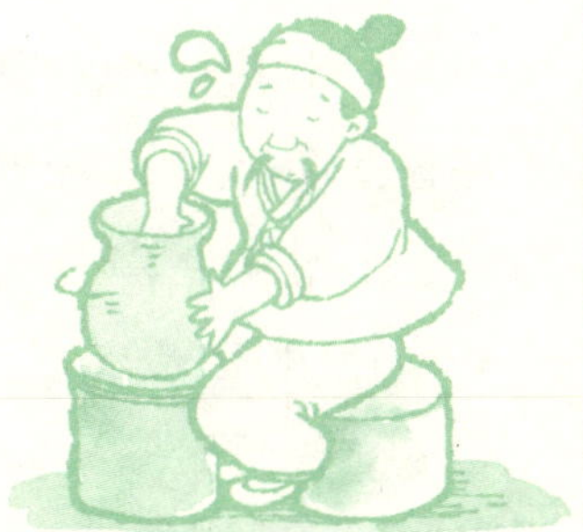

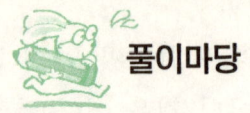
풀이마당

조선의 왕권이 안정되면서 신분 질서도 자리를 잡아 갔습니다. 고려 시대에는 신분이 양인과 천민, 두 가지뿐이었습니다.

그런데 사회가 발전하면서 더 이상 두 가지 신분 틀로는 묶기 어려운 계층이 생겨났습니다. 그래서 조선 왕조는 신분을 네 가지로 나누었습니다. 양반, 중인, 상민, 천민이지요.

양반은 신진 사대부를 가리킵니다. 양반은 온갖 권리를 누리며 아무런 의무도 지지 않았습니다. 이들은 문관과 무관으로 나뉘어 관리직을 독점하다시피 했습니다. 대개 관리가 되기 위해서는 과거 제도를 거쳐야 했습니다. 고려 시대에는 관직에 있던 아버지가 죽을 경우 자식이 그 자리를 잇곤 했지만, 조선 시대에는 몇몇 경우를 제외하고는 실력으로 벼슬을 얻어야 했습니다.

중인은 기술자와 과학자를 말합니다. 이들도 자격 시험을 치렀는데, 아버지가 기술자면 자식도 그 직업을 이었답니다. 중인은 천문, 지리, 법률, 의학 등의 일을 맡아 보았지요. 오늘날의 직업으로 치면 괜찮은 직업이라 할 수 있지요. 기상 통보관, 지리 교수, 법률 연구가, 대학 병원 의사 등이 당시에는 중인들이었답니다.

드물긴 하지만, 양반 출신이 아닌데도 뛰어난 실력을 인정받아 벼슬을 한 사람도 있었습니다. '대동여지도'를 만든 김정호는 출신이 정확히 알려져 있지는 않지만, 양반 출신은 아니었답니다. '해시계'를 발명한 장영실은 노비 출신이었고, '동의보감'을 쓴 허준은 중인 취급도 받지 못한 서자 출신이었지요.

상민은 전체 인구 중 가장 많은 수를 차지한 농민들이었습니다. 농민은 나라 전체의 생산을 담당하면서 세금, 부역 등 의무란 의무는 몽땅 짊어지고 있었지요. 놋그릇, 무기, 도자기 등을 만드는 장인들도 상민에 속했습니다.

마지막으로 천민층은 주로 노비들이었습니다. 양반은 노비를 흔히 사고 팔았습니다. 또한 노비를 선물로 주고받기도 했으며, 자식들에게 상속하는 물건에 포함시키기도 했습니다. 한마디로 노비는 살아 있는 '일하는 도구'였습니다.

다른 신분의 사람들은 모두 아버지의 신분을 따랐습니다. 하지만, 노비만은 어머니의 신분을 따르게 했습니다. 이것은 양반이 무한정으로 늘어나는 것을 방지하기 위한 것이었지요.

무당, 광대 등은 법률적으로는 상민이었지만, 실제로는 천민 취급을 받았습니다. 그리고 이들은 일정한 지역에서 살아야 했습니다.

정답은 ㉣ 번입니다.

49 호패는 오늘날의 주민등록증과 같은 역할을 했습니다. 호패에 대한 설명 중 맞지 않는 것은 어떤 것일까요?

가 16세 이상의 모든 남자가 차고 다녀야 했다.

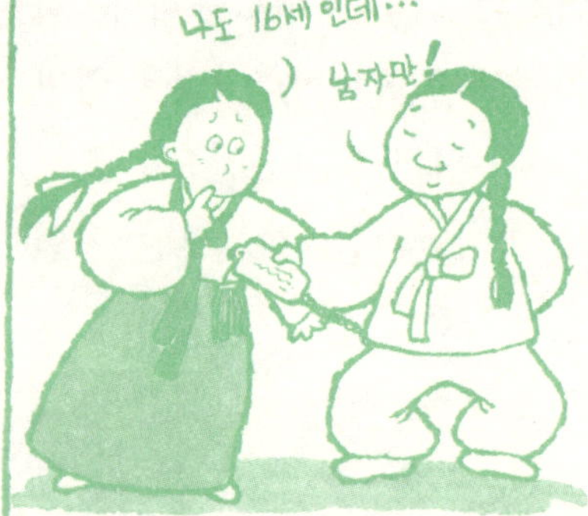

나도 16세 인데...
남자만?

나 호패에는 신분, 이름, 나이가 적혀 있었다.

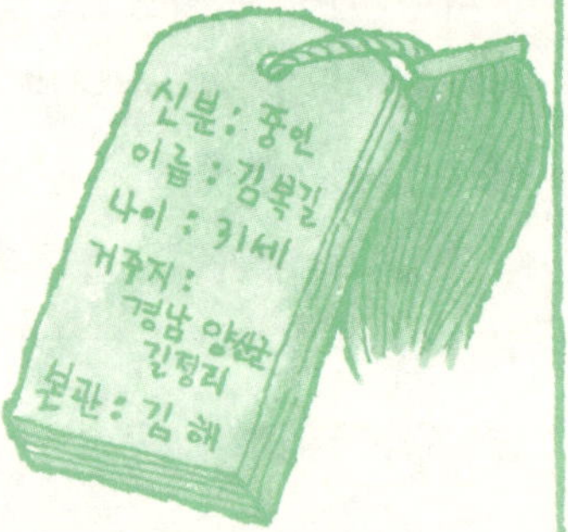

신분: 중인
이름: 김복길
나이 : 71세
거주지:
　　경남 양산
　　긴필리
본관: 김해

다 노비는 호패를 차지 않았다.

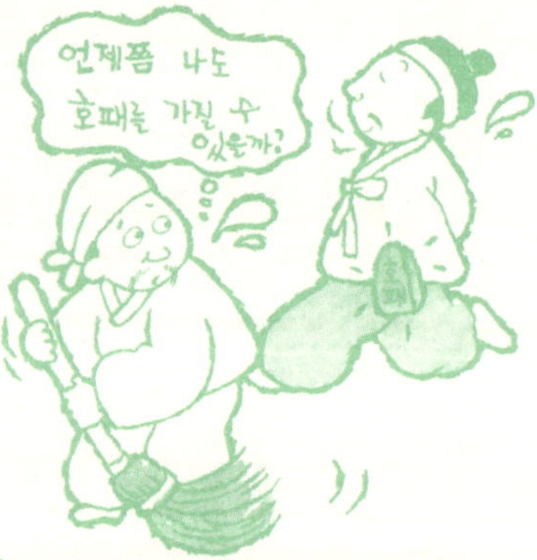

언제쯤 나도 호패를 가질 수 있을까?

라 호패는 나무나 상아로 만들었다.

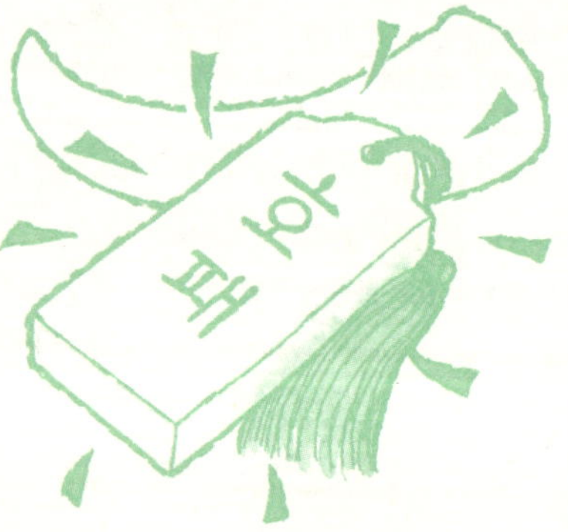

호패

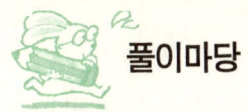

풀이마당

여러분은 아직 주민등록증이 없겠지요. 하지만, 여러분이 고등 학교에 다닐 무렵이면 주민등록증을 갖게 될 것입니다. 호패는 바로 주민등록증의 조상이라고 할 수 있지요. 호패가 생겨난 때는 1413년이랍니다. 조선 왕조가 호패를 만든 데에는 몇 가지 이유가 있습니다.

첫째, 나라의 성인 인구가 얼마인지, 어느 지역에 어떤 신분의 사람이 얼마나 사는지 알고 싶었습니다.

둘째, 어떻게 세금을 내게 해야 하는지, 공물은 어느 지역에서 내게 해야 하는지, 부역에 모을 수 있는 사람은 어느 정도인지 알 수 있는 기초 자료가 필요했습니다.

셋째, 호패를 늘 차고 다니게 하여 백성들의 이동을 쉽게 파악하기 위해서였습니다.

호패는 일종의 신분 증명서로서 16세 이상의 성인 남자는 누구나 차고 다녀야 했습니다. 천민도 예외가 아니었습니다. 다만, 신분에 따라 호패 재료가 달랐지요. 양반 가운데 영의정, 좌의정, 우의정 등 2품 이상의 벼슬아치는 주로 상아로 만든 호패를 지니고 다녔습니다. 녹각으로 만든 호패는 3품 이하의 벼슬아치들이 지니고 다녔습니다.

또한 다른 신분의 사람들은 나무 호패를 차고 다녔습니다. 물론 신분에 따라 나무의 종류가 달랐던 건 말할 것도 없습니다. 호패 종류만 보아도 어떤 신분인지 쉽게 구별하기 위해서였지요.

이러한 호패 제도가 하루 아침에 자리잡은 것은 아니랍니다. 조선 중기를 지나고서야 비로소 자리를 잡게 되었지요. 의무만을 강요하는 호패법이고 보니, 일반 백성들이 그리 달가워하지 않았기 때문입니다. 또한 호패 재료도 종이로 바뀌어 갔습니다.

조선 시대에는 또 호적 제도가 있었습니다. 이것도 호패법과 비슷한 구실을 했지요. 호적에는 호주와 관련된 사항들이 기록되어 있었습니다. 거주지, 나이, 이름, 신분은 물론이고 관직과 본관까지 기록되어 있었습니다. 또한 아내의 성과 이름과 나이, 자식의 이름과 나이, 심지어는 머슴의 이름과 나이까지 낱낱이 기록되어 있었습니다.

3년에 한 번씩 호적 조사를 했는데, 만약 제때 신고하지 않거나 허위로 신고할 경우에는 벌을 주었습니다. 곤장을 100대나 맞았답니다. 벌금치고는 지나치지요

정답은 ④ 번입니다.

50 조선 시대 때 죄인에게 내리던 벌 중 사약이 있었습니다. 죄인은 사약을 마시기 전에 어떤 의식을 치렀을까요?

가 그저 사약을 마셨다.

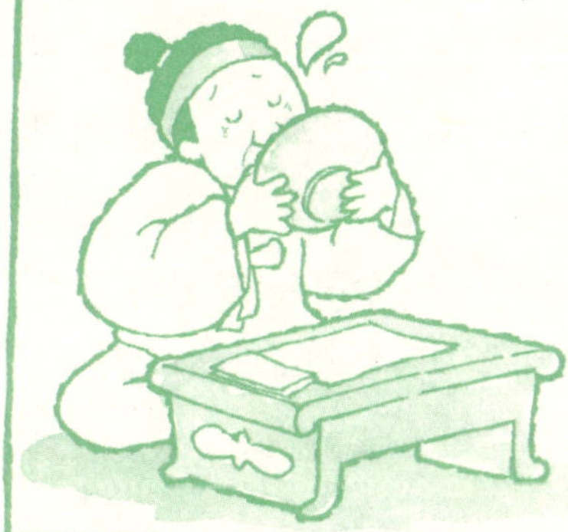

나 왕이 있는 곳을 향해 네 번 절을 했다.

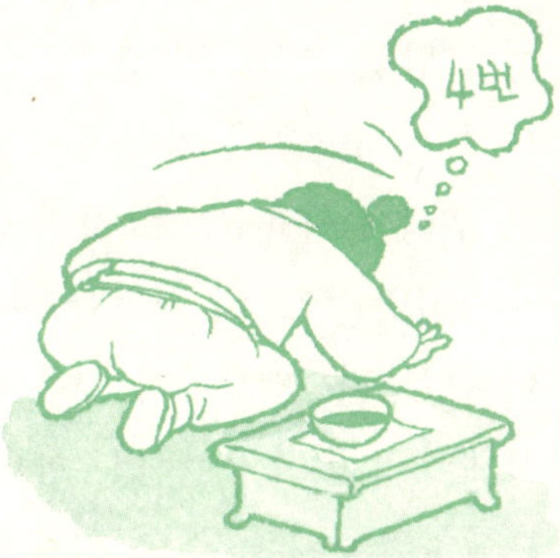

4번

다 왕이 있는 곳을 쳐다보았다.

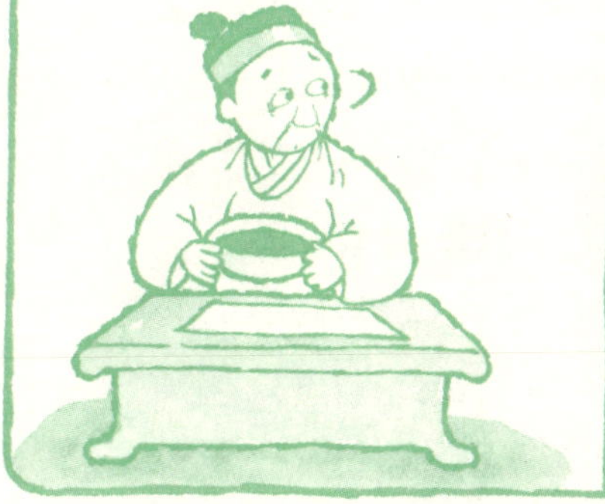

라 왕의 만수무강을 빌었다.

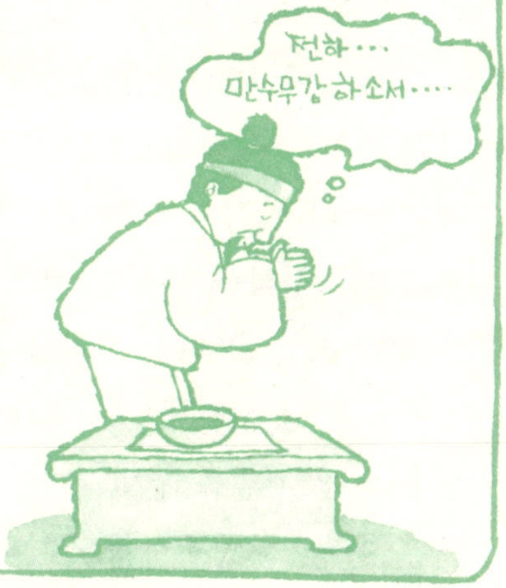

전하···
만수무강하소서····

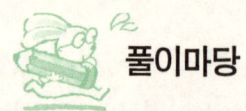

　조선 시대 때 역모를 꾀하거나 중죄를 저지른 사람들은 대개 참수형을 당했습니다. 예를 들면 단종 복위 운동, 즉 숙부인 세조(수양대군)에게 쫓겨난 단종을 다시 왕위에 앉히려고 하는 움직임이 누군가의 밀고로 실패했을 때, 가담자들은 모두 참수형을 당했습니다.

　성삼문, 이개, 하위지, 유응부를 비롯하여 많은 사람들이 참수형을 당했습니다. 박팽년은 고문을 이기지 못해 옥에서 숨을 거두었고, 유성원은 자기 집에서 자살을 했습니다. 이들 여섯 사람은 후세에 사육신으로 불리고 있지요.

　하지만, 역모에 가담한 사람이 언제나 참수형을 당했던 것은 아니랍니다. 백성들과 다른 신하들의 눈이 있기 때문에 귀양을 보내기도 했지요. 사실, 참수형보다는 낫지만 귀양은 저승길과 다름없었습니다. 이런 일로 귀양을 갔다가 살아서 돌아오는 경우는 거의 없기 때문입니다. 대개 그 곳에서 병들어 죽거나, 사약을 받고 죽었지요.

　드문 일이지만, 귀양을 간 자가 다시 왕의 부름을 받는 경우도 있었습니다. 청백리로 유명한 황희 정승이 대표적인 경우입니다. 그러나 반역의 경우에는 대개 사약을 받았습니다.

　죄인은 사약을 마시기 전에 임금이 있는 쪽을 향해 네 번 절을 했습니다. 그 다음 무릎을 꿇고 사약을 마셨지요.

　사약은 임금이 내리는 명령이고, 일반 범죄자인 경우에는 법률에 의해 처벌을 받았습니다. 조선 시대의 형벌은 크게 곤장, 도형, 유형 그리고 사형으로 나뉘어 있었습니다.

곤장은 그리 큰 죄가 아닌 경우에 내리는 형벌이었습니다. 곤장에는 큰 형장으로 치는 장형과, 작은 형장으로 치는 태형이 있었지요. 태형은 10대부터 시작하여 50대까지였으며, 장형은 60대에서 시작하여 죄가 무거울 경우 100대까지 때렸습니다.

도형은 죄가 좀더 무거울 때 내리는 형벌로, 관가에 잡아 놓고 일을 시키는 것이었습니다. 최소 1년에서 최고 3년까지 일을 해야 했지요. 유형이란, 죄는 무겁지만 차마 죽이지 못하는 경우에 먼 고장으로 쫓아 버리는 형벌입니다. 도형과 유형에 처해지는 죄인은 장형까지 함께 당했지요.

형벌 중 가장 무거운 것은 사형입니다. 사형도 교형과 참형으로 나뉩니다. 교형은 목을 매다는 것이고, 참형은 칼로 목을 내리치는 형벌이었습니다.

대개 조선 시대의 형벌은 이런 것들이었지만, 왕의 명령에 따라 그때그때 새로운 형벌이 만들어지기도 했습니다. 특히 연산군 때에는 잔인한 형벌이 여럿 등장했지요.

정답은 ④번입니다.

169

51 연산군은 폭군으로 이름이 높습니다. 도망친 노비가 잡히면 어떤 형벌을 받았을까요?

가 참수형을 당했다.

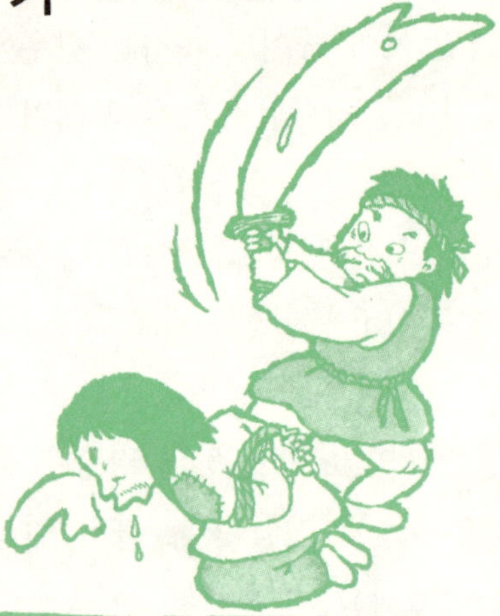

나 곤장을 맞았다.

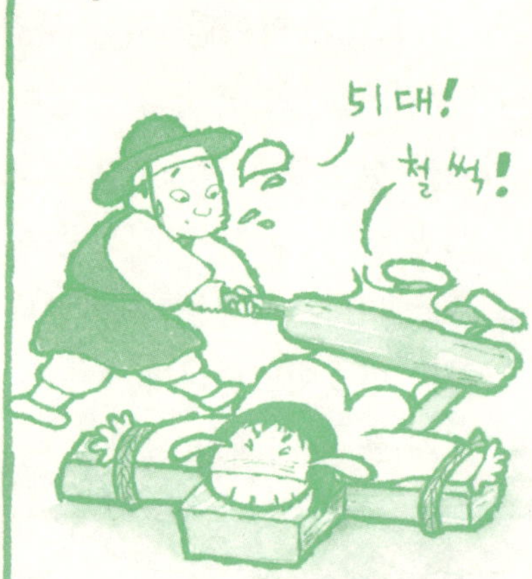

51대!
철썩!

다 엄지발가락을 잘렸다.

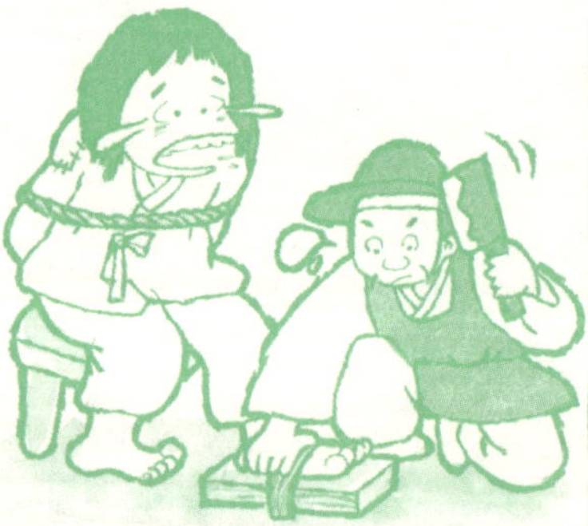

라 뺨에 글자가 새겨졌다.

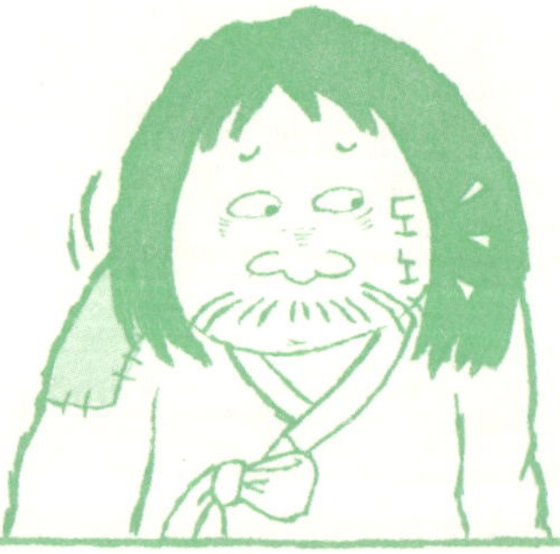

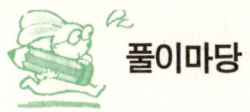

조선 역사에서 가장 악명을 날린 임금을 꼽으라면 아마 연산군일 것입니다. 뿐만 아니라 연산군은 역사에 좋지 않은 영향을 많이 끼쳤습니다.

연산군 때 두 번의 사화가 일어났습니다. 선비들이 화를 입었다 해서, 또는 사초를 기록하는 문제로 일어났다고 해서 사화라고 하지요.

무오년에 일어난 무오사화는 조의 제문 사건 때문에 불똥이 사림파에게 튄 사건이지요. 조의 제문 사건이란, 〈성종실록〉에 연산군의 할아버지인 세조가 단종을 쫓아 내고 왕위에 오른 것을 비판하는 내용이 씌어 있기 때문에 일어난 사건이었습니다.

그러나 사초는 객관적으로 씌어지기에 왕도 함부로 간섭할 수 없었습니다. 당시 조정은 훈구파와 사림파로 나뉘어 있었는데, 훈구파가 이를 들고 일어난 것이지요. 이 사건으로 사림파 가운데 많은 이들이 형장의 이슬로 사라졌습니다.

더구나 이미 죽은 김종직은 〈성종실록〉의 초안을 썼다 하여 다시 한 번 벌이 내려졌습니다. 연산군은 부관참시, 즉 관을 깨고 목을 베라는 명령을 내렸습니다.

두 번째 사화는 갑자년에 일어난 갑자사화입니다. 이것은 연산군의 어머니 폐비 윤씨 사건 때문에 일어났지요. 어머니의 죽음에 원인이 있다고 지목받은 사람은 모조리 죽음을 당했습니다. 이 때에도 이미 죽은 사람들이 부관참시를 당했지요. 한 시대를 호령했던 한명회도 이 때 부관참시를 당하지요.

사화는 사건에 관계된 사람뿐만 아니라, 바른 말을 하는 사람들도 죽음으로 몰고 갔습니다. 심지어 부모에게 효성이 몹시 지극하다 하여 죽음을 당한 사람까지 있었습니다.

조정이 피비린내 나는 싸움에 빠져 있으니, 당연히 백성들의 생활이 편할 리 없었지요. 관리들 등살에 고향을 등지는 사람들도 많았습니다. 홍길동도 연산군 때 이름을 떨쳤던 대표적인 의적이었습니다.

농민만이 아니라 노비들도 유랑민이 되거나, 산 속으로 들어가 도적이 되었습니다. 도적들은 잡히면 사형을 당했습니다.

도망친 노비들이 잡히면 차라리 죽느니만 못 한 형벌을 받았습니다. 나치가 유태인의 몸에 표식을 했듯이, 관리들은 잡힌 노비들의 뺨을 인두로 지졌습니다. 여자는 오른쪽에 '도비', 남자는 왼쪽에 '도노' 라는 글씨가 새겨졌지요. 도망친 노비란 뜻이랍니다.

도망치는 노비들이 워낙 많았기 때문에 이들을 모조리 죽일 수가 없었지요. 또한 죽이느니 차라리 일을 시키는 게 낫다고 생각했겠지요.

연산군 때 일어난 사건에는 국문 투서 사건도 있습니다. 연산군의 실정을 폭로하고 욕한 사건이었지요. 이 일로 우리 역사 최초로 필적 감정이 이뤄졌습니다. 성 안에 있는 백성 가운데 한글을 쓸 줄 아는 사람들의 글씨와 성 안에 붙어 있던 벽보의 글씨를 비교해 보았던 것이지요.

이 때 수많은 한글책이 불살라졌습니다. 또한 언문을 쓰는 사람은 사형에 처해졌습니다.

정답은 ㉣ 번입니다.

52 명랑대첩은 세계 해전사에 길이 남을 싸움이었습니다. 당시 이순신은 적은 수의 함선으로 왜 함선 130여 척을 격파했습니다. 몇 척의 배로 격파했을까요?

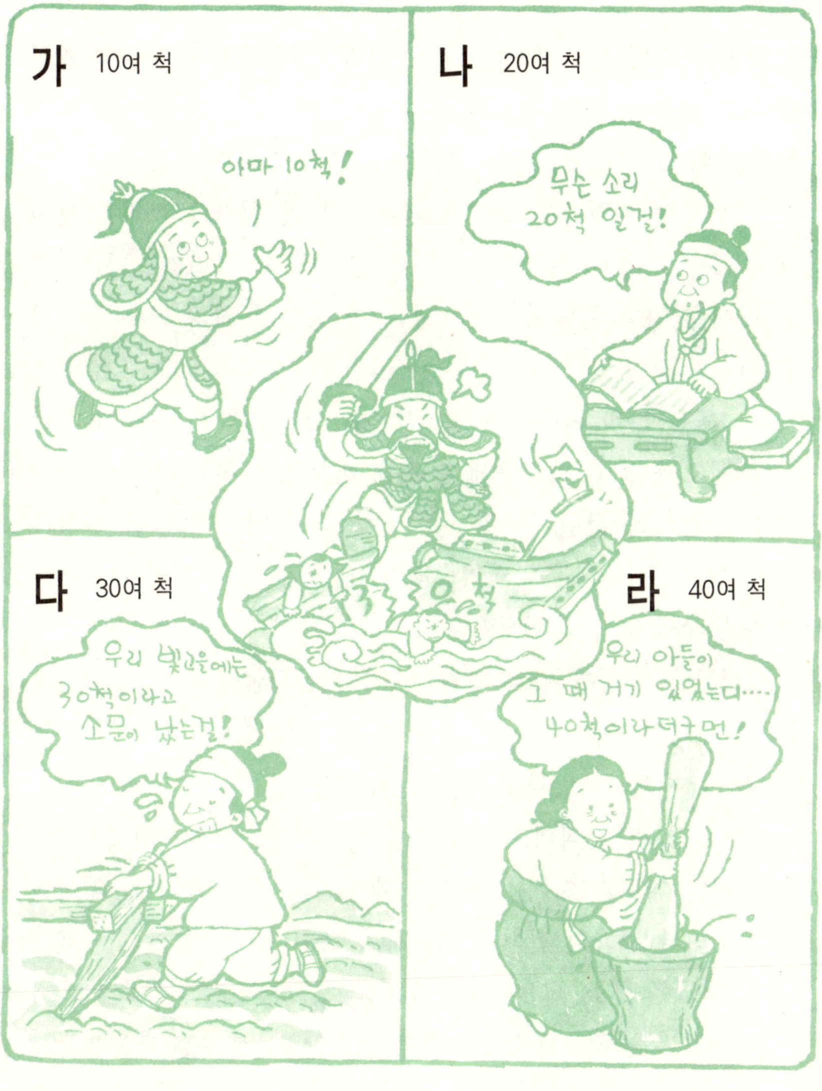

가 10여 척

나 20여 척

다 30여 척

라 40여 척

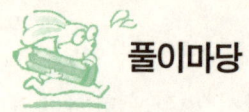 **풀이마당**

1592년 4월, 조총으로 무장한 왜군이 우리 나라를 침략했습니다. 바로 임진왜란입니다. 임진년에 왜구가 쳐들어왔다고 해서 그렇게 부르지요.

일본은 한창 전국 시대를 겪은 터라, 제후들과 무사들의 관심을 다른 곳으로 돌릴 필요가 있었지요. 전국 시대를 통일한 토요토미 히데요시는 조선을 그 대상으로 삼았습니다.

당시 조선 지배층은 당쟁에 빠져 일본의 침략 움직임을 눈치채지 못했습니다. 왜군은 거칠 것 없이 밀고 올라갔습니다. 한 달 만에 한양이 함락되고, 두 달 만에 평양이 적의 손에 들어갔습니다.

백성들은 당파 싸움에 빠져 있다가, 허겁지겁 한양을 빠져 나가는 선조와 문무 백관들에게 욕을 퍼부었습니다. 함경도로 군사를 모집하러 갔던 두 왕자는 백성들로부터 따돌림만 당하다 결국 적의 포로 신세가 되었습니다. 당시 백성들이 얼마나 조정에 등을 돌렸는지 알 수 있겠지요.

백성들은 조정이 밉긴 하지만, 적의 말발굽에 국토가 짓밟히는 것을 그냥 지켜 보지는 않았습니다. 나라를 구하기 위해 농민, 노비, 승병, 양반들이 들고 일어섰지요.

농민과 노비는 적의 침략으로부터 나라를 지키기 위해, 양반은 군신의 의리를 지키기 위해 손에 무기를 들었습니다. 의병들은 고구려와 고려의 전통을 계승하여 게릴라전과 방어전을 폈습니다. 왜군은 곳곳에서 패배했지요.

진주성 싸움에서 왜군 1만 명을 격파했고, 행주성 싸움에서는 여자들까지 힘을 합쳐 2만 왜군을 물리쳤습니다.

의병들이 육지의 적을 몰아 내고 있는 동안 이순신과 원균은 바다에서 적의 함선을 격파했습니다. 해상권을 장악하여 적의 보급로를 끊어 버린 것입니다. 왜군은 전쟁을 계속하는 데 필요한 식량, 무기, 군사 등을 더 이상 실어 나르지 못했지요.

1593년부터는 명나라가 전쟁을 중개하여 휴전 회담이 진행되었습니다. 작은 싸움은 계속 이어졌지만, 싸움은 잠시 잠잠해졌지요. 그러나 회담이 깨지자, 왜군은 다시 14만 대군을 이끌고 공격하기 시작했습니다. 정유재란입니다.

그러나 임진왜란 때처럼 호락호락하지는 않았지요. 왜군은 경상도와 전라도 일부 지방에서 더 이상 나아가지 못했습니다. 우리의 군대가 이미 대비를 하고 있었기 때문입니다.

하지만, 임진왜란 때와는 달리 바다에서는 형편이 좋지 못했습니다. 작전 실수로 조선의 배들이 거의 파괴되어 버렸기 때문입니다. 그런 상황인데도 이순신은 몇 척 남지 않은 배로 왜선을 무찔렀습니다. 명량 앞바다 싸움은 유명하지요. 이순신이 불과 13척의 배로 적선 133척을 격파했으니까요.

그러던 차에 전쟁을 지휘했던 토요토미 히데요시가 죽었습니다. 그는 눈을 감으면서 군대를 철수시키라는 유언을 남겼습니다. 적은 물러가기 시작했고 이순신은 도망치는 적을 공격하다가 노량 앞바다에서 숨을 거두었습니다. 적의 총탄이 이순신의 왼쪽 가슴을 꿰뚫었던 것입니다.

정답은 ㉮ 번입니다.

53 병자호란 때 인조 임금은 굴욕을 당합니다. 이를 '삼전도의 굴욕'이라고 하지요. 이것은 무엇일까요?

가 왕자를 볼모로 보냈다.

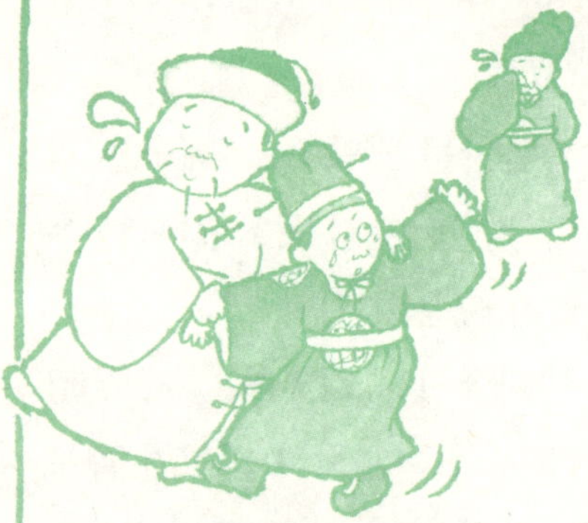

나 척화파들을 청나라로 보냈다.

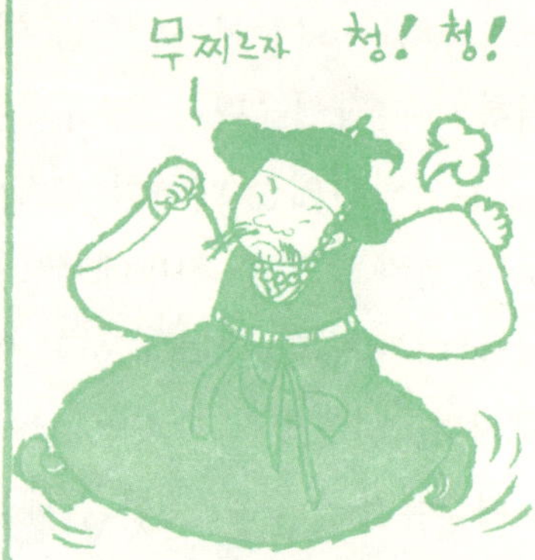

무찌르자 청! 청!

다 임금이 항복의 예를 올렸다.

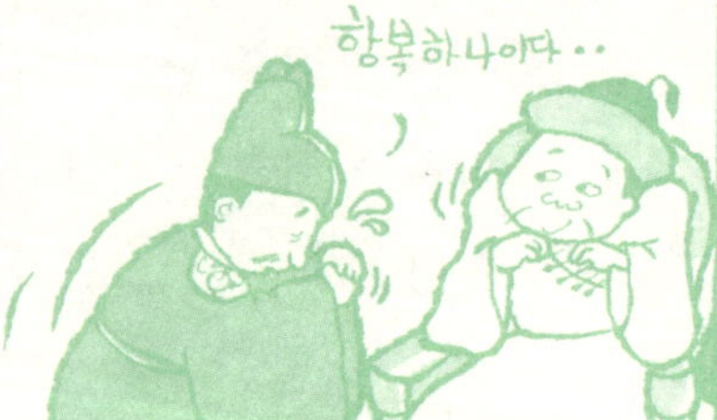

항복하나이다..

라 세자를 볼모로 보냈다.

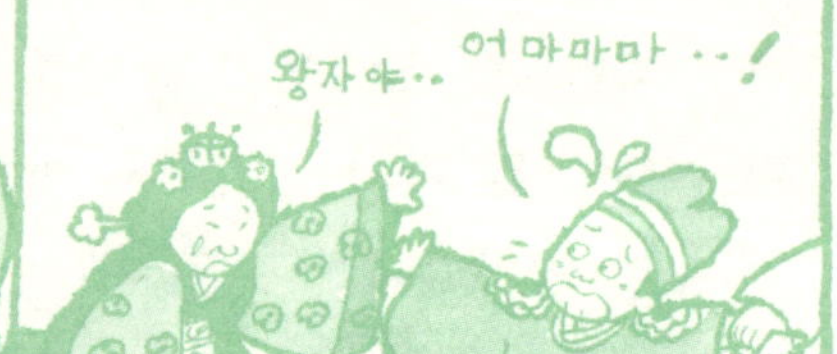

왕자야.. 어마마마..!

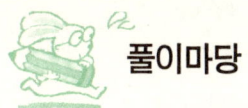

풀이마당

조선 역사에서 임금이면서도 임금 대접을 받지 못한 이가 둘 있습니다. 연산군과 광해군이지요. 그래서 두 임금 시대의 역사는 '실록'이 아니라 '일기'라고 하지요. 즉 연산군 일기, 광해군 일기라고 한답니다.

연산군은 워낙 폭정을 한 임금인 데 비해, 그래도 광해군은 외교 정책에서는 바른 길을 걸으려고 노력했던 사람입니다.

광해군 시대에 만주 땅에서 옛 여진의 후예들이 후금이란 나라를 세웠습니다. 후금은 세력을 키워 명나라를 위협했지요.

광해군은 두 세력 중 어느 쪽에도 가담하지 않는 중립 외교를 펼쳤습니다. 아무리 명나라와 관계가 가까웠다지만, 전쟁을 치르지 않는 게 최선의 방법이라고 생각했기 때문입니다.

하지만, 광해군은 당파 싸움의 소용돌이에 휘말려 중립 정책에 반대하는 세력에 의해 쫓겨나고 맙니다. 중립 외교를 그만둔다면 당연히 후금의 침략에 대비했어야겠지요. 그러나 광해군을 쫓아 낸 세력은 팔짱만 끼고 있었습니다.

1627년, 후금의 군대가 압록강을 건너 조선을 침략했습니다. 속수무책으로 당했지요. 그리고 형제 관계를 맺었습니다. 후금이 형이고, 조선은 아우의 나라입니다.

그래도 형제 관계는 괜찮았습니다. 그 뒤 조정은 중립 외교를 펴자는 쪽과 후금을 정벌해야 한다는 쪽이 맞서고 있었습니다. 아직도 자신들을 완전히 인정하지 않는다고 판단한 후금은 1632년, 10만 대군을 이끌고 다시 침략해 왔습니다. 이 때에는 나라 이름도 청이라고 바꾼 뒤였지요.

청나라의 2차 침략 때 조선은 우리 역사에서 가장 굴욕적인 일을 당합니다. 우리 민족이 그 동안 수나라, 당나라, 거란, 몽고 등 숱한 나라와 싸워왔지만, 이런 굴욕을 당한 적은 없었습니다. 역사에서는 이를 '삼전도의 굴욕'이라고 하지요.

삼전도의 굴욕이란 남한산성에서 버티던 인조 임금이 삼전도에 가서 청 태종에게 항복의 예를 올린 것을 가리킵니다. 인조는 높은 단 위에 앉아 있는 청 태종에게 세 번 절하고 아홉 번 머리를 숙였습니다.

싸움이 끝난 뒤, 왕자들은 볼모로 끌려갔습니다. 또한 싸움을 주장했던 사람들도 끌려갔습니다. 이런 일은 삼국 시대, 통일 신라, 고려 때에도 자주 있었던 일이지요. 그러나 세자가 볼모로 끌려간 것은 고려 시대 몽고가 지배하던 시기뿐이었습니다.

정답은 ④ 번입니다.

54 조선 후기로 들어서면서 양반의 수가 부쩍 늘어났습니다. 상민이 여러 가지 방법으로 양반이 되었기 때문이지요. 다음 중 주요한 방법이 아닌 것은 어떤 것일까요?

가 족보를 샀다.

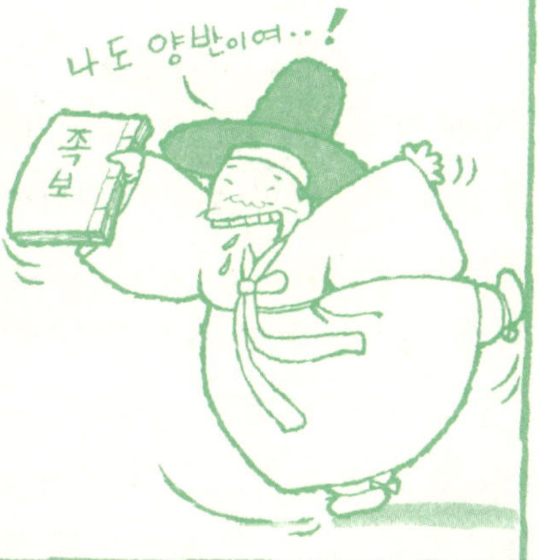

나도 양반이여..!

족보

나 공명첩을 샀다.

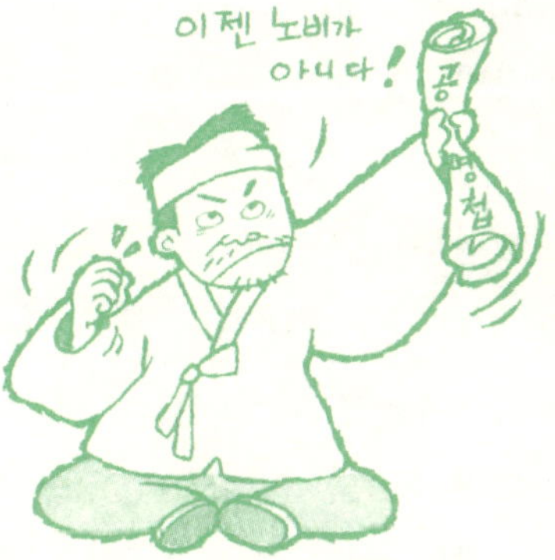

이젠 노비가 아니다!

공명첩

다 도망을 쳤다.

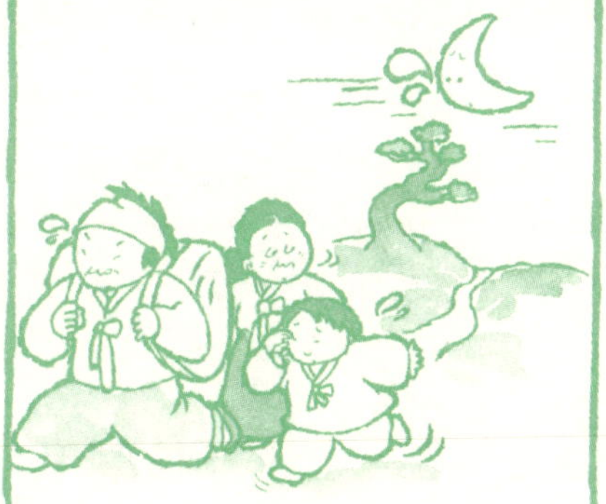

라 홍패를 위조했다.

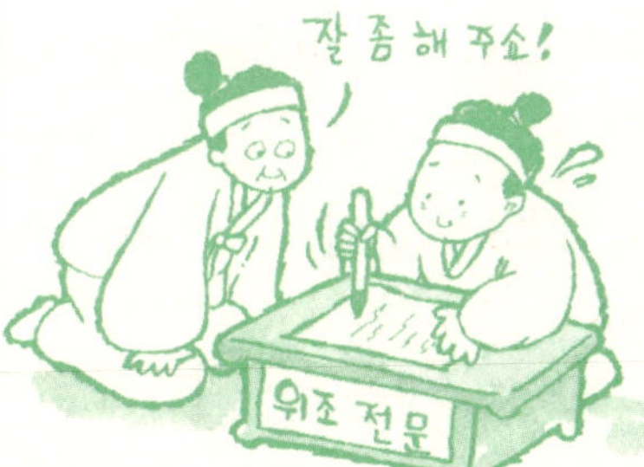

잘 좀 해 주소!

위조 전문

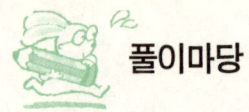

풀이마당

　조선 후기에는 신분 사회에 큰 변동이 일어났습니다. 그 원인은 왜란과 호란을 겪으며 상민이나 노비의 의식이 발전했고, 다른 한편으로는 양반도 여러 세력으로 나뉘었기 때문입니다.

　양반은 힘이 있는 일부 세력이 경제력을 장악했습니다. 즉, 많은 토지를 소유하고 경제적 이익을 많이 얻었다는 이야기이지요. 힘이 없는 양반들도 자신들의 힘을 유지하고 있었습니다. 하지만, 일부는 몰락해 갔습니다. 말만 양반이지 허울은 농민보다 못한 처지였지요. 이들은 농민들과 똑같이 남의 논밭을 갈아야 했답니다.

　이와는 반대로 상민 가운데 많은 사람들이 양반이 되었습니다. 이들은 나도 한번 양반 행세를 해 보자며 너도 나도 양반이 되었습니다. 양반이었으면 당하지 않았을 설움을 씻어 보자는 것이었지요. 그러나 좀더 내부를 들여다보면 당시 농민들의 어깨를 무겁게 했던 군역을 피할 수 있었기 때문입니다. 양반은 군역을 지지 않았거든요.

　숙종 때 양반은 전체 인구의 8퍼센트 정도였습니다. 다시 말해 100명 가운데 8명이 양반이었지요. 그런데 영조 때 와서는 100명 가운데 20명이 양반이 되었답니다. 그리고 정조 때 가면 양반이 약 40명 수준으로 늘어난답니다. 19세기 중반 철종 때에는 70명 가량이 양반이었지요. 신분의 변화가 그만큼 왕성하게 일어났다는 이야기입니다.

　양반이 이렇게 늘어나게 된 까닭은 상민의 상당수가 양반으로 변했기 때문입니다. 상민의 일부는 농업 기술의 발전에 힘입어

부를 쌓고, 또한 일부는 수공업이나 장사를 하여 부를 쌓았습니다. 이렇게 쌓은 부로 양반 신분을 샀던 것이지요.

양반이 되기 위해서는 족보를 사는 경우가 많았습니다. 그리고 공명첩을 사서 양반이 되기도 했지요. 공명첩이란 문서상의 관직 임명장입니다. 조정은 왜란이나 호란 때 부족한 재정을 확보하기 위해 공명첩을 많이 발행했습니다.

또 다른 방법으로는 홍패나 족보를 위조하기도 했답니다. 다른 마을로 이사를 하면 위조한 사실을 들킬 염려가 없었지요. 때로는 관가에 뇌물을 바쳐 양반 신분을 사기도 했답니다.

조선 후기에는 양반의 수가 늘어나는 것과 함께 노비의 수는 급격히 줄어들었습니다. 노비들도 신분이 상승했던 것이지요. 노비 가운데에서 돈이 있는 자는 상민과 마찬가지로 공명첩을 사서 양반이 되었습니다. 그러나 대부분은 먹고 살기 힘든 땅을 떠나 상민 행세를 했답니다.

정답은 ㉮ 번입니다.

55 조선 후기에는 학문에도 실학이라는 새로운 기운이 싹트고 있었습니다. 실학 가운데 중농학파인 유형원이 주장한 균전론이란 어떤 것이었을까요?

가 토지 국유화 평등 분배

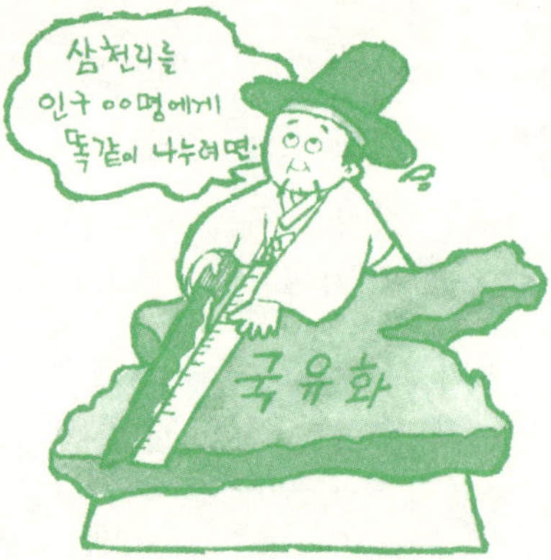

삼천리를 인구 ○○명에게 똑같이 나누려면…

국유화

나 토지 소유 상한선을 정한다.

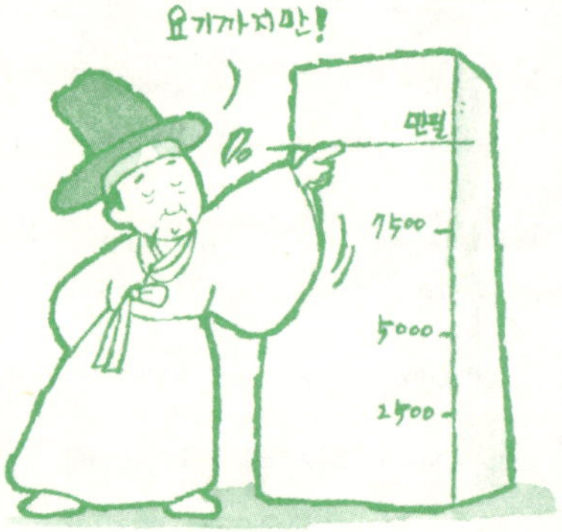

요기까지만!

만큼
7500
5000
2500

다 농장 단위로 평등하게 토지 분배

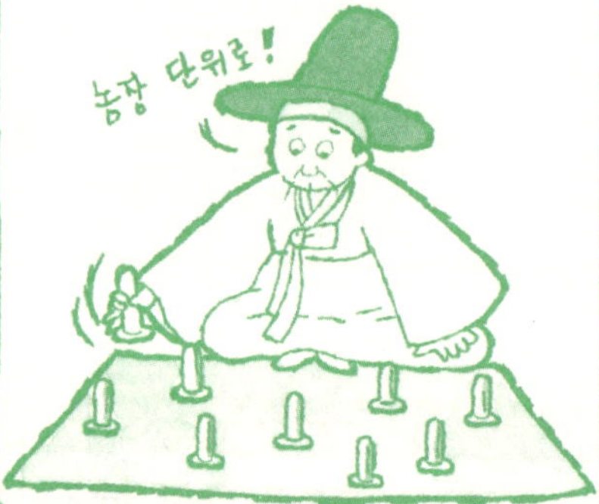

농장 단위로!

라 상공업으로 부국 강병

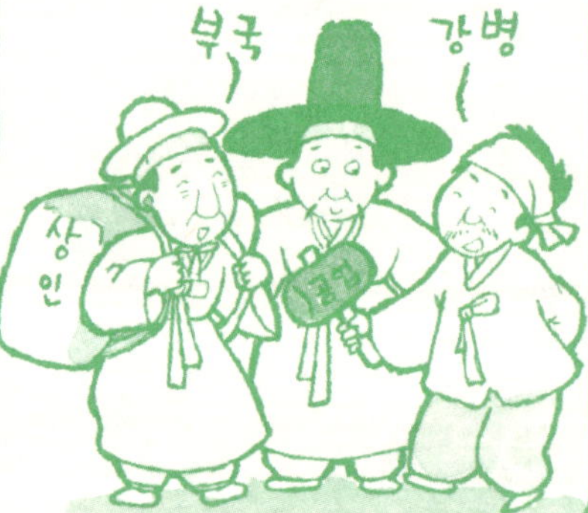

부국   강병

상인   부국

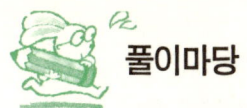

풀이마당

조선 후기로 들어서면서 당쟁이 어느 정도 식어 가자, 실학이라는 새로운 사상이 꽃을 피우기 시작했습니다. 실학자들은 백성들이 가난에서 벗어나지 못하는 이유를 찾아 나섰습니다.

〈반계수록〉을 지은 유형원은 실학의 문을 두드렸고, 〈성호사설〉을 지은 이익은 실학의 빗장을 열었습니다.

실학자들은 처음에 백성들이 가난한 이유는 토지에 문제가 있기 때문이라고 보았습니다. 토지 문제를 해결하면 백성들이 잘 살 수 있다고 생각했던 것이지요. 다시 말해 일부 지주들이 토지의 대부분을 차지하고 있고, 대다수의 농민들은 토지를 소유하지 못하고 있기 때문에 가난하다고 보았습니다.

토지 소유 문제로 백성들의 고통을 해결하려고 했던 사람들은 중농학파라고 부른답니다. 농업을 중요시하는 사람들이라는 뜻이지요. 중농학파에는 우리 역사에서 가장 뛰어난 학자로 꼽히는 정약용을 비롯하여 유형원, 이익 같은 사람이 있었습니다.

그런데 같은 중농학파라도 주장은 조금씩 달랐습니다.

유형원은 균전론을 주장했습니다. 균전론이란, 토지를 몽땅 국유화하여 백성들에게 똑같이 나누어 주자는 주장이었습니다.

이익은 한전론을 주장했습니다. 한전론이란, 토지 소유의 상한선을 정하자는 것이었습니다. 당시 일부 지주들이 많은 토지를 소유했기 때문에, 땅을 한 평도 갖지 못한 농민들이 고통을 받고 있다고 생각했던 것이지요. 만약 한전론이 실시되면 한 사람이 지나치게 많은 토지를 소유하지 못하게 된다는 것이었지요.

정약용이 주장한 여전론은 공동 농장을 만들고 농민들에게 농장 단위로 토지를 똑같이 나누어 주자는 것이었습니다.

물론 이러한 중농학파의 주장을 비현실적이라고 말하며, 상공업을 발전시키자고 주장하는 사람들도 나왔습니다. 이른바 중상학파이지요. 이들은 당시에 가장 천시받고 있는 상공업을 발전시켜야 한다고 주장했습니다. 또한 청나라 등과 무역을 하며 싹이 튼 상공업을 발전시켜야 나라가 부강해진다고 주장했습니다. 그리고 상공업을 발전시키기 위해서는 청나라와 좀더 무역을 강화하고 앞선 기술을 배워야 한다고 주장했지요.

유수원, 홍대용, 박지원, 박제가 등이 중상학파의 대표자들입니다. 유수원의 〈우서〉를 보면 당시 중상학파의 주장을 읽을 수 있습니다.

'지금 양반은 명분을 내세우며 상공업에 종사하는 것을 부끄러워하지만, 그들 가운데에는 오히려 상공업자보다 체신 없이 행동하는 자가 많다…… 상공업은 가장 가치가 떨어지는 업이라 하지만, 본래 부정하거나 비루한 일이 아니다. 재주도 없고 덕도 없다고 생각한 사람들이 관직에 나가지 않고, 스스로 노력하여 물품 교역에 종사하며 남에게 빌어먹지 않고 자기 힘으로 먹고 사는 것이다. 이를 어찌 천하고 더러운 일이라고 할 수 있겠나?'

그러나 당시의 실학자들은 이처럼 개혁적인, 아니 어떤 면에서는 혁명적인 주장을 끝까지 밀고 나가지는 못했습니다. 권력을 쥐고 있지 못했기 때문이지요. 하지만, 실학 사상은 이후 동학 농민 운동과 개화 사상에 큰 영향을 주었답니다.

정답은 ㉮ 번입니다.

56 농민들은 조선 시대 내내 세금으로 고통을 당했습니다. 즉, 삼정 문란으로 고통을 당했는데, 그 가운데 황구첨정이란 무엇일까요?

가 황무지에 세금을 내게 한다.

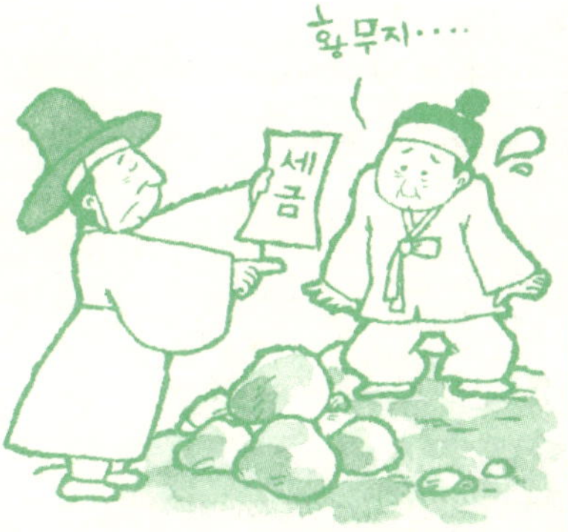

황무지····

나 죽은 이에게 세금을 내게 한다.

돌아가신 아버님····

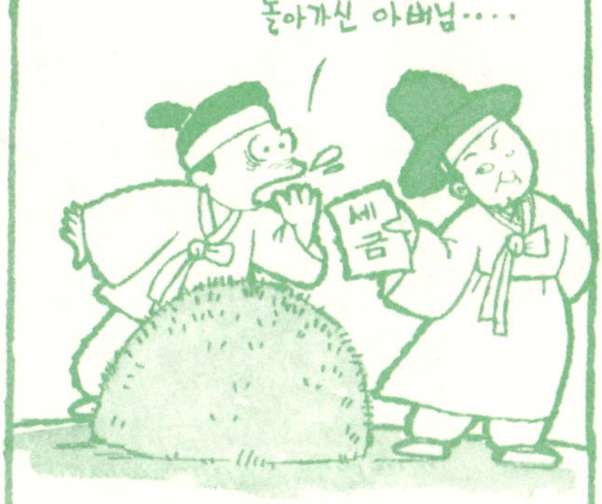

다 갓난아이에게 세금을 내게 한다.

애기는 사람 아녀?

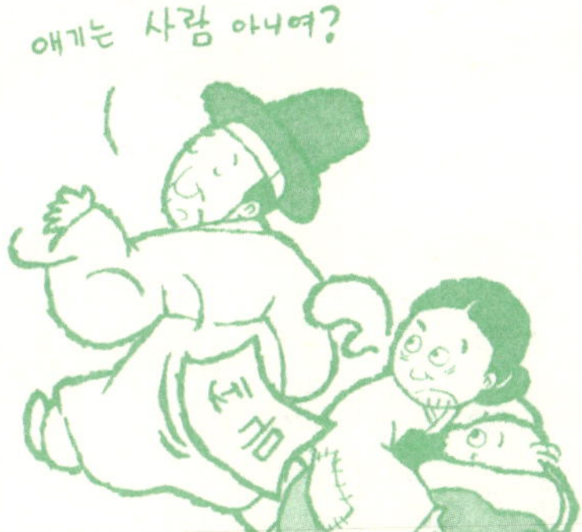

라 논에 매기는 세금을 밭에도 똑같이 내게 한다.

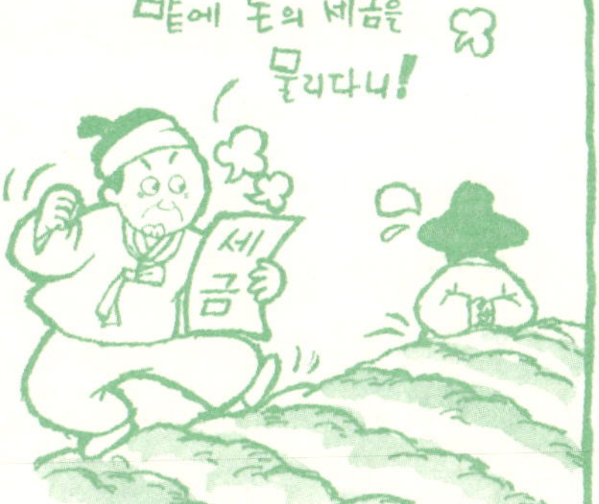

밭에 논의 세금을 물리다니!

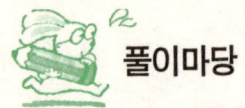 **풀이마당**

　어느 시대나 세금은 백성들을 고통스럽게 합니다. 조선 시대에도 백성들은 세금 때문에 고향을 등지는 경우가 많았습니다. 특히 조선 후기에 오면 삼정 문란이 극에 달합니다. 삼정 문란이란, 전정, 군정, 환곡의 문란을 말합니다. 삼정이 문란해진 것은 지방의 수령이나 아전들이 세금을 가지고 농간을 부렸기 때문입니다.

　정약용이 쓴 '애절양' 이란 시를 보면 삼정 중 군정 때문에 백성들이 얼마나 큰 고통을 당했는지 알 수 있지요.

　　갈밭 마을 젊은 아낙네 긴 울음소리
　　동헌 하늘을 향해 울부짖네.
　　싸우러 나간 남편이야 돌아오지 않을 수 있지만
　　예로부터 남편의 절양은 들어 보지 못했네.
　　시아버지 죽어서 벌써 상복을 벗었으며
　　갓난아이 배냇물도 마르지 않았는데
　　3대의 이름이 첨정되어 군보에 올랐네.
　　하소연하러 갔더니 호랑이 같은 문지기가 지키고 있고
　　이정이 호통치며 외양간 소마저 끌고 갔네.
　　칼 갈아 방에 들어가 자리에 피 가득한데
　　애 낳아 이 고생이구나 하는 말이 절로 나오네.
　　잠실궁형이 어찌 죄가 있어서이며
　　민 땅 자식 거세함도 가엾은 일이어라.
　　　　　(……)

이 시는 정약용이 귀양지에서 유배 생활을 하며 직접 본 것을 쓴 것입니다. 삼정 가운데 군정의 부패를 고발한 것이지요. 군정이란, 군대에 가는 대신 1년에 베 한 필을 세금으로 바치는 제도입니다. 그런데 시에서 보는 것처럼 이미 죽은 시아버지와 태어난 지 얼마 되지 않은 갓난아이에게도 세금이 나왔던 것입니다. 죽은 이에게 나온 세금이 '백골징포'이고, 갓난아이에게 나온 세금이 '황구첨정'이랍니다.

군정의 부패는 이에 그치지 않았습니다. 세금을 낼 수 없어 도망을 치면, 친척이나 마을 사람들이 대신 내야 했습니다.

전정이란, 토지에 나오는 세금입니다. 땅의 넓이나 비옥도, 풍작이냐 흉작이냐에 따라서 세금이 달랐습니다. 그런데 땅이 척박한데도 비옥한 땅과 똑같은 세금을 내게 하고, 흉년에 풍년 때와 똑같은 세금을 내라고 했지요. 또한 밭인데도 논에 매기는 세금을 내게 했습니다. 더구나 전라도와 경상도 지방에서는 지주에게 소작료로 반을 내고, 또 토지세까지 내야 했습니다.

환곡의 문란도 심했습니다. 환곡이란, 봄에 곡식을 빌려 주었다가 가을에 1할의 이자를 더해 받는 제도였습니다. 그런데 지방의 관리들은 흔히 필요 없다는 사람에게 강제로 곡식을 빌려 주거나 겨를 섞은 곡식을 빌려 주었습니다.

삼정 문란으로 고향을 등진 사람들은 도적이 되거나, 상공업이 발전하고 있는 지역으로 가서 노동자가 되었답니다.

정답은 ④ 번입니다.

'평안도 농민 전쟁'이라고 불리는 홍경래의 난은 조선 후기 민란을 대표합니다. 홍경래의 난에 대한 설명 중 맞지 않는 것은 어떤 것일까요?

가 토벌군은 초토화 정책을 폈다.

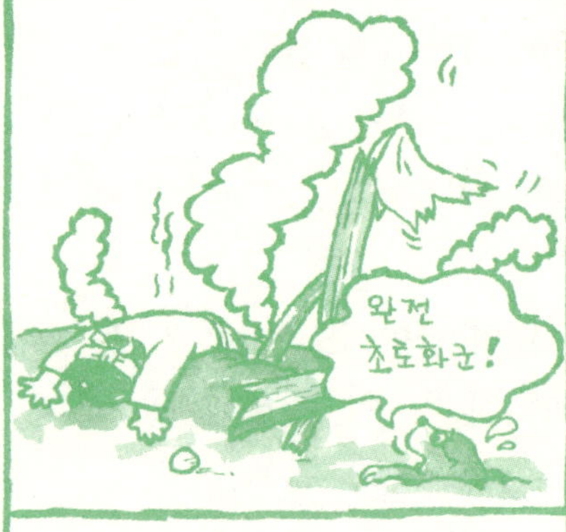

완전 초토화군!

나 토벌군은 성 안의 모든 사람을 죽였다.

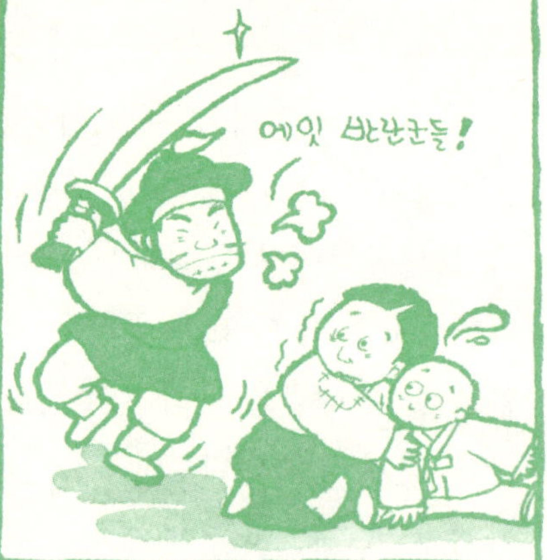

에잇 반란군들!

다 10년 동안 봉기를 준비했다.

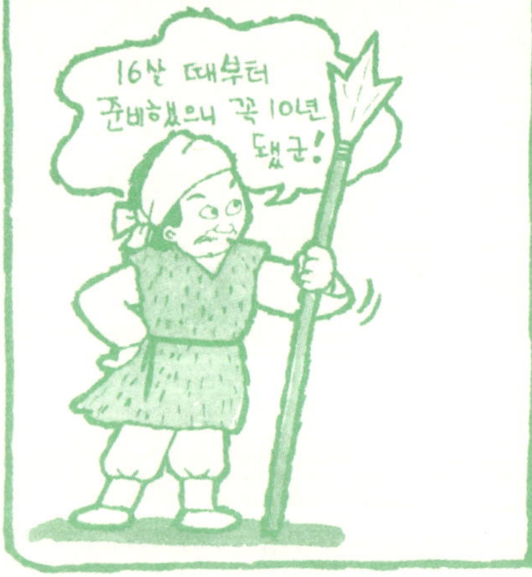

16살 때부터 준비했으니 꼭 10년 됐군!

라 광산이나 수공업장 노동자들도 참여했다.

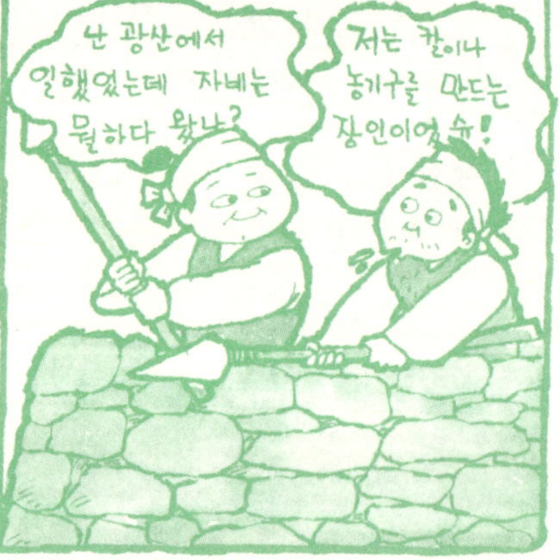

난 광산에서 일했었는데 자네는 뭐하다 왔나?

저는 칼이나 농기구를 만드는 장인이었슈!

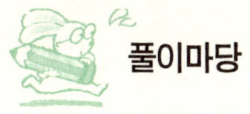

풀이마당

1811년 12월, 평안도 지역에서 봉기가 일어났습니다. 역사책에는 '홍경래의 난'이라고 기록되어 있지요. 홍경래의 난이 일어난 데에는 몇 가지 원인이 있습니다.

첫째로, 평안도 사람들에 대한 차별 정책 때문이었지요. 평안도 사람들은 비록 실력이 있어도 높은 벼슬은커녕 관직에 나가기도 어려웠습니다. 봉기를 이끌었던 홍경래도 관직에 생각이 있었지만, 차별 정책 때문에 관직에 나가지 못했습니다. 홍경래뿐만 아니라, 당시 평안도 사람들은 모두 비슷한 처지였지요.

둘째로, 지역적 특수성을 들 수 있습니다. 평안도 지역은 청과 무역을 하면서 일찍부터 상품 화폐 경제가 발전했습니다. 또한 광산이나 수공업도 발전했지요. 그런데 조정에서는 광산 개발과 대외 무역도 금지했답니다. 이 지역이 무역이나 상공업을 통해 발전할 수 있는 길을 봉쇄해 버렸던 것이지요.

평안도 지역의 이런 특수한 사정과, 당시 삼정 문란으로 인한 농민들의 고통이 한데 어우러져 봉기는 삽시간에 번져 갔지요. 봉기군은 부패한 관리들을 쫓아 버리고 꽤 넓은 지역을 점령했습니다.

평안도 농민 전쟁은 이전의 민란과는 사뭇 달랐습니다.

우선 10년 동안의 준비 과정을 거쳐 봉기했다는 점입니다. 준비가 튼튼했기 때문에 짧은 시간에 많은 지역을 점령할 수 있었습니다.

또한 농민뿐만 아니라, 광산이나 수공업장에서 일하는 사람들도 상당수 봉기에 참여했다는 점입니다. 사실, 이들은 원래 농민이거나 노비였는데, 자기 땅에서 더 이상은 살 수가 없어 도망친 사람들이었습니다.

토벌군은 초토화 정책으로 맞섰습니다. 봉기군과 일반 백성을 구별하지 않고, 모두 한통속이라고 몰아붙이며 봉기 지역 부근의 농민들을 죽이고, 집을 불살라 버렸습니다. 이 바람에 토벌군에게 쫓기는 농민들과 가족들은 봉기군이 모여 있던 정주성으로 들어가 토벌군에 맞서 함께 싸우지요. 봉기군은 4개월 동안 토벌군과 싸웠습니다. 봉기군들이 워낙 완강하게 버텼기 때문에 토벌군은 쉽게 성을 점령할 수 없었습니다.

"성벽 밑에 폭탄을 묻고 폭파시키는 수밖에 없겠군."

토벌군이 마지막으로 생각한 방법이었습니다. 결국 성벽은 무너지고 봉기군은 토벌군에게 몰살을 당했습니다. 당시 성 안에는 4천여 명이 있었는데, 그 가운데 2천여 명이 죽었습니다. 남자와 열 살이 넘는 사내아이들은 모두 살해당했지요.

정답은 ㉯번입니다.

58 흥선 대원군이 편 개혁 정책 중 백성들의 입장에서 볼 때, 개혁 정책이라고 할 수 없는 것은 어떤 것일까요?

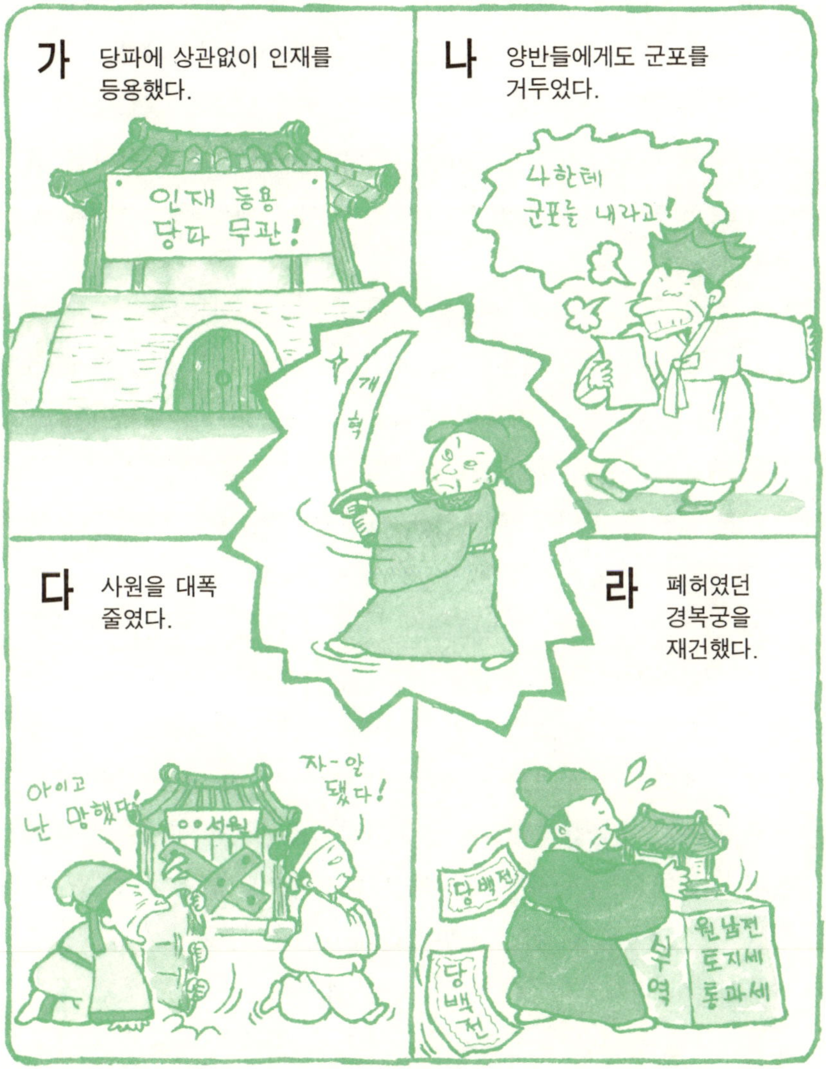

가 당파에 상관없이 인재를 등용했다.

> 인재 등용 당파 무관!

나 양반들에게도 군포를 거두었다.

> 나한테 군포를 내라고!

> 개혁

다 사원을 대폭 줄였다.

> 아이고 난 망했다!
> ○○서원
> 자ー알 됐다!

라 폐허였던 경복궁을 재건했다.

> 당백전
> 당백전
> 원납전 토지세 통과세

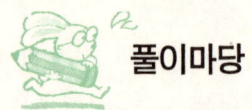

풀이마당

조선의 백성들은 다른 어느 때보다도 세도 정치 기간에 큰 고통을 당했습니다. 젊은 시절에 '상가집 개'와 '거지 왕족'이란 놀림을 받으며 백성들의 고통을 몸소 겪었던 흥선 대원군은 자신의 둘째아들을 왕위에 앉히고 개혁 정책을 펼쳤습니다.

먼저 나라를 좀먹어 온 세도 정치를 뿌리 뽑으려고 했습니다. 안동 김씨 세력을 중요한 자리에서 낮은 자리로 쫓아 버렸던 것이지요. 또한 백성들을 못 살게 굴던 부정 부패한 지방 관리들을 추방했습니다.

둘째, 이전까지 일반 백성들만 내던 군포를 양반들도 내게 했습니다. 문란한 환곡에도 손을 댔지요. 지방 관청에 남아 있는 곡식량을 조사하여 관리들이 부정을 저지르는지 지켜 보면서 곡식을 빼돌리지 못하게 했습니다.

안동 김씨와 양반들의 불만은 대단했지만, 흥선 대원군이 워낙 강경하게 나오는지라 어쩌지를 못했습니다.

셋째, 서원을 대폭 정리했습니다. 조선 후기의 서원은 학문을 하는 곳이라기보다는, 재산을 쌓고 지방 백성들을 못 살게 구는 작은 정부나 다름없었습니다. 서원은 세금도 면제받고 땅도 공짜로 분배받아서 유지해 왔는데, 이에 만족하지 않고 지방 백성들에게 따로 세금을 걷고 형벌을 가하기도 했습니다. 서원 철폐령이 내리자 고통당하던 백성들은 대환영이었습니다. 반면, 서원들은 연합하여 조정의 정책에 반대하는 경우도 적지 않았습니다. 그래서 대원군은 걸림돌인 서원 세력을 꺾으려고 했던 것이지요. 서원 철폐령이 시행되자, 650개에 이르던 서원은 47개로 줄어들었습니다.

홍선 대원군은 이러한 개혁 정책과 함께 경복궁을 재건하기 시작했습니다. 태조가 지은 경복궁은 임진왜란 때 불타고, 약 300년 동안 폐허로 남아 있었습니다. 경복궁 재건에 필요한 비용을 만들기 위해 몇 가지 방법이 동원되었습니다.

우선 양반들로부터 원납전을 걷어들였습니다. 그러나 이것으로는 턱없이 부족했습니다. 토지세를 올리고 한양을 출입하는 사람들에게 통과세를 거두었지요.

이런 식으로 돈을 마련하고, 공사에 필요한 인력은 부역으로 동원했습니다. 나중에는 부족한 공사 비용을 메우려고 당백전이라는 고액 화폐를 발행했습니다.

경복궁을 짓는 동안 나라의 재정은 바닥이 드러나고, 물가는 하늘 높은 줄 모르고 치솟았지요. 당연히 백성들의 원성도 높아 갔습니다.

공평한 인재 등용, 사원 철폐, 양반에게 군포 걷기 등의 속을 들여다보면, 모두 쓰러져 가는 조선 왕조를 살리기 위한 정책이었지만, 그래도 백성들의 고통을 덜어 주려고 했다는 점에서 개혁 정책으로 볼 수 있지요.

그러나 경복궁 공사는 개혁 정책은커녕 잠시나마 대원군에게 지지를 보냈던 사람들에게도 고통을 준 일이었습니다.

대원군이 권좌에서 쫓겨난 이유에는 여러 가지가 있겠지만, 어려운 시기에 경복궁을 지어 백성들의 원성을 산 것이 가장 크지 않았을까요?

정답은 ㉱ 번입니다.

193

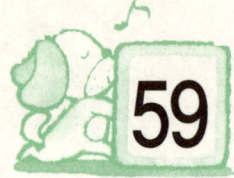

59 명성황후는 세자의 복을 빈다며 금강산 봉우리에서 제사를 지냈습니다. 이 때 돈과 쌀, 베 그리고 무엇을 바쳤을까요?

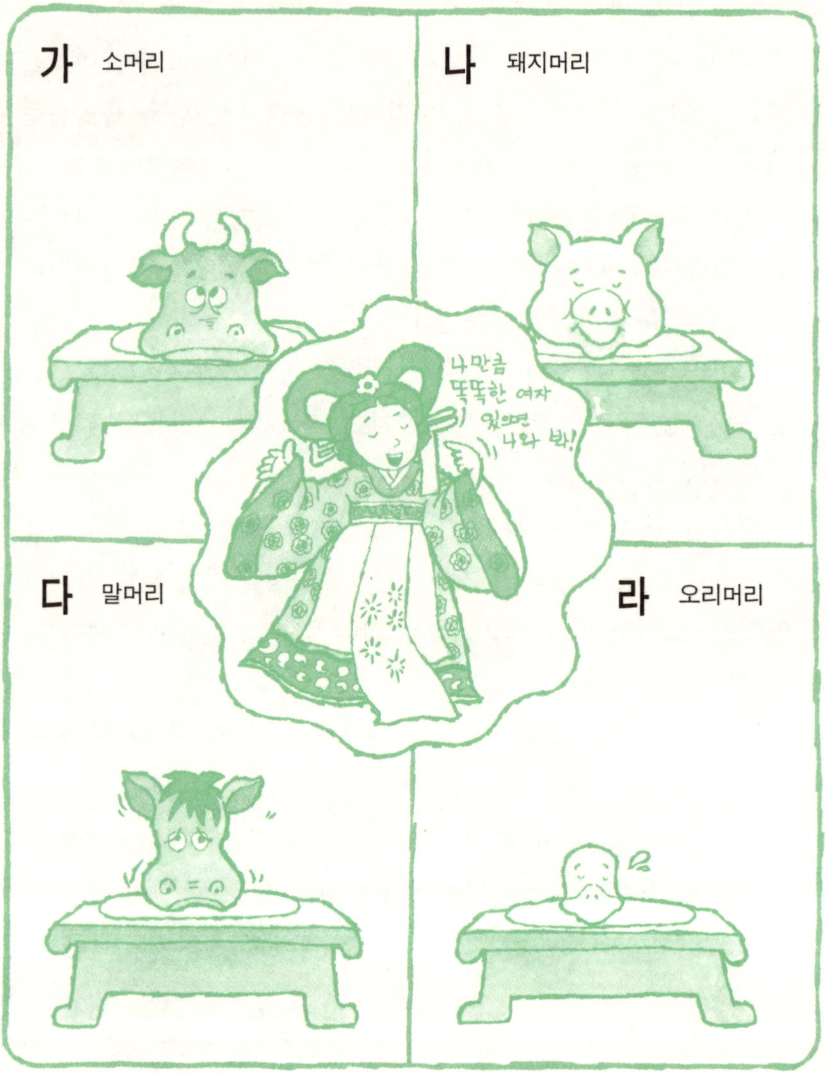

가 소머리

나 돼지머리

나만큼
똑똑한 여자
있으면
나와 봐!

다 말머리

라 오리머리

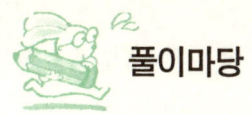

풀이마당

여러분도 알다시피 조선 시대는 봉건 시대였습니다. 봉건 시대에 여성이 자신을 드러낼 수 있는 길은 그렇게 많지 않았습니다. 그림이나 글씨, 또는 문학 등 예술 분야에서 이름을 날린 여성들도 있지만, 이것은 극히 드문 예입니다. 그것도 양반 가문의 여성이 아니고서는 힘들었지요.

그래서 대부분의 양반 가문 여성들은 혼인하는 남자나 자식들을 통해 자신을 드러내는 길을 택할 수밖에 없었습니다.

명성황후도 이런 교육을 받아 왔고, 또한 이런 것을 보며 자라 왔습니다. 그렇기 때문에 열일곱에 왕비가 된 명성황후는 스물넷에 첫아이를 낳고 누구보다도 기뻐했지요. 이미 다른 왕비가 낳은 왕자들도 있었지만, 자신의 아이가 세자이기 때문이었습니다.

명성황후는 왕실의 돈은 물론이고 나랏돈으로 굿을 벌였습니다. 또한 감사의 제사를 올렸습니다. 금강산 1만 2천 봉마다 돈 100냥, 쌀 한 섬, 베 한 필 그리고 소머리를 하나씩 올려놓았지요. 세자의 명복과 자신의 복을 빌기 위해 제사를 올렸던 것입니다.

명성황후는 정치판에서 조선을 좌지우지한 최초의 여성이라고 해도 지나치지 않습니다. 정치를 하는 데 남달리 뛰어난 능력이 있었다는 이야기이겠지요. 단적으로 세자비로 자신을 선택한 시아버지 흥선 대원군을 쫓아 내고, 자신이 정치를 펴 나간 것만 보아도 알 수 있답니다.

사실, 봉건 왕조를 지키겠다는 면에서는 명성황후와 대원군 모두 똑같았습니다. 둘 다 쓰러져 가는 조선 왕조를 바로 세우려고 했으니까요. 한 사람은 쇄국 정책을 통해서 이를 이루려고 했고, 다른 한 사람은 외세에 의존해서 왕조를 지키려고 했습니다. 하지만, 목적이 같다고 해서 결과가 같으리라고 생각할 수는 없습니다. 명성황후가 걸은 길은 대원군과는 사뭇 달랐습니다.

시아버지와의 싸움에서 승리한 명성황후는 모든 것을 외세, 특히 청나라에 의존해서 풀려고 했습니다. 이후 조선은 무방비 상태에서 외세에 모든 것을 맡기는 꼴이 되었지요. 명성황후가 집권한 22년은 조선이 서양 여러 나라에게 우리의 재산을 하나씩하나씩 넘겨 준 세월이었습니다.

외세의 힘을 빌려 권력을 유지하려고 했기 때문에, 명성황후의 정책은 반민중적일 수밖에 없었습니다. 민중들의 바람이 그의 귀에는 들어오지 않았던 것이지요. 임오군란이나 동학 농민 운동에서 민중들이 무엇을 원했는지 잘 알 수 있습니다.

1882년에 일어난 임오군란은 구식 군대에 대한 차별 때문에 일어났지요. 그러나 단순히 차별 때문만은 아니었습니다. 명성황후의 반민중적, 친외세적인 정책을 반대했던 것이지요. 특히 외세의 침략을 막아 왔던 조선 군대를 불필요한 존재로 생각하는 당시의 집권 세력인 명성황후 일족의 태도에 분노가 폭발했던 것입니다. 외세를 배척하고 사회 개혁을 내걸었던 동학 농민 운동은 당시 조선 민중의 바람을 그대로 드러내고 있지요.

정답은 ㉮ 번입니다.

60 조선이 서양 여러 나라에 문을 여는 계기가 된 강화도 조약은 불평등 조약의 시초였습니다. 조약 내용 중 사실과 다른 것은 어떤 것일까요?

가 일본 영사관이 재판을 행사한다.

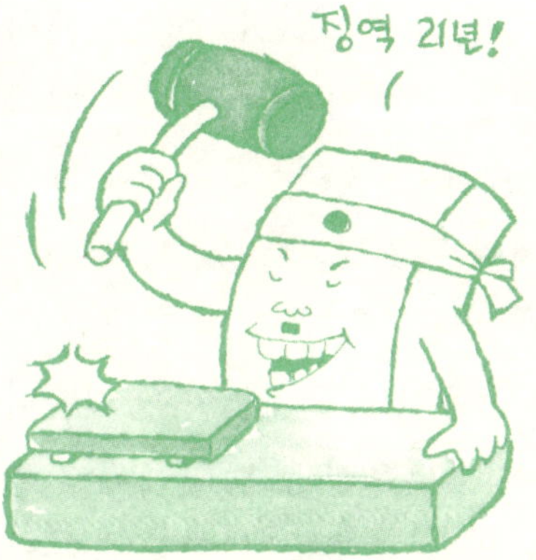

징역 21년!

나 해안선을 측정하여 해도를 만들 수 있다.

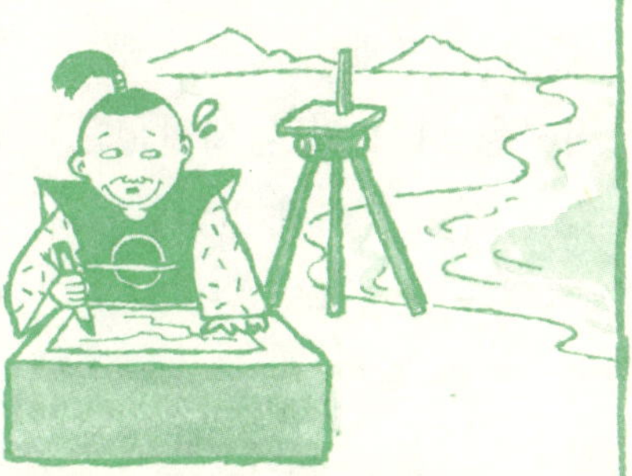

다 일본 화폐로 상품을 살 수 있다.

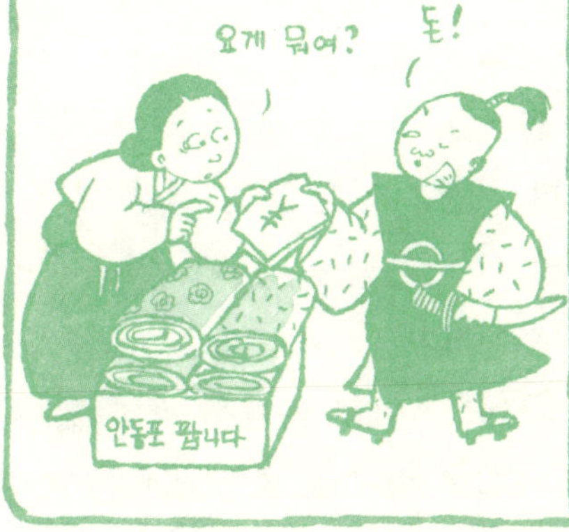

요게 뭐여? 돈!

안동포 팜니다

라 화물만 관세를 낸다.

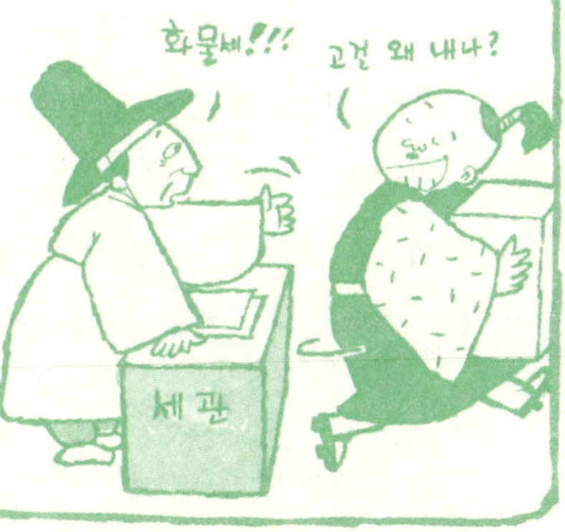

화물세!!! 고건 왜 내나?

세관

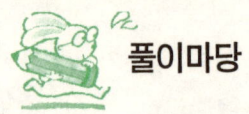# 풀이마당

1875년, 일장기를 단 군함들이 부산 등 우리 해안에 나타나 무력 시위를 벌였습니다. 무력 시위란, 힘을 과시하여 자신들의 요구 조건을 받아들이지 않으면 무력을 쓰겠다고 위협하는 것이지요. 당시 일본의 배들은 부산 앞바다 등에서 함포를 쏘아 대며 위협을 가했습니다.

조선은 청나라와만 무역을 하고 있었는데, 일본은 자신들에게도 문을 열라고 요구했습니다. 1854년, 미국이 일본의 문을 열었던 방법 그대로 조선의 문을 열려고 했던 것이지요. 마침 쇄국 정책을 펴고 있던 대원군은 권좌에서 쫓겨난 처지였고, 군대도 약할 대로 약해져 있었습니다. 그래서 일본은 마음 놓고 큰 소리를 쳤습니다. 더구나 일본 뒤에는 든든한 후원자들이 있었습니다. 미국, 독일, 러시아, 프랑스 등은 벌써부터 조선 땅에 군침을 삼키고 있었습니다. 그런데 대원군과 조선 민중의 저항에 부딪혀 성공하지 못하자, 일본을 앞세웠던 것입니다.

또한 20년 전, 서양 세력에 문을 연 덕분에 일본의 군대는 신식 무기로 무장하고 있었습니다. 일본군은 전쟁을 치를 정도의 힘은 못 되지만, 군사력에서는 자신이 있었습니다.

당시 민비가 이끄는 집권층이 의지할 수 있는 곳은 청나라뿐이었습니다. 그런데 청나라도 아편 전쟁을 겪은 뒤라 서양 세력에 꼼짝 못 하는 처지였지요. 그런 서양 세력이 원하고 있으니, 조선은 꼼짝없이 조약을 맺어야 했습니다.

강화도 조약은 1876년, 겨울 바람이 유난히 차가운 강화도에서 맺어졌습니다. 힘에 굴복하여 맺었기 때문에 조약 내용은 조선에 불리한 것이었습니다.

조약은 조항 12개, 부록 11조 그리고 무역 규칙 11조로 이루어져 있었습니다. 내용들은 하나같이 불평등한 것이었습니다.

첫째, 일본 화폐로 조선의 물자를 구입할 수 있다.

둘째, 일본 선박은 관세를 물지 않는다. 화물도 관세를 물지 않는다.

셋째, 일본 상인들이 조선에 거주하며 쌀 등을 수출할 수 있다.

몇 가지만 꼽아 보아도 알 수 있듯이, 일본은 조선의 경제를 손아귀에 넣으려고 했습니다. 이 밖에도 해안선을 측량하여 해도를 만들 수 있으며, 조선 내 일본인에 대한 재판은 일본 영사관에서 맡는다는 조항도 들어가 있었습니다.

강화도 조약은 이후 서구 열강과 조약을 맺을 때 기준이 되었음은 물론이고, 미국이 최혜국 대우를 요구했듯이, 서구 열강들은 조약을 맺을 때마다 더 많은 것을 요구했습니다.

결국 조선은 일본 및 서구 열강의 도마 위에 오른 생선 꼴로, 눈알이 파이고 살점을 물어뜯기는 수난을 당하기 시작했습니다.

정답은 ㉣ 번입니다.

199

61 김옥균을 비롯한 개화파는 근대적인 개혁을 부르짖으며 갑신정변을 일으켰습니다. 개화파가 내건 주장이 아닌 것은 어떤 것일까요?

가 청나라에 조공을 바치지 않는다.

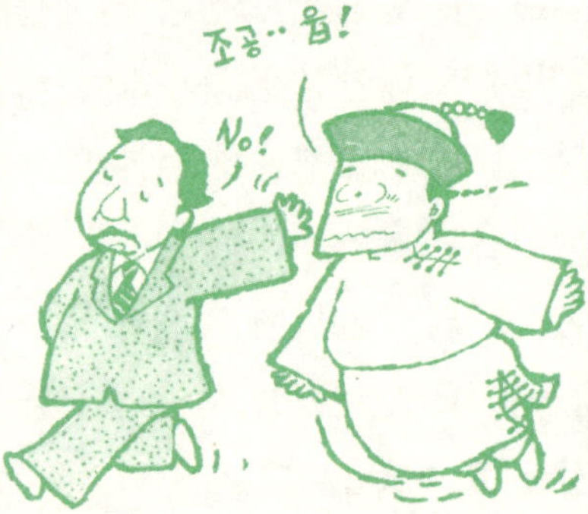

조공…을!

NO!

나 일본은 받아들이지만, 미국 등 서양 세력은 몰아 낸다.

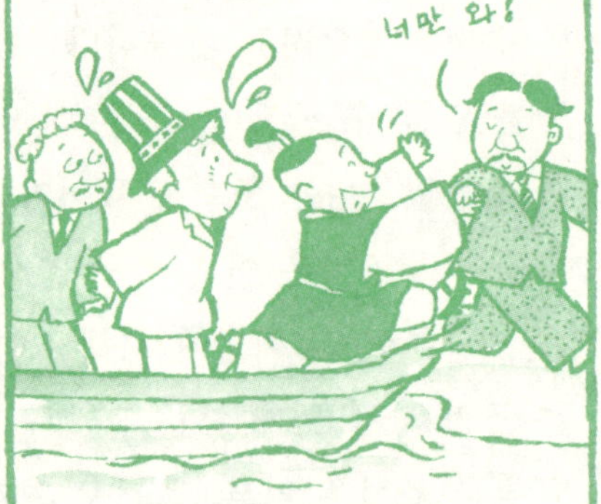

너만 와!

다 양반 제도를 폐지한다.

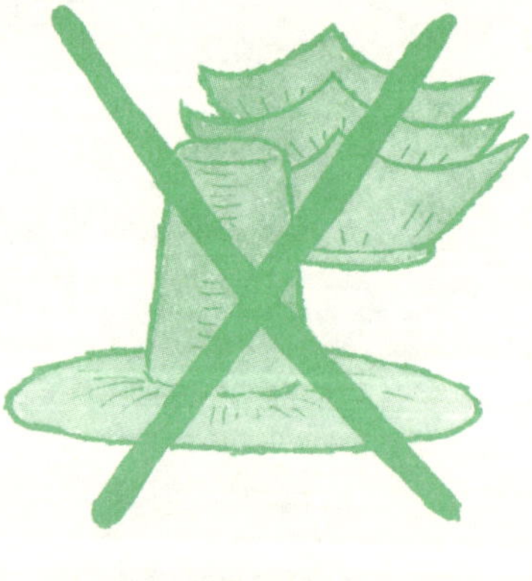

라 지조법을 개정하여 국가 재정을 튼튼히 한다.

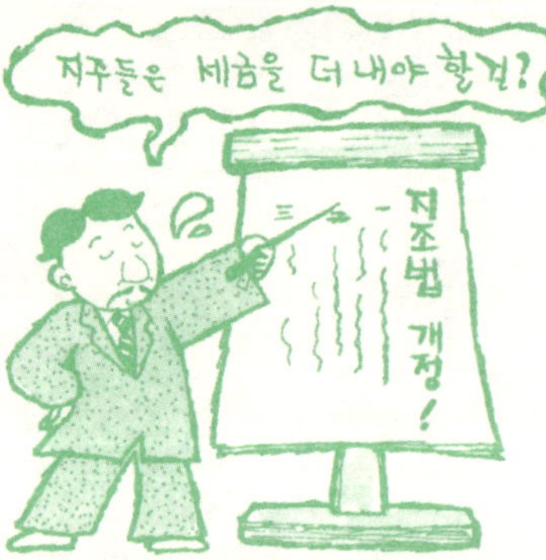

지주들은 세금을 더 내야 할걸?

지조법 개정!

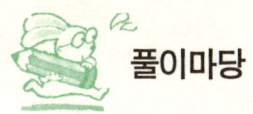 **풀이마당**

"이런 식의 썩은 정치로는 조선이 발전할 수 없습니다."

"그렇소, 서양처럼 발전하기 위해서는 모든 것을 뜯어 고쳐야 합니다."

"백성들을 가난하게 만들고, 나라를 팔아먹는 썩은 지배층을 몰아 내야 합니다."

"하지만 우리에겐 힘이 없잖습니까?"

"미국의 힘을 빌려 볼까요? 아무래도 미국은 선량한 나라같고 또 우리처럼 작은 나라엔 욕심을 갖고 있지 않을 것 같습니다."

"미국이 좋겠소. 미국에게 우리가 거사를 할 테니, 우리를 좀 도와 달라고 부탁합시다."

조선 말 개화파라 불린 젊은이들은 부패한 정치를 뜯어 고쳐 부강한 나라를 만들려고 고민하고 있었습니다. 김옥균, 박영효, 홍영식 등의 젊은 청년들이 개화파를 이끌고 있었습니다.

이들은 어느 날 갑자기 모여 나라를 뜯어 고치자고 했던 것은 아닙니다. 오랜 세월을 두고 개화파를 지도했던 사람들이 있었습니다. 바로 박규수, 유대치 같은 사람들이었지요. 박규수는 평양 감사로 있을 때, 제너럴 셔먼 호를 불태워 버렸던 사람입니다. 그리고 박규수와 유대치는 조선 말의 실학자인 박지원, 정약용, 김정희의 제자였지요. 따라서 갑신정변의 주역들은 실학파, 특히 중상학파의 가르침을 받았다고 할 수 있습니다.

여하튼 개화파는 1894년 12월에 거사를 일으켰습니다. 이 때 거사를 일으킨 것은 몇 가지 조건이 맞아 떨어졌기 때문입니다.

첫째, 민중들이 변화를 원하고 있었습니다.

둘째, 개혁의 걸림돌인 청나라가 조선 정치에 개입하지 못할 상황이었습니다. 당시 청나라는 프랑스와 전쟁을 하고 있었기 때문이지요.

셋째, 개화파를 지지해 줄 세력이 있었다는 점입니다. 개화파는 미국의 도움을 얻는 데에는 실패했지만, 일본의 지지를 얻는 데에는 성공했습니다.

개화파는 정권을 잡은 지 사흘 만에 죽거나, 망명 길에 올라야 했습니다. 양반 제도의 폐지, 지조법 개정, 청나라와의 관계 단절 등 개혁적인 정책을 내걸었지만, 개혁을 이뤄 나가는 방법에서 실패했던 것입니다. 왜 개화파는 실패했을까요?

그것은 민중의 힘을 통해 이루려고 하지 않고, 일본의 힘에 의지하여 개혁을 이루려고 했기 때문이지요. 민중의 힘을 끌어들였다면, 비록 청나라 군대가 개입했다 해도 그리 쉽사리 무너지지는 않았을 것입니다.

만약 갑신정변이 성공했다 하더라도 일본의 힘을 빌렸기 때문에 일본의 침략을 더욱 빨리 앞당기는 결과가 되지 않았을까요?

단적으로 당시 조선 민중, 특히 한양 사람들과 상인들은 일본을 좋아하지 않았습니다. 일본이 굴욕적으로 조선의 문을 열었고, 일본 상인들로 인해 큰 피해를 보고 있었기 때문입니다. 따라서 일본 세력과 가깝게 지내고 급기야 일본 세력을 끌어들인 개화파를 좋게 볼 리 없었지요.

결국 내건 이념이 아무리 좋다 해도 개혁을 밀고 나가는 힘이 내부에 없고 외부에 있다면 결과는 실패로 끝나고, 설사 성공한다 해도 남에게 좋은 일만 시키는 결과가 되고 만답니다.

정답은 ④번입니다.

62 동학 농민군이 제시한 '폐정 개혁안'에는 당시 농민들이 무엇을 원했는지 잘 나타나 있습니다. 다음 중 그 내용과 다른 것은 어떤 것일까요?

가 왜에 빌붙은 자는 엄벌한다.

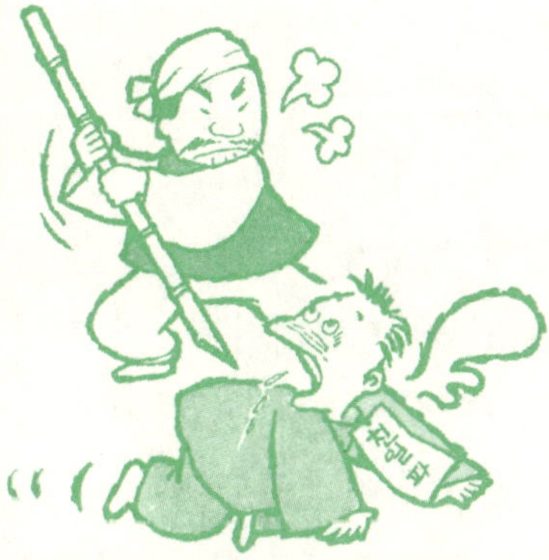

나 이름도 없는 세금은 폐지한다.

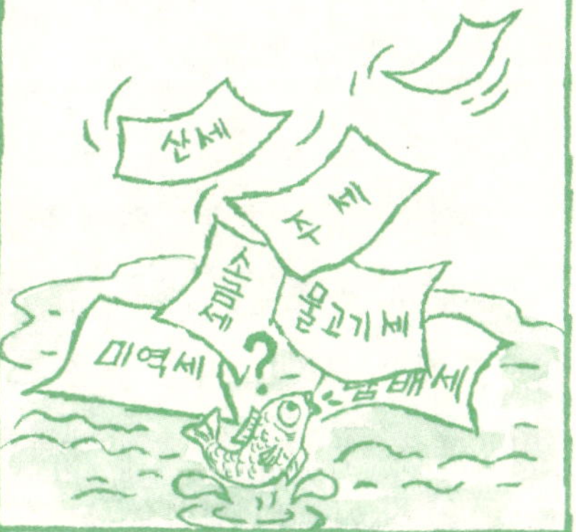

다 천인 차별을 없애고 노비 문서를 불태운다.

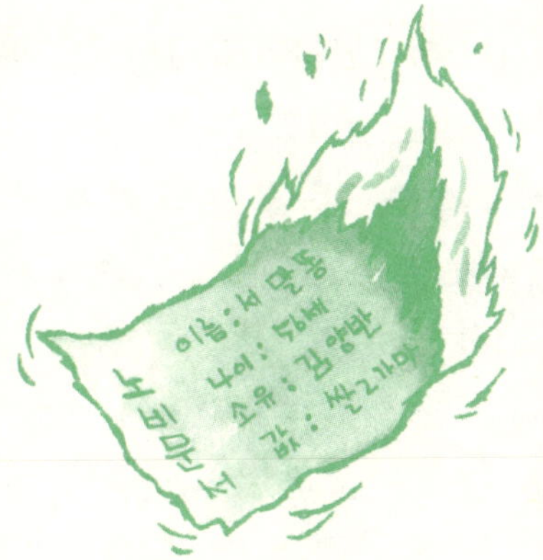

라 나라빚을 제외한 개인빚은 없었던 것으로 한다.

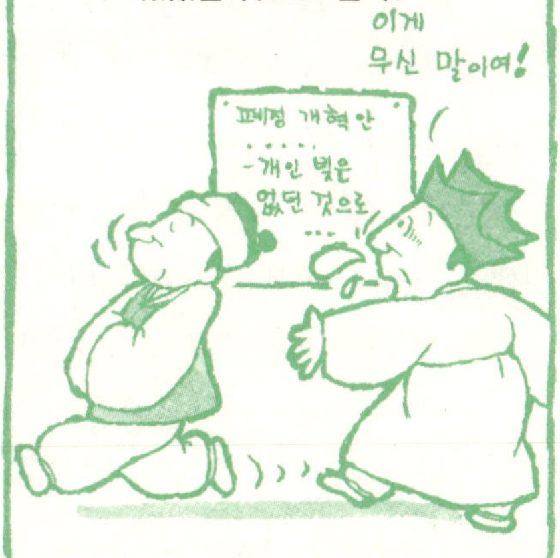

이게 무신 말이여!

"폐정 개혁안"
-개인 빚은 없던 것으로·····

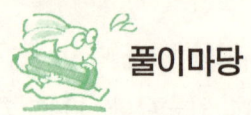

풀이마당

폐정 개혁안이란, 말 그대로 부패한 정치를 바로잡기 위한 개혁안입니다. 농민들은 부패한 관리들을 몰아 내고 잠시나마 전라도, 충청도, 경상도 등 삼남 지방을 스스로 다스렸습니다. 물론 정부에서도 인정해 주었지요.

그 때 농민군들은 '폐정 개혁안'을 제시했습니다. 우리는 이렇게 삼남 지방을 다스리고 나라도 그렇게 만들겠다는 것이었지요. 따라서 폐정 개혁안에는 당시 조선은 어떤 상황에 처해 있었고, 민중들은 무엇을 요구했는지 잘 드러나 있습니다.

사실, 농민군이 봉기하게 된 직접적인 계기는 군수가 물을 팔아 먹으려고 했던 데에 대한 반발이었습니다. 여러분도 알다시피 부패한 관리로 악명 높은 고부 군수 조병갑이 백성들의 피와 땀으로 만든 저수지 물에 세금을 붙였던 것이지요.

그러나 이것은 새발의 피에 지나지 않았습니다. 삼정 문란에다가, 듣도 보도 못한 세금들이 민중들을 고통에 빠뜨리고 있었습니다. 산세, 주세, 물고기세, 소금세, 미역세, 담배세 등 마치 민중들은 세금의 바다에서 허우적거리는 조난자의 모습이었습니다. 그래도 이런 세금들은 정부에서 만든 것이었습니다. 부패한 지방 관리들은 조병갑이 물세를 받으려고 했듯이, 여러 가지 잡세를 만들었지요. 그래서 폐정 개혁안에는 이름도 없는 잡세를 폐지한다는 내용이 들어가 있었습니다.

또한 천인에 대한 차별을 없애려고 했습니다. 당시까지 무당, 광대, 백정 등 일곱 종류의 천민은 천시를 받아 왔습니다. 이것을 폐지하려고 했던 것이지요.

일곱 천민 가운데에서도 백정은 다른 천민보다 더 학대를 받았고, 백정을 표시하는 패랭이를 머리에 쓰고 다녀야 했습니다. 농민군은 이것을 폐지했습니다. 당연히 노비 문서도 불태워 버렸지요.

왜와 가깝게 지내는 자를 엄벌한다는 내용도 들어가 있었습니다. 강화도 조약 이후, 왜와 서양 여러 나라들이 물밀듯이 들어왔습니다. 그들은 온갖 이권을 차지했지요. 이권이란, 광산 채굴권, 어업권, 철도 부설권 등인데 결국 조선의 경제력을 손아귀에 넣었던 것이지요.

그 가운데에서도 일본은 가장 많은 이권을 차지했습니다.

일본은 발달한 공업을 바탕으로 옷감, 화장품, 석유, 식기류 등을 들여와 우리의 쌀을 빼내 갔습니다. 조선의 식량은 턱없이 부족해졌지요. 또한 대장간, 놋그릇 공장, 무명베 공장 등은 하루 아침에 문을 닫게 되었습니다. 동학 농민군은 이런 일본의 본실을 잘 알고 있었습니다. 그래서 일본의 꼭두각시들을 엄벌에 처해야 한다고 주장했던 것이지요. 2차 봉기 때에는 한걸음 더 나아가 조선 지배를 꿈꾸는 일본과 싸움을 벌입니다.

당시 막 문을 연 조선은 빚이 많았습니다. 나라빚도 많았고 개인의 빚도 많았습니다. 나라빚이란 이런저런 개발을 한다고 외국에서 빌려 온 돈과 배상금들이었지요. 자주적인 나라가 되려면 이런 빚이 없어야 한다고 생각했습니다. 그래서 나라빚도 없었던 것으로 하자고 주장했던 것입니다.

오늘날에도 한 가구당 평균 몇백만 원씩의 빚이 있다고 합니다. 당시에도 빚은 민중들을 고통스럽게 했습니다. 아무리 일을 해도 빚을 갚고 나면 빈털털이가 되었지요. 더구나 일본이 값싼 물건들을 들여와 쌀과 바꿔 가는 통에 빚은 눈덩이처럼 불어났습니다. 잘못하다간 빚에 치여 죽을 판국이었습니다. 그래서 농민군은 나라빚은 물론이고 개인빚도 없던 것으로 했지요.

이 밖에도 과부의 재가를 허용했습니다. 과부는 1477년 성종 때부터 재혼을 할 수 없었습니다. 약 400년 만에 과부의 재혼을 주장했던 것이지요. 또한 지역이나 문벌을 타파하고 인재 위주로 관리를 등용한다, 탐관오리를 처벌한다, 불량한 양반들을 처벌한다는 내용이 포함되어 있습니다.

마지막으로 폐정 개혁안에는 동학 농민군이 정부와 정치를 함께 편다는 내용이 들어가 있었습니다. 전봉준은 심문을 받는 과정에서 한양으로 쳐들어간 다음, 어떤 정치를 펴려고 했느냐는 질문을 받았을 때 이렇게 말했습니다.

"일본군을 물러가게 하고, 임금 주위의 간신배들을 몰아 내려고 했다. 그리고 뜻있는 사람들로 하여금 임금을 도와 올바른 정치를 펴려고 했다."

결국 동학 농민 운동은 봉건주의를 타파하고 이 땅에서 외세를 몰아 내어 자주 국가를 만들려고 했던 민족적인 거사였습니다.

동학 농민군은 일본군의 우세한 무기 앞에 쓰러져 갔습니다. 당시 20만 명이 목숨을 잃었답니다. 농민군을 이끌었던 김개남, 송화중 등도 체포되어 재판 받은 바로 그 날, 형장의 이슬로 사라졌습니다. '때를 만나 온 천하도 호응하더니 운이 다하여 영웅도 어쩔 수 없네.' 하는 시구처럼, 돈에 눈이 먼 동지의 배신으로 붙잡힌 전봉준도 같은 날, 형장의 이슬로 사라졌습니다.

정답은 ㉑ 번입니다.

206

정답은 ㉣ 번입니다.

민족 해방을 향해 일어선 시대

일제 강점기

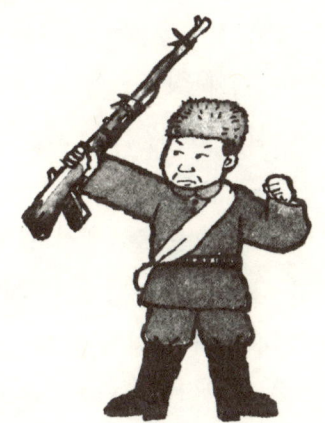

일제 강점기

우리 역사에서 가장 자랑스럽고도 슬픈 동학 농민 운동이 실패로 돌아가자, 우리 민족의 운명은 세계 열강의 손, 특히 일본의 손아귀로 넘어갔습니다.

"식민지 지배는 조선을 발전시켰다."

조선을 지배했던 일제의 입장입니다.

일제는 무엇보다도 경제가 근대적으로 발전했다는 점을 강조합니다. 하지만, 조선은 무궁무진한 잠재력을 지니고 있었기 때문에 우리 민족 스스로 경제를 발전시켰다면 더욱 부강한 나라가 될 수 있었다는 게 경제 학자들의 생각이랍니다.

나아가 일제가 지배한 36년은 우리 민족의 힘과 정기를 철저하게 빼앗아간 시기였습니다.

일본 전국에 흩어져 있는 박물관에서 관람객들의 눈길을 끄는 보물들은 대개 우리 나라에서 강탈해 간 것이랍니다. 일제 시대 때 강제 징용이다, 정신대다 해서 끌려가 이름도 모를 땅에서 죽어간 조선의 청년, 처녀는 얼마입니까? 우리 강산의 금은보화를 뽑아다 전쟁 물자를 만든 자들은 누구입니까?

그리고 무엇보다도 일제는 우리의 역사와 정신마저 빼앗아갔습니다.

"조선 민족은 열등한 민족이다. 스스로 발전할 수 없다."

우리 민족은 36년 동안 아니, 어쩌면 지금까지도 일제의 왜곡

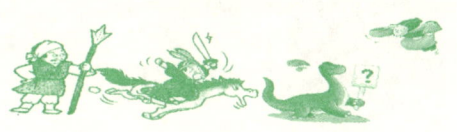

된 역사 교육을 받고 있는 것은 아닐까요? 이런 역사 의식에서 나오는 정신이니 또 얼마나 비뚤어져 있겠습니까?

그러나 우리 민족은 기개가 있는 민족입니다.

36년 동안 싸웠고 어쩌면 지금도 외세의 지배에 맞서 싸우고 있습니다. 때로는 만주에서, 중국 땅에서 그리고 소련 땅에서 일제와 맞서 싸웠습니다. 무슨무슨 주의는 다음의 문제였습니다. 학교 선생님, 공장 노동자, 시장 장사 자리를 뒤로 하고 때로는 앞치마를 풀어 놓고 총성이 울리는 땅으로 떠났습니다. 민족주의자이건 사회주의자이건 아무 문제도 아니었던 것이지요.

그렇게 투쟁하기를 몇십 년, 1945년 8월 15일에 드디어 '아리랑 — 아리랑 — 아라리요 —', '동해물과 백두산이 마르고 닳도록 —' 하는 노래가 삼천리 강산에 울려 퍼졌습니다.

그러나 함성도 잠시, 삼천리는 두 동강 나고 일제 시대에 '조선의 독립을 도와 주시오.', '조선의 독립을 원하므로 사형에 처한다.'며 큰 소리쳤던 자들이 다시 나라를 다스리는 슬픈 역사가 시작되었습니다.

아쉬움이 남지만 역사의 시간을 되돌릴 수는 없습니다. 하지만, 환희의 역사로 만들 수는 있습니다. 그것이 우리의 몫입니다.

63 안중근 의사는 조선 침략의 주구였던 이토 히로부미를 처단했지요. 그런데 당시 이토는 몇 발의 총알을 맞았을까요?

가 머리에 세 발을 맞았다.

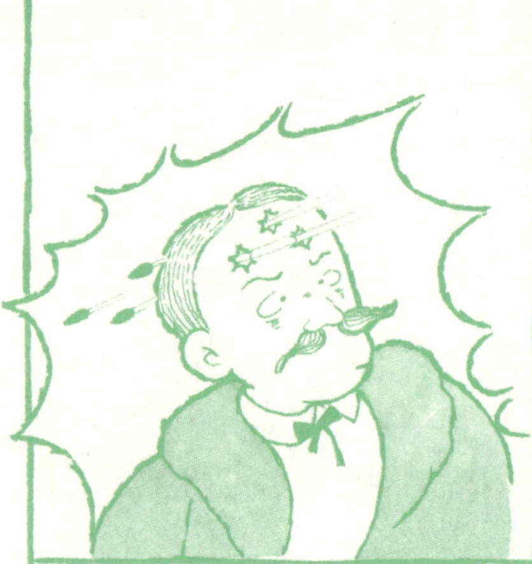

나 가슴과 배에 세 발을 맞았다.

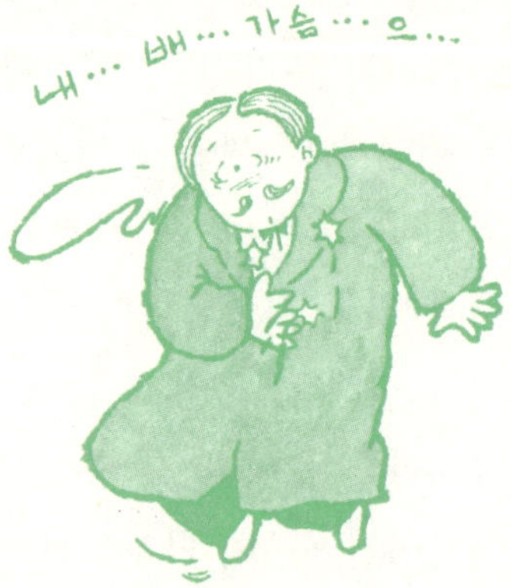

내… 배… 가슴 …으…

다 온몸에 여섯 발을 맞았다.

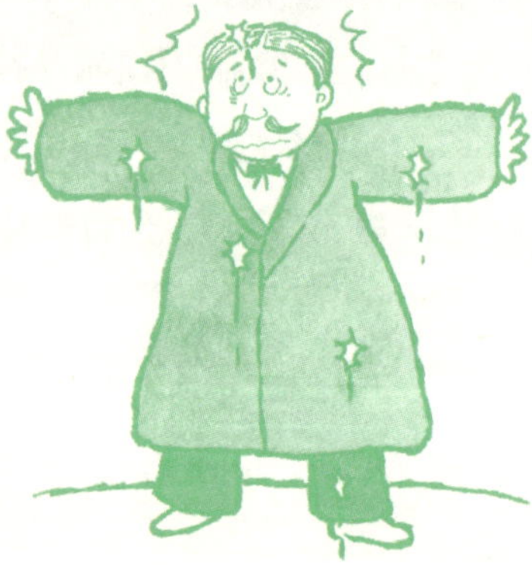

라 가슴에 세 발, 다리에 세 발을 맞았다.

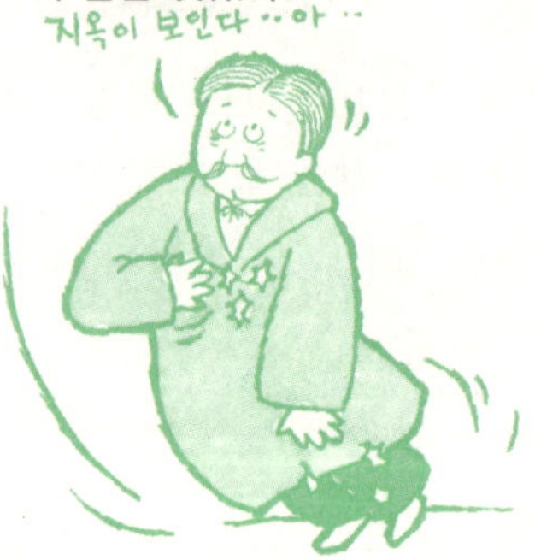

지옥이 보인다…아…

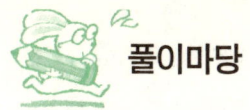 **풀이마당**

1910년 3월 26일, 여순에는 안개가 짙게 깔려 있었습니다. 아직 동이 트지 않은 새벽녘이라 사방은 고요했습니다. 그 때, 마차 한 대가 나타나더니 고요를 깨뜨리며 어디론가 가고 있었습니다. 마차 전후 좌우에 무장한 군인들이 있는 것으로 보아 마차에는 큰 죄를 지은 죄인이 타고 있는 듯했습니다. 이 마차에는 안중근 의사가 타고 있었으며, 마차는 사형장으로 향하고 있었습니다.

꼭 다섯 달 전인 1909년 10월 26일, 조선인으로 보이는 청년 하나가 만주의 하얼빈 역에서 오른손을 호주머니에 푹 찌른 채 누군가를 기다리고 있었습니다. 청년은 양복 위에 검은 외투를 입고 순사 모자를 쓰고 초조한 모습으로 서성거리고 있었습니다. 역에는 러시아 헌병들과 일본 헌병들이 쫙 깔려 있었지요.

이윽고 아홉 시가 되자, 열차가 미끄러지듯이 플랫폼에 들어섰습니다. 군악대의 환영 연주가 울려 퍼지는 가운데 수염을 휘날리며 키가 작달막한 노인이 내려섰습니다. 노인은 환영 나온 사람들과 반갑게 악수를 나누며 흐뭇한 미소를 지었습니다.

노인의 이름은 이토 히로부미, 바로 조선 침략의 주구였지요. 노인이 막 걸음을 옮기려는 순간, 러시아 헌병 사이를 뚫고 한 청년이 번개같이 뛰어나왔습니다. 그리고는 그의 오른손에 들린 총이 불을 뿜었습니다. '탕탕탕, 탕탕탕 타 — 앙' 소리가 나자, 이토가 거꾸러지고, 옆에 있던 수행원들도 쓰러졌습니다. 총구에서 나온 총알 가운데 세 발이 정확히 이토의 가슴과 배를 꿰뚫었던 것이지요.

안중근 의사는 1879년 황해도 해주에서 태어났습니다. 1905년 우리 나라의 외교권을 박탈한 을사 조약 뒤에 그는 외세로부터 독립하기 위해서는 배워야 한다며, 학교를 세워 젊은이들을 가르치는 데 힘을 쏟았습니다.

그러나 일본이 조선 지배를 더욱 노골화하자, 이제 무장 투쟁으로 일본 세력을 몰아 낼 수밖에 없다고 생각하고, 의병 투쟁을 벌였습니다. 그러나 이것도 뜻대로 되지 않자, 일본의 손길을 피해 이주한 우리 나라 사람들 10만여 명이 살고 있는 만주로 건너갔습니다. 그리고 기회를 엿보았답니다. 그러다가 동지 몇 사람과 함께 을사 조약, 정미 7조약 등을 지휘했던 이토 히로부미를 처단하기로 마음먹었습니다.

결국 안중근은 이토 히로부미를 처단하여 조선 민족이 무엇을 원하는지를 보여 주고, 또한 조선 민중이 가야 할 길을 제시해 주었지요. 그는 재판장에서도 '나는 조국의 독립을 위해 싸운 군인이다. 그러니까 전쟁 포로이다. 그런데 왜 내가 재판장에 서야 하는가. 그리고 왜 내가 일본인들에게 재판을 받아야 하는가?' 하며 자신의 뜻을 조금도 굽히지 않았답니다.

안중근 의사는 거사를 한 5개월 뒤, 여순에서 서른두 살의 나이로 형장의 이슬로 사라졌습니다.

당시 형무소 소장이었던 일본인은 안중근 의사의 뜻과 기개에 감동하여 지금도 제사를 지낸다고 합니다. 또한 의사가 흙에 묻힌 지 80여 년 만에 천주교에서도 그의 죽음을 애도하는 미사를 올렸답니다. 사실, 천주교에서는 교리상 이유야 어떻든 살인을 허용하지 않습니다. 하지만, 민족의 생명을 구하기 위한 정당한 처단으로 인정했던 것이지요. 정답은 ④번입니다.

212

64 3·1 운동은 일제로부터 독립하려는 전민족적인 운동이었습니다. 당시에는 국민 학생들도 열심히 운동에 참여했는데, 참여 방법 중 맞지 않는 것은 어떤 것일까요?

가 동맹 휴학을 했다.

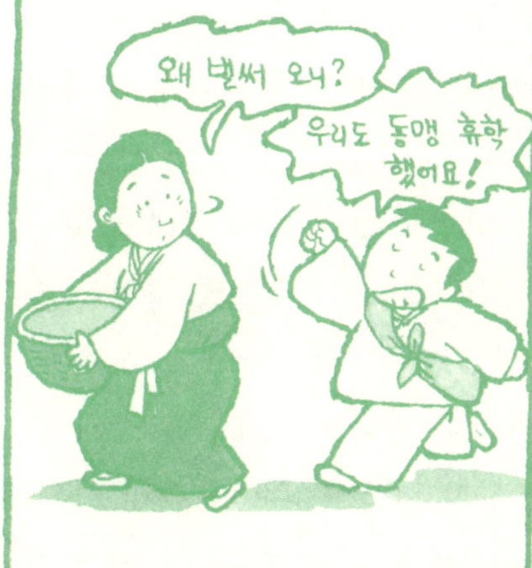

왜 벌써 오니?

우리도 동맹 휴학 했어요!

나 만세 시위에 참여했다.

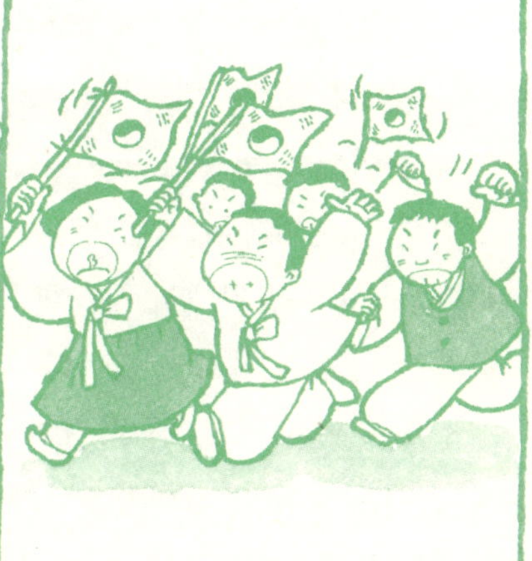

다 일어책을 찢었다.

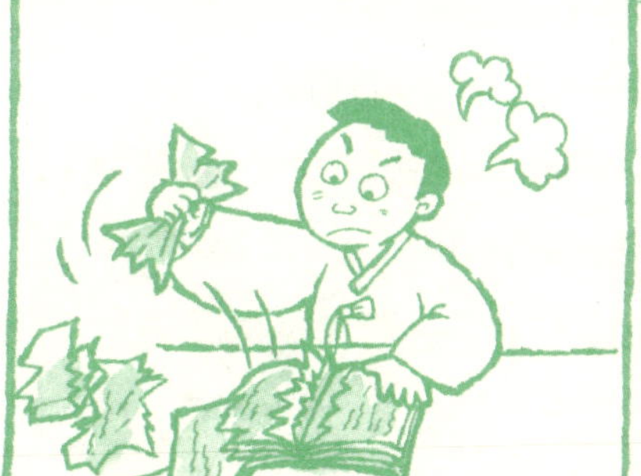

라 반일 벽보를 붙였다.

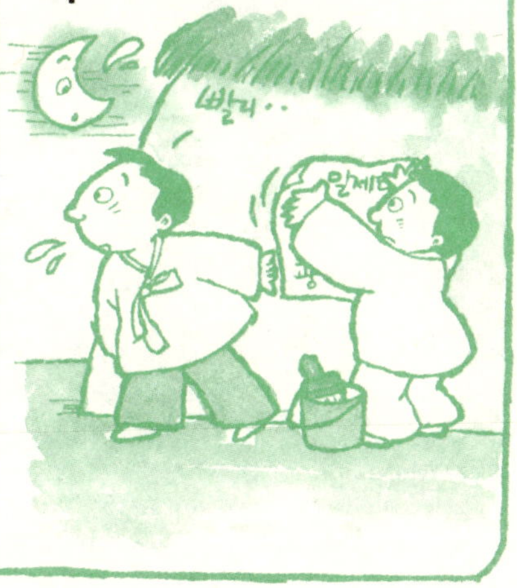

빨리..

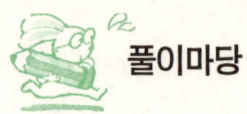

풀이마당

1919년 3월 1일 삼천리 방방곡곡에서는 '대한 독립 만세' 소리가 메아리쳤습니다. 일제가 우리 나라를 점령한 지 9년이 흐른 뒤, 우리 민족은 독립을 위한 투쟁에 나섰습니다. 독립에 대한 열망은 남녀노소 구별이 없었습니다.

3월 1일 2시, 파고다 공원에서 학생 대표가 독립 선언서를 낭독했습니다. 민족 대표 33인은 태화관이라는 음식점에 모여서 독립 선언서를 별도로 낭독했습니다.

학생 대표의 선언식이 끝나자, 사람들은 거리로 몰려 나갔습니다. 파고다 공원에서 시작한 독립의 물결은 곧 서울 장안을 휩쓸고 전국으로 퍼져 갔습니다.

3·1 운동은 어느 한 사람의 머리에서 나온 것도, 어느 때 갑자기 시작된 것도 아니었습니다. 우리 민족이 나라를 빼앗긴 뒤, 멀리는 동학 농민 운동, 가까이는 의병 투쟁을 계승하여 터져 나왔지요.

또한 3·1 운동은 대외적인 조건이 식민지 약소 민족에게 유리한 기회를 타서 터져 나왔습니다. 러시아에서는 1917년에 사회주의 혁명이 성공했는데, 혁명 정권은 식민지 민족은 독립되어야 한다고 주장했습니다. 실제로 독일의 식민지였던 유럽 여러 나라들이 차례로 독립했습니다. 더욱이 당시 미국의 대통령이었던 윌슨이 주장한 민족 자결주의도 3·1 운동에 영향을 주었습니다. 민족 자결주의란, '민족의 운명은 각 민족이 스스로 결정해야 한다.'는 것이었지요.

3·1 운동에는 전민족이 모두 참여했지만, 앞장 서서 운동을

이끌었던 것은 젊은 학생들이었습니다. 학생들은 동맹 휴학을 결의하고 대열을 이끌었으며, 일부는 고향으로 내려가 3·1 운동 소식을 전하고 그 곳에서 운동을 이끌었습니다. 유관순도 이 때 고향으로 내려가 운동을 이끌다가 체포되어, 1년 여간 옥살이를 한 끝에 열일곱의 꽃다운 나이로 감옥에서 숨을 거두었지요.

운동에는 코흘리개 국민 학생들도 참여했습니다. 국민 학생들은 등교를 거부한 채 언니, 오빠와 함께 거리에 나가 목청껏 '대한 독립 만세'를 외쳤습니다. 뿐만 아니라, 자신들이 배우고 있었던 일본어 교과서를 찢었답니다.

운동이 번져 가는 속도에 놀란 일본은 탄압을 시작했습니다. 칼을 휘두르고, 총을 쏘았습니다. 그리고 몇 사람만 모였다 하면 잡아들여 모진 고문을 해 댔습니다. 당시 일본 경찰의 발표에 따르면 사망자가 약 8천 명이었습니다. 하지만, 사망자는 공식적인 숫자보다 훨씬 많아 수만 명에 이르렀습니다. 부상자도 10여만 명에 이르렀습니다.

3·1 운동은 세계 역사에서도 의미가 크답니다. 중국의 5·4 운동과 인도의 독립 운동이 폭발하는 계기를 마련해 주었으니까요. 또한 3·1 운동을 계기로 우리 민족은 임시 정부를 수립했으며, 다른 한편 만주를 무대로 독립을 위한 무장 투쟁을 벌여 나갑니다.

벽보 투쟁은 조선 시대 민중들이 한글을 배운 이후 흔히 쓰던 방법입니다. 3·1 운동 때에도 벽보를 붙여 독립의 당위성과 일제의 만행을 폭로하는 일이 있었지만, 벽보 투쟁은 국민 학생보다 오히려 어른들이 자주 쓰던 방법이었지요.

정답은 ㉛ 번입니다.

 **65** 윤봉길 의사는 상해에서 일본군 장성들을 암살했습니다. 윤 의사는 암살하러 가기 전에 사진 촬영을 했는데, 왼손에 어떤 물건을 들고 있었습니다. 무엇이었을까요?

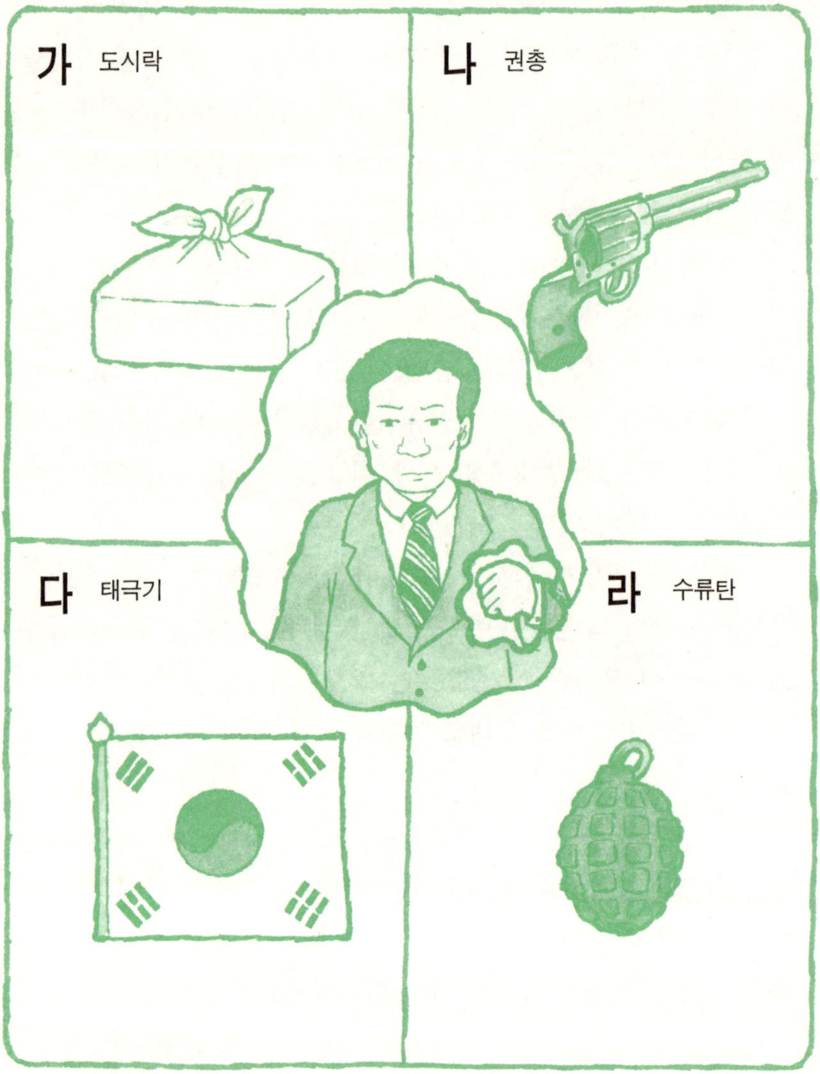

가 도시락

나 권총

다 태극기

라 수류탄

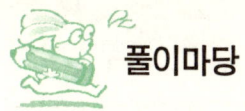 **풀이마당**

1932년 4월 29일, 상해 홍구 공원에서는 일본 천황의 생일을 기념하여 일본군의 기념식이 열리고 있었습니다. 식순에 따라 일본 국가가 울려 퍼지고 있었지요. 모두들 행동을 멈추고 일장기를 바라보았습니다.

그런데 유독 군중 속에서 단상을 뚫어지게 바라보는 청년이 있었습니다. 청년은 천천히 도시락을 들었습니다. 그러고는 단상을 향해 힘껏 던졌습니다.

도시락은 허공을 가르며 날더니 정확히 단상 위로 떨어졌습니다. 단상 위의 사람들은 모두들 몸을 움찔했습니다. 하지만, '꽝' 하는 폭음이 더 빨랐습니다. 가슴이 피투성이가 된 사람, 다리가 잘려 나간 사람, 눈가를 싸잡고 뒹구는 사람 등 식장은 아수라장으로 변했습니다.

청년은 "일본 제국주의 타도하자!"고 외치더니, 이번에는 물통을 들어올렸습니다. 순간 일본 헌병들이 청년을 덮쳤습니다.

"저 사람, 야채 장수 아냐!"

"뭐, 야채 장수라고?"

"그래 얼마 전까지 요 공원 앞에서 야채를 팔던 사람이라고."

청년의 이름은 윤봉길이었습니다. 그는 정말로 거사를 하기 얼마 전까지 홍구 공원 앞에서 야채 장사를 했습니다.

윤봉길은 식민지 교육을 거부하고 독학을 하다가 스물세 살에 고향을 떠나 상해로 왔습니다. 상해에 온 뒤 주로 공장 노동자로 일을 했지요.

비록 몸은 타향에 와 있지만, 윤봉길의 가슴 속에는 조국의 암

담한 모습이 잊혀지질 않았습니다. 더구나 당시 일본군은 중국까지 손아귀에 넣기 위해 상해 사변을 일으킨 직후였습니다. 무자비한 일본군의 공격에 중국인은 물론이고, 조선인들도 무참하게 죽음을 당했지요. 이런 일본군들의 만행이 청년의 가슴에 불을 질렀던 것입니다.

거사가 있기 사흘 전, 윤봉길은 당시 임시 정부의 주석이었던 김구를 찾았습니다.

"선생님, 드디어 때가 왔습니다. 사흘 뒤 홍구 공원에서 기념식이 열린답니다. 조국의 독립을 위해 제 한 몸 불사르겠습니다. 믿어 주십시오."

"윤 동지, 장하오! 윤 동지를 믿겠소. 부디……."

김구는 말을 채 끝맺지 못했습니다. 안경 너머로 눈이 반짝였습니다.

윤봉길은 필요한 무기를 받았습니다. 그리고 기념 촬영을 했습니다. 태극기 앞에 정장 차림으로 서서 왼손에는 수류탄을 들고 사진을 찍었습니다. 사진 촬영을 끝낸 윤봉길은 붓을 들었습니다. 그리고는 자신의 의지를 한 줄의 글로 써 나갔습니다.

'장…부…심…가…생…불…환'

'장부가 큰 뜻을 품고 길을 나서면, 결코 살아서 돌아가지 않는다.' 는 내용이지요.

윤봉길 의사는 같은 해 12월, 일본 땅에서 총살당했습니다.

정답은 ㉲ 번입니다.

66 일제는 '정신대'라는 이름으로 우리의 언니, 누나들을 끌고 갔습니다. 정신대에 대한 설명 중 맞지 않는 것은 어떤 것일까요?

가 12세 이상 40세 미만의 여자를 끌고 갔다.

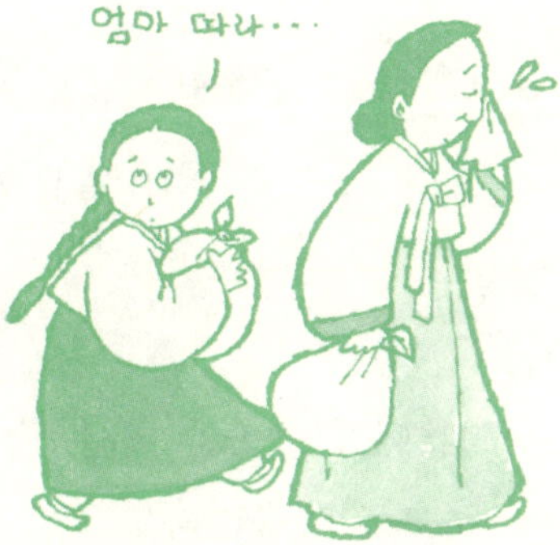

엄마 따라…

나 끌고 간 숫자는 20여만 명에 이른다.

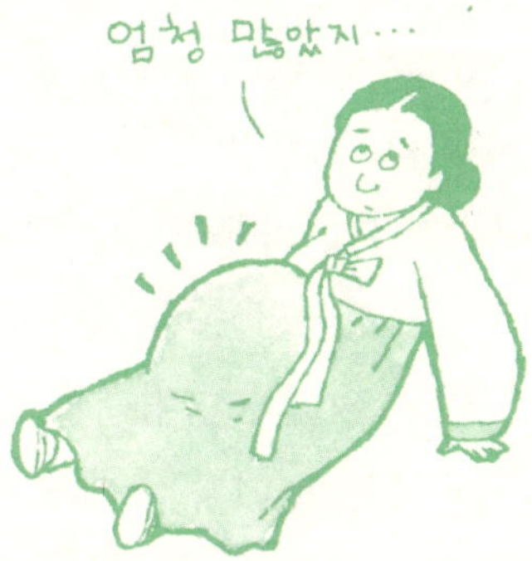

엄청 많았지…

다 전쟁 뒤 참혹하게 죽었다.

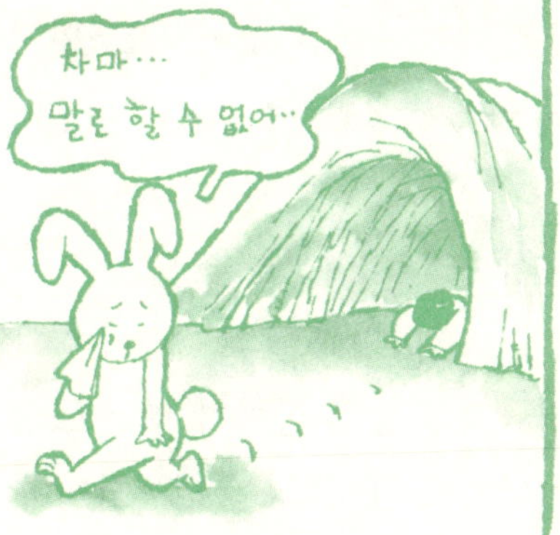

차마…
말로 할 수 없어…

라 1944년부터 끌려가기 시작했다.

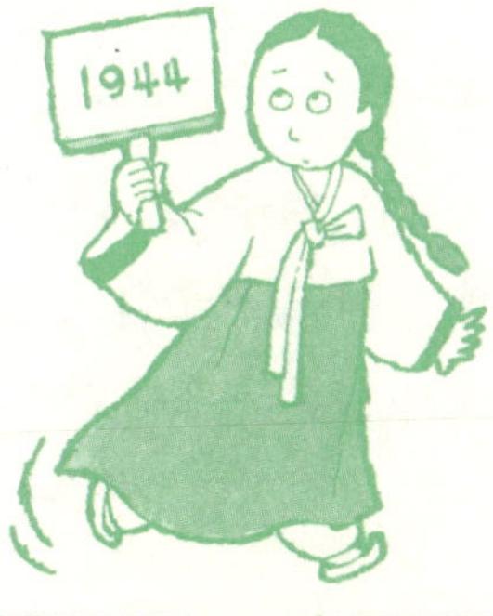

1944

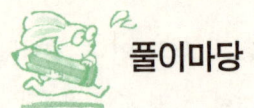

풀이마당

"일본은 무조건 항복한다."

떨리는 목소리가 라디오를 타고 흘러 나왔습니다. 일본 천황 히로히토의 항복 방송이었습니다. 조선 민중들은 거리거리에 태극기를 들고 쏟아져 나왔습니다. 필리핀 중국 대륙의 민중들도 거리로 몰려 나와 해방을 축하했습니다.

"우리도 이제 자유의 몸이다!"

이름도 모르는 나라에 끌려와 일본군의 노리갯감으로 피눈물을 흘렸던 조선인 종군 위안부들도 기쁨의 빛을 감추지 못했습니다. 그런데 기쁨도 잠시였습니다.

"자, 빨리빨리 동굴 속으로 들어가!"

일본군 장교의 명령대로 동굴 속으로 들어갔던 종군 위안부들은 '꽝' 하는 소리와 함께 동굴 속에 묻히고 말았습니다.

일제는 종군 위안부들을 동굴이나 참호 속에 몰아 넣고 참혹하게 몰살했답니다. 또 남지나해에서는 몇백 명이 탄 배를 폭파시켜 그대로 물 속에 가라앉힌 경우도 있었습니다. 일제는 전쟁 뒤에 추한 부분이 드러나는 것을 두려워했던 것이지요. 일제는 1931년 만주 사변을 일으킨 뒤부터 조선인 여성들을 전쟁터로 내몰았습니다.

일본군은 열두 살에서 마흔 살까지의 여성들을 닥치는 대로 트럭에 실어 일본군이 있는 곳이라면 어디라도 보냈습니다.

이렇게 일본군에게 끌려가 비극적인 삶을 살아야 했던 조선의 여성들은 공식적인 자료에 따르더라도 20만 명이 넘는답니다.

정답은 ㉯ 번입니다.

67 일제는 1930년대 말부터 황국 신민화 정책을 추진했습니다. 일제가 내선 일체를 주장한 이유는 무엇일까요?

가

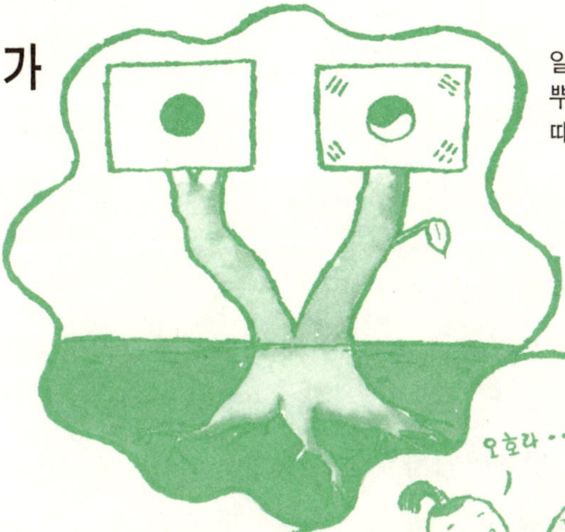

일본과 조선의
뿌리가 같기
때문에

나

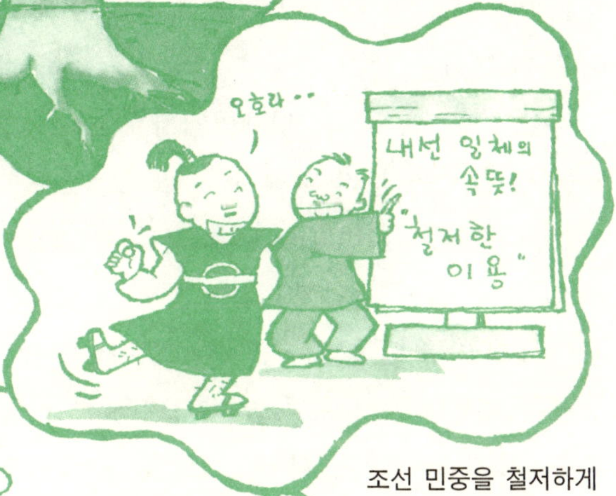

조선 민중을 철저하게
이용하기 위해

다

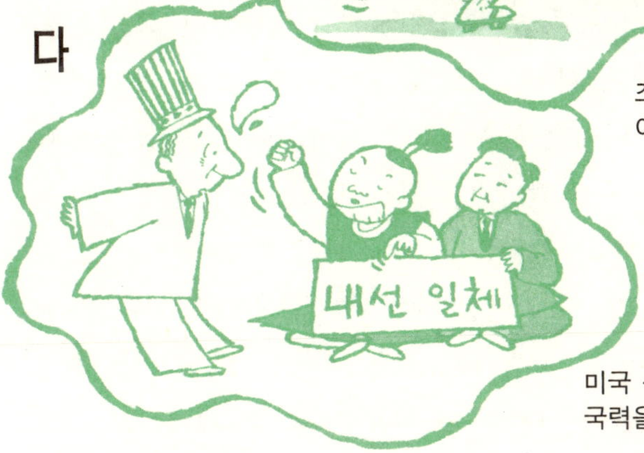

미국 등 연합국에
국력을 과시하기 위해

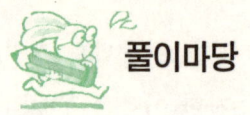

풀이마당

'적자 생존, 약육 강식'

일제가 조선을 지배할 때의 초기 정책입니다. '일본은 우등하고 힘이 있기 때문에, 열등하고 힘이 없는 조선을 지배한다.'는 것이었지요. 일본은 무조건 힘으로 밀어붙였습니다. 독립의 '독'자만 나와도 가차없이 잡아들이고 고문하고 감옥에 넣었습니다.

그러나 힘만으로는 한계가 있었습니다.

'만세, 만세! 조선 독립 만세!'

1919년 3월 1일, 조선 민중은 독립을 위해 총궐기했습니다. 이에 놀란 일제는 좀더 교묘한 통치술인 문화 정책을 폈습니다.

바로 '당근과 채찍' 정책이었지요. 말을 길들일 때, 채찍만으로는 말이 말을 듣지 않습니다. 잘 할 때에는 당근도 줘 가면서 채찍을 휘두를 때 비로소 말을 잘 듣는 말로 만들 수 있는 법이지요.

하지만, 일본이 중국을 침략하고 미국에까지 총구를 들이대는 상황에 와서는 좀더 효과 있는 가면을 써야 했습니다. 그것은 이른바 '독거미의 먹이 사냥'으로, 일제가 마지막으로 취한 방법입니다. 독거미는 먹이를 마취시키고 거미줄로 친친 동여맨 다음, 먹이의 체액을 몽땅 빨아먹습니다. 먹이는 겉껍질만 남게 되지요.

일제는 마치 독거미가 먹이를 먹을 때와 똑같았습니다. 온 국토를 파헤쳐 자원을 뽑아 쓰는 것은 물론이고, 청년과 처녀들을 마구 전쟁터로 내몰았습니다. 더구나 조선어를 폐지하고 성을 일본식으로 고치며, 신사 참배를 강요하여 조선인의 정신마저 빼앗으려고 했습니다.

'동조 동근'이나 '내선 일체'는 독거미의 행동을 정당화해 주는 구실을 했지요. 동조 동근이란, 일본과 조선은 한 조상에서 나왔기 때문에 뿌리가 같다는 이야기입니다. 뿌리가 같으니 어려움에 처했을 때 내 일처럼 나서야 한다는 말이지요. 내선 일체는 여기서 한걸음 더 나아가 일본과 조선은 한몸이라는 이야기입니다. 결국 내선 일체에는 조선 민중의 피 한 방울 땀 한 방울마저 가져가겠다는 일제의 무서운 흉계가 숨겨져 있었던 것입니다.

정답은 ④번입니다.

68 조선 민중은 36년 동안 일제의 지배를 벗어나기 위해 피나는 투쟁을 벌였습니다. 다음 중 일제의 지배에 항거한 계층이 아닌 것은?

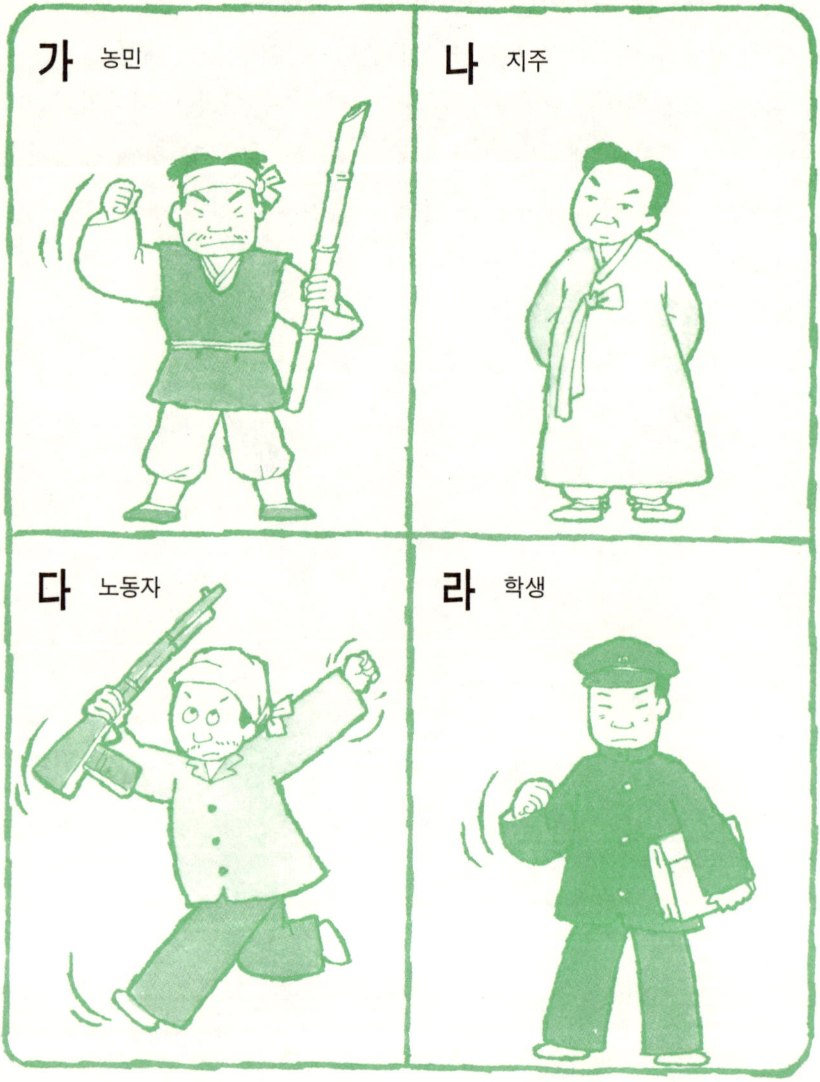

가 농민

나 지주

다 노동자

라 학생

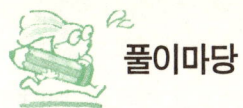

'뭉쳐라 작인들아 뭉쳐라.
우리들의 부르짖음 하늘이 안다.
뭉쳐라 작인들아 뭉쳐라.
뼈 닳게 일해도 살 수 없구나.
놀고 먹는 지주는 누구 덕인가.'

'소작인의 노래' 입니다. 1920년대 초 조선 팔도를 떠들썩하게 했던 암태도 농민들은 이 노래를 부르며 지주와 일본 경찰을 굴복시켰습니다.

조선 민족은 누구나 일제의 지배를 피부로 느끼고 있었지만, 가장 직접적으로 느낀 사람들은 바로 농민들이었습니다.

초기에는 높은 비율의 소작료에 시달리다 보니 지주와 싸움을 벌이는 경우가 많았습니다. 그런데 지주와 농민의 싸움에는 반드시 일본 경찰이 끼여들었습니다. 그리고 언제나 지주의 편을 들어 주었습니다.

또, 일본이 만주 사변을 일으킨 뒤에는 강제 공출에 시달려야 했습니다. 농민들이야 죽든 말든 일본 병사를 먹여 살려야 하니까 모두 내놓으라는 식이었지요.

농민들은 이 과정을 통해 조국의 해방 없이는 인간다운 삶을 누릴 수 없다는 것을 뼈저리게 느꼈답니다.

농민에 비하면 그 숫자가 적지만, 노동자들도 일제에 항거했습니다. 원산 총파업은 노동자의 투쟁 가운데 대표적인 것입니다. 당시 노동자들은 일본 노동자의 반도 안 되는 임금을 받고 있었습니다. 더욱이 대부분이 일본인이었던 관리자들의 멸시는 말로 할 수 없을 정도였답니다.

마침내 원산의 노동자와 가족 1만 명이 파업을 벌였습니다. 파업은 비록 성공하지 못했지만, 노동자들도 이 과정에서 조국의 해방 없이는 참다운 삶을 누릴 수 없다는 것을 깨달았습니다.

일제의 탄압이 거세지면서 젊은 농민들과 노동자들은 지하 단체에 들어가 독립 운동을 했으며, 일부는 만주로 건너가 총을 들고 일제와 싸웠답니다.

학생들이 일제에 저항한 것은 말할 것도 없습니다. 3·1 운동 때 앞장 섰던 것도 학생들이었고, '하늘을 우러러 한 점 부끄럼 없기를'을 노래했던 윤동주 시인도 학생이었습니다.

'권력자와 부자는 카멜레온이다.'

카멜레온은 변신의 천재입니다. 권력자와 부자는 마치 카멜레온처럼, 상황이 바뀌어도 심지어 나라를 빼앗겨도 자신들의 권세를 유지합니다. 일제 아래에서 모든 지주가 그랬다는 것은 아닙니다. 지주 가운데에서도 독립 자금을 대 주었던 애국적인 지주도 있었습니다. 하지만, 대부분의 지주들은 투쟁은커녕 일제에게 온갖 협력을 아끼지 않았답니다.

정답은 ㉯번입니다.

69 우리는 흔히 독립군 하면 광복군만을 떠올립니다. 그러나 일제와 맞서 싸운 세력은 여럿 있었습니다. 일제와 직접 전투를 하지 못한 군대는 어떤 군대일까요?

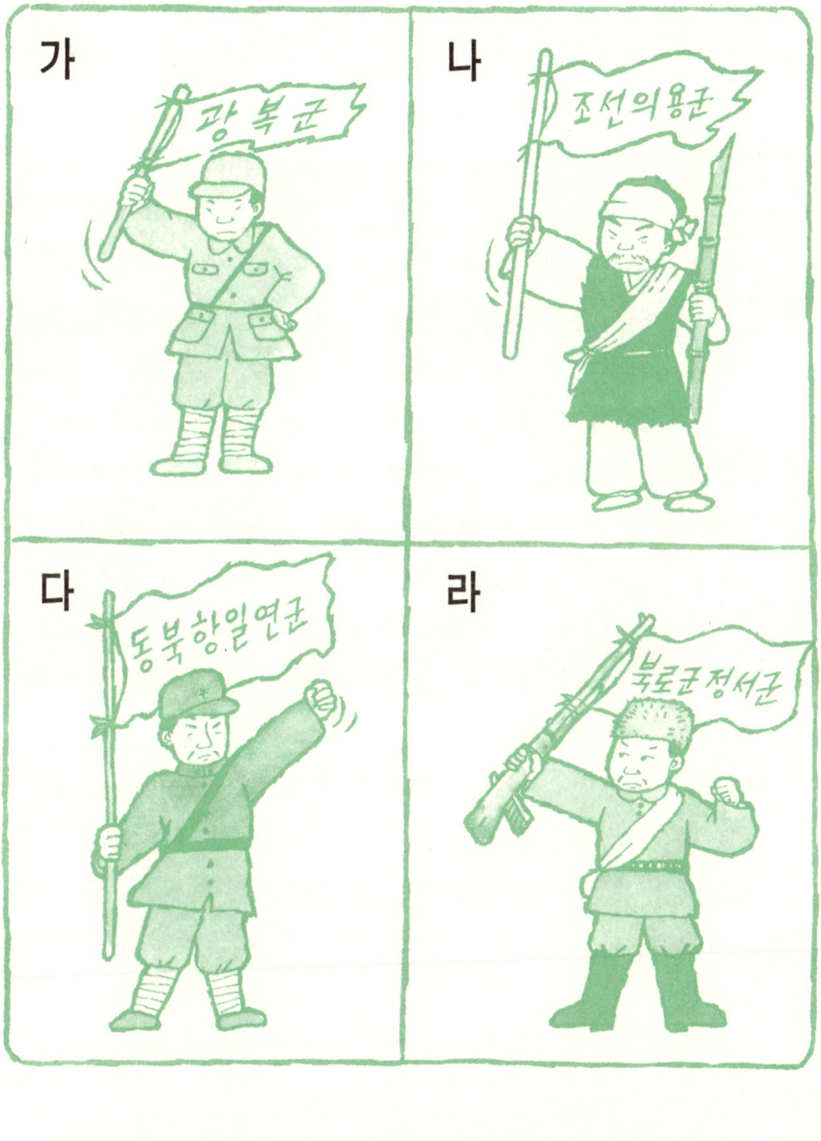

가
광복군

나
조선의용군

다
동북항일연군

라
북로군정서군

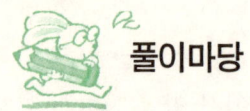 **풀이마당**

무장 투쟁의 원조는 뭐니뭐니해도 홍범도 장군과 김좌진 장군이 지도했던 봉오동 전투와 청산리 싸움이라고 할 수 있습니다. 의병 투쟁이 일제의 무력에 사그라지자, 의병 투쟁을 이끌었던 세력은 대부분 만주로 본거지를 옮겼습니다. 홍범도 장군과 김좌진 장군도 그런 사람들이었습니다.

봉오동 전투에서 홍범도가 이끄는 독립군 연합 부대는 일본군 1개 연대와 맞서 싸워 600여 명의 일본군을 사살했습니다.

청산리 전투는 홍범도가 이끄는 부대와 김좌진이 이끄는 북로 군정서군이 일본군을 무찌른 싸움이지요. 이 싸움에서도 독립군은 일본군 600여 명을 사살했습니다.

이 두 싸움은 1920년대의 대표적인 무장 투쟁이었습니다.

이들은 1930년대 중엽까지 세력을 유지했습니다. 이들의 뒤를 이은 세력들이 바로 조선 의용군, 광복군, 동북 항일 연군입니다. 조선 의용군은 중국 연안에서, 동북 항일 연군은 만주와 러시아 영토에서 일본군과 싸웠습니다. 그러나 임시 정부가 이끄는 광복군은 중국의 장개석 군대와 함께 행동했기 때문에 이렇다 할 싸움을 하지 못했습니다.

1945년 8월 일본의 패망이 코앞에 다가오자, 독립 무장 세력들은 국내로 공격해 들어갈 준비를 하고 있었습니다. 그런데 일본의 항복이 한 발 빨랐습니다. 결국 조국의 해방을 위해 목숨도 돌보지 않고 싸웠던 이들은 해방군으로 조국에 입성하지도 못했답니다.

무장 세력들은 무장을 해제한 채, 개인 자격으로 해방된 조국으로 돌아와야 했습니다. 더구나 남한 역사에서는 조선 의용군이나 동북 항일 연군 등이 사회주의 사상을 가졌다는 이유만으로 아예 역사에서 지워져 버렸습니다. 그래서 우리의 교과서에서는 싸움할 기회를 갖지 못했던 광복군의 이름만이 오르내릴 뿐입니다.

남한에서 군정을 실시한 미군은 광복군조차도 제대로 인정하지 않았습니다. 미군은 한술 더 떠서 일본 사관 학교나 만주 사관 학교 출신의 친일 장교와 일제하의 경찰력을, 남한의 군대와 경찰력으로 만드는 밑바탕으로 삼았습니다.

정답은 ㉮ 번입니다.

70 해방 전후, 미국은 우리 나라에 대해 오랫동안 연구하고 한반도에 진주했습니다. 미국이 우리 나라에 취했던 정책이 아닌 것은 어떤 것일까요?

가 건국 준비 위원회 해산

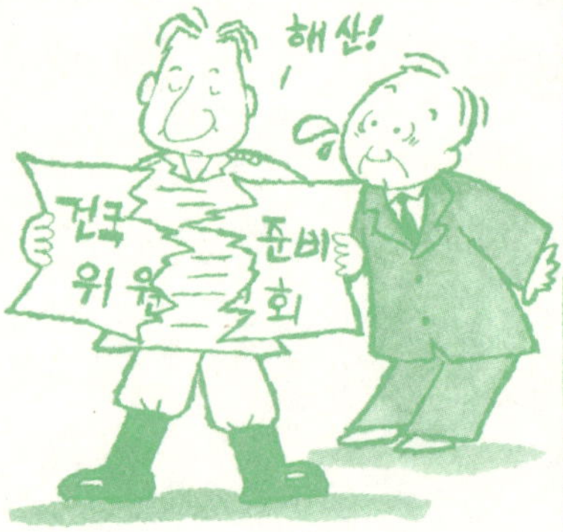

해산!

건국 준비 위원회

나 친일파 기용

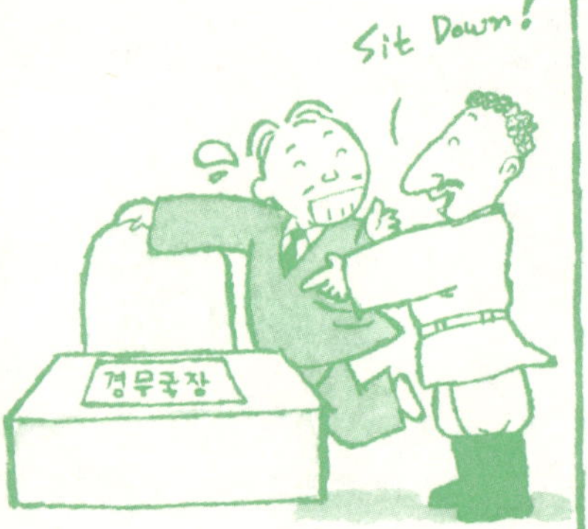

Sit Down!

경무국장

다 임시 정부 인정

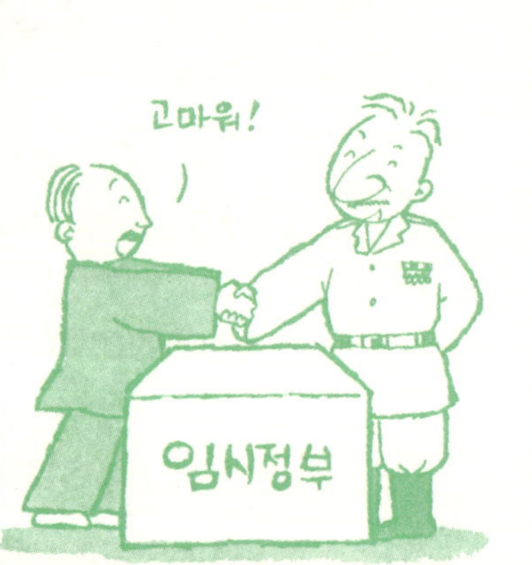

고마워!

임시정부

라 신탁 통치 주장

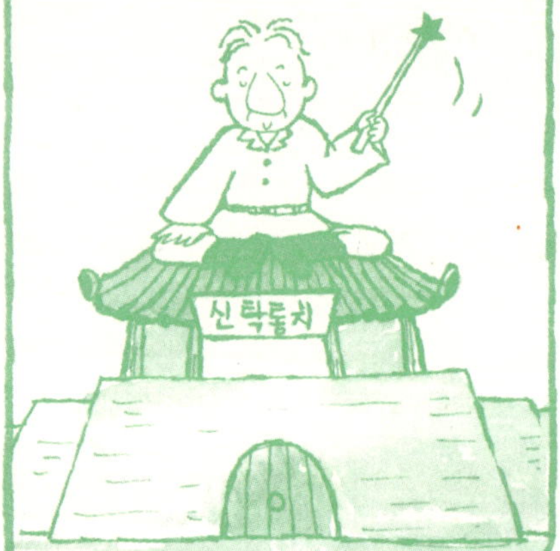

신탁통치

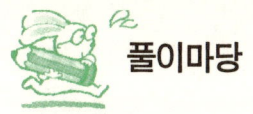 **풀이마당**

　태평양 전쟁에서 패한 일본의 무조건 항복으로 우리 나라는 해방을 맞이했습니다. 이제 우리 손으로 우리의 운명을 개척할 수 있는 기회를 맞이한 것이지요. 건국 준비 위원회는 해방을 맞은 8월 15일 아침부터 나라를 꾸려 갈 계획을 세웠습니다.

　건국 준비 위원회는 '국내든 국외든 적과 싸웠던 세력들을 모두 끌어 모아 독립 정부를 수립하기 위한 준비 위원회'였습니다. 친일파는 물론 제외되었지요. 건국 준비 위원회는 민중들의 뜨거운 지지를 받으며, 전국의 2244개 면 가운데 2231군데에서 인민 위원회를 조직했습니다.

　만일 외부에서 어떤 압력이 없었다면 건국 준비 위원회는 그대로 우리 나라의 기초를 다지는 세력으로 성장하고, 그런 정책을 펼 수 있었을 것입니다. 그런데 미국의 생각은 달랐습니다. 미국은 자신의 이해에 맞는 인물들이 주요 자리에 앉기를 원했습니다.

　'미군의 군사 점령 목표와 요구에 맞는 단체는 장려한다.'

　미군이 우리 나라에 상륙하기 전에 발표한 내용입니다. 미군이 우리 나라에 진주한 것은 어디까지나 점령이었고, 미군의 이해에 반하는 단체는 받아들이지 않겠다는 것이었습니다. 건국 준비 위원회는 이후 인민 공화국으로 이름을 바꾸지요. 하지만, 미국은 미군정이 남한의 유일한 정부라고 선언하고 인민 공화국을 해산시킵니다.

　해방 이후 친일파들은 위축될 대로 위축되어 있었습니다. 그런데 미군정은 이들이 일제하에서 누리고 있었던 지위를 인정했습니다. 해방이 되면 어떤 식으로든 처벌을 받을까 봐 두려워했던 친일파들은 누구보다도 앞장 서서 미군정의 정책을 떠맡았지요. 이들은 인민 공화국을 만들었던 건국 준비 위원회 세력이나 사회주의 세력을 매국노라고 몰아붙이며 탄압하는 데 앞장 섰습니다.

미군정은 임시 정부를 인정하지 않았습니다. 임시 정부는 광복군이라는 무장력을 지니고 있었고, 35년 동안이나 나름대로 조국 해방을 위해 암살, 테러, 대일 선전 포고 등을 해 왔습니다.

역사책에는 임시 정부하면 으레 김구만 등장하지만, 실제로는 김원봉 등 사회주의 세력이 1930~1940년대에 걸쳐 김구와 함께 임시 정부를 이끌었습니다. 광복군의 모태도 실은 김원봉이 이끌었던 조선 의용군이지요.

미국은 자신들의 테두리를 벗어난 어떤 조직도 인정하지 않았기 때문에 임시 정부까지 인정하지 않았던 것입니다. 건국 준비 위원회, 임시 정부를 거부하고 미국이 선택한 것은 이승만이었습니다. 이승만은 친미주의자였고 일제 시대 내내 외교 독립 노선, 즉 미국 등 강대국에 청원을 해서 나라의 독립을 찾자는 생각을 실천해 왔던 인물이지요.

결국 해방 이후 미국은 우리 민족의 뜻이야 어떻든 미국에게 유리하면 일제의 앞잡이라도 가리지 않고 면죄부를 주었습니다. 면죄부를 받은 그들은 애국자들을 탄압하는 데 앞장 섰지요.

"조선인은 당장 독립할 수 없다. 40년 동안은 훈련을 거쳐야 한다."

미국 대통령 루스벨트가 한 말이랍니다. 아직 한국인은 민주 정치를 할 만큼 의식이나 준비가 없기 때문에, 40년 동안은 훈련을 받아야 한다는 이야기이지요. 영국과 소련은 루스벨트의 이 생각에 반대했습니다. 그래서 연합국은 '적당한 시기에' 한국을 독립시키기로 뜻을 모았지요.

여하튼 미국과 소련 양국의 힘이 우리 민족의 해방에 큰 영향을 끼쳤기 때문에 신탁 통치는 어쩔 수 없었습니다. 그런데 신탁 통치안은 해방 이후 처음으로 우리 민족을 갈라 놓는 계기가 되었습니다.

"소련이 신탁 통치를 주장했다. 사회주의 세력은 신탁 통치를 원한다. 사회주의 세력이 조국을 소련에 바치려고 한다."

미군정과 친일 세력은 이런 식으로 우리 민족을 분열시켰습니다. 친일파들에겐 조국이 가장 어려웠던 때에 일제와 싸웠던 민족주의 세력과 사회주의 세력이 눈엣가시 같았을 것이고, 미국은 애국이든 매국이든 미국을 위하는 자면 그만이라고 생각했습니다. 친일파들은 일제 시대에는 일제에 빌붙고, 해방 이후에는 미국에 아부하며 자신들의 구린내 나는 치부를 감추고 면죄부를 사기 위해서 날뛰었지요.

어쩌면 우리의 현대사는 끊임없이 기회주의자가 되라고 우리에게 강요하고 있는지 모릅니다. 친일파의 죄상과 단죄, 현대사의 진실 등이 낱낱이 밝혀질 때, 우리는 기회주의자가 발붙이지 못하는 나라를 만들 수 있지 않을까요?

정답은 ④ 번입니다.

우리 역사 퀴즈 탐험

1996년 1월 3일 1판 1쇄
2000년 2월 10일 2판 1쇄
2008년 1월 5일 2판 10쇄

글쓴이 : 김수영
그린이 : 강효숙

기획·편집 : 최옥미
제작 : 박홍기
마케팅 : 이병규, 이민정
홈페이지 관리 : 최창호

출력 : 한국커뮤니케이션
인쇄 : 대원인쇄
제책 : 경문제책

펴낸이 : 강맑실
펴낸곳 : (주)사계절출판사
등록 : 제 406-2003-034호
주소 : (우)413-756 경기도 파주시 교하읍 문발리 파주출판도시 513-3
전화 : 마케팅부 031)955-8588, 8558
전송 : 마케팅부 031)955-8595 | 편집부 031)955-8596
홈페이지 : www.sakyejul.co.kr | 전자우편 : skj@sakyejul.co.kr

사계절출판사는 성장의 의미를 생각합니다.
사계절출판사는 독자 여러분의 의견에 늘 귀기울이고 있습니다.

ISBN 978-89-7196-639-6 03900